Innovation
Management

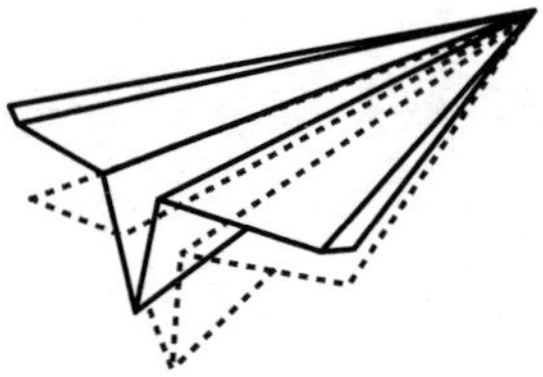

创新管理

如何进行教育改革

How Educational Reform Could Happen

张国华 —— 著

中国人民大学出版社
· 北京 ·

图书在版编目（CIP）数据

创新管理：如何进行教育改革／张国华著. —北京：中国人民大学出版社，2017.12

ISBN 978－7－300－25235－3

Ⅰ.①创… Ⅱ.①张… Ⅲ.①中小学教育—教育改革—研究—潍坊 Ⅳ.①G639.21

中国版本图书馆CIP数据核字（2017）第300456号

创新管理：如何进行教育改革

张国华 著

ChuangXin GuanLi：Ruhe Jinxing Jiaoyu Gaige

出版发行	中国人民大学出版社		
社　　址	北京中关村大街31号	**邮政编码**	100080
电　　话	010－62511242（总编室）		010－62511770（质管部）
	010－82501766（邮购部）		010－62514148（门市部）
	010－62515195（发行公司）		010－62515275（盗版举报）
网　　址	http://www.crup.com.cn		
	http://www.ttrnet.com（人大教研网）		
经　　销	新华书店		
印　　刷	北京东君印刷有限公司		
开　　本	168 mm × 239 mm　16开本	**版　　次**	2017年12月第1版
印　　张	15.25　插页1	**印　　次**	2017年12月第1次印刷
字　　数	240 000	**定　　价**	68.00元

目录

| 第三辑 |

改革，在路上

—— 做时代需要的教育

| 第四辑 |

可复制的教育变革

—— 攻克改革难题的法则

| 第五辑 |

生活无处不教育

—— 人人都是改革者

| 附录 |

自 序

我们正处在一个全面深化改革的伟大时代。党的十八届三中全会明确提出了深化教育领域综合改革的目标任务，围绕贯彻落实中央的决策部署，近几年基础教育领域重大改革举措频出。尤其令人激动和鼓舞的是，这次综合改革，以立德树人为统领，以有利于成人、成才为出发点和落脚点，将课程改革和考试招生制度改革紧密结合起来，综合系统地予以推进，首次实现了从高中课程标准到教材、教学、评价和考试招生五大育人环节的贯穿衔接。这让人们看到了改革的胜利曙光。但是，现实存在的问题是，许多地方和中小学校仍然行进在传统教育的轨道上，无论在观念还是在运行机制等方面，与以人为本、立德树人的理想追求差距较大。如何让全国各地、让所有中小学都积极主动、信心百倍地投身于改革，将先进的以人为本的教育观念有效地贯彻落实到每一所学校，贯彻落实到人才培养的过程中，真正实现人才培养方式的根本性变革，应是我们亟待解决的具有全局性和普遍性的突出问题。

令人庆幸的是，我过去工作的地方——山东省潍坊市，自进入21世纪以来就一直致力于教育的综合改革，较好地解决了素质教育落地实施的突出问题，而且许多方面的改革探索得到了国家和山东省的肯定和推广，有的已上升为重要的国家决策予以推进。在这样的情势下，作为这些改革的主要参与者之一，我深感责任重大，觉得自己有责任和义务将十几年来推进改革的体验和感悟呈现出来。这样做，既可以给富有教育情怀的有识之士更好地推进改革以参考，又可以回馈长期以来参与和支持潍坊市教育改革的众多领导、专家及广大同人，也能够无愧于我们这个伟大的时代。当然，这也是对自己和家人的一个交代。

在回首梳理这十几年改革历程的过程中，我越来越强烈地感受到理论之于实践的极端重要性。这些年我们所进行的改革，如果还算得上卓有成效的话，我想，首先应当归功于以人为本的科学指引。正是因为有了科学的理论武装，我们才能在实践中不断发现真问题，勇于破解大问题，才能始终以正确的立场、观点、方法将教育改革持续向前推进。认识越彻底，行动才能越坚定。所以，在具体推进改革的过程中，我也逐渐养成了理性思考的习惯，对于每一项重要改革举措的推动与实施、每一个热点难点问题的研究与破解，都会在用心研究后形成较为系统的感悟和认识文章，并在具有较大影响力的报刊上发表。其目的是要以此确保改革的正确价值取向和合乎规律性，使改革真正经得住时间和实践的检验。应当说，这也是这些年来我绝大部分的时间和心血所系。记得教育部一位德高望重的领导到潍坊市视察的时候，曾专门提出疑问：为什么你们前后两任局长在进行教育改革中会这么默契？我回答说，应该是因为价值观高度一致吧。的确是这样。这些年潍坊市的教育改革如果没有这样一个自我加压、自我约束、自我矫正、自我激励的机制做保障，是难以承前启后走到今天的。

同时，我还强烈地感悟到，教育改革本质上应当是教育工作者的自我革命，应当是基于教育的理想信念、基于自己的岗位职责、基于自己的调整改变，影响和带动他人及其所在机构或者区域进行改变。能够改变的首先是自己。那种总是要求、抱怨甚至指责别人，而从不追问和改变自己的所谓改革，注定是行不通的。在研究和探讨素质教育的过程中，我们深切地感受到，影响和制约素质教育实施的突出问题长期以来之所以难以解决，应当说主要问题不在学校、家庭、教师和学生，而在我们政府和教育部门本身。只要我们将部门自己该办的事情办好了，将自身所掌控的政策、制度和资源改革调整到位了，就一定可以激发和调动起县市区、学校、师生乃至家庭实施素质教育的积极性和创造性。所以，我们这些年持续深化的专家办学、考试评价、教育督导等重要改革，本质上都是削了自己的权、革了自己的命，从而成全了教育，让区域教育生态实现了持续优化。

本书所选文章，大都是我在近十几年间推进教育改革的过程中陆续写作并发表的，虽内容互有交叉，但彼此关联、各有侧重；虽形成于不同时期，但保留了改革进程的原貌和一路走来的思考轨迹。本书之所以从全面构建实施素质教育的体制机制、通过项目化管理盘活各方资源、改革进程中面对新问题时的创新探索、教育改革的规律探寻、工作和生活中的点滴感悟这五个方面来呈现，是想从宏观和微观层面全方位呈现潍坊市教育综合改革的创新经验，并从中总结各项改革举措的内在关联和规律。其中，我想特别强调，也是贯穿全书的一点，是自我管理的创新。不论是大到区域和部门的改革，还是小到个人的改变，都离不开自我的反思与创造。这是因为，我们人人都是从历史中走来的，一些固有的、违背教育规律甚至人性规律的观念和习俗，不会自发消亡，唯有通过持之以恒的自我修炼、自我改造才能不断得到匡正；唯有改革者自身的价值追求正确了、坚定了，真正内化于心、外化于行了，正确的改革行为才会发生。为了教育，为了孩子的健康成长，为了顺应时代的需要，我们人人都应该成为改革者，都应该立足于自己的岗位、自己的角色主动变革自我。无论你是局长、校长，还是老师、家长，无论你在工作和生活中遇到什么问题，都不要怨天尤人，而应坚信，只要坚持从自我改变做起，把自己的心叫醒，明天就一定会变得更美好。

离开是为了更好地坚守。在离开潍坊三年的时候，我欣喜地获知，潍坊市人民群众对义务教育的满意度在连续多年名列前茅的基础上，2016 年更是达到了令人难以置信的高度：潍坊市现有 12 个县市区，在全省 137 个县市区的群众满意度排名中，前 6 名都来自潍坊，前 14 个县市区中有 11 个来自潍坊。人们常说，群众的眼睛是雪亮的。在人民群众高度关注教育、高度关注孩子健康成长的今天，衡量改革的成效，可能没有什么比这更有说服力的了。

改革永远在路上。为了自己和亿万孩子的健康成长，为了中华民族的伟大复兴，愿我们更多的地方、学校和广大的教育同人都能参与到教育改革的时代洪流中来。教育改革并不难，只要我们人人都坚持从自我做起。

第一辑

改革就是利益调整

——发现持久的变革力

实践告诉我们，真正有意义的教育改革，必须是基于每一个人——每一个学生、每一个教师、每一个校长，甚至是每一个家长，以及每一个教育领导者、管理者的思想观念的变革。但教育改革的实践还反复告诉我们，只有少数人能够依靠主动更新观念来引领行为转变，大多数人的行为模式却往往是相反的，他们是要依靠利益调整来引领行为转变，进而实现观念转变的。只有调整利益关系——要么让他们感到被激励、被尊重，要么让他们感到“痛”，他们才能够真正动心思去改变。所以，要想让教育改革真正在区域内广大的学校和师生中发生，就必须调整政教、政校、政学这三大关系，让素质教育成为政府、学校和学生的共同追求，让实施素质教育的所有利益相关者真正受益。而且，也只有让每一个利益相关者都参与进来，成为真正的改革者，而不是被改革者和看客，改革才有成功的可能；也只有这样，建立起来的制度和机制才是可持续的、难以逆转的。

推进基础教育综合改革，全面实施素质教育，已是大势所趋、人心所向。持续十几年参与改革的经历告诉我，改革是有规律可循的，困难远没有想象的那么大，人民群众是最支持和拥护教育改革的，只要我们始终坚守正确的价值取向，就没有什么是不能改好的。下面这组文章，是我在《人民教育》杂志上发表的“潍坊改革为什么能成功”系列解读中的几篇，是在我离开潍坊后用了近两年时间反思形成的。这几篇文章重点说明了怎样才能构建起区域全面实施素质教育的体制机制，真正调动起地方党政领导、学校校长和教师、学生乃至家长支持和参与改革的积极性。我坚信，只有地市一级真正构建起“评价引领、专家办学、社会参与、督导保障”的制度体系，推进教育公平、实施素质教育才不会流于形式。

潍坊为什么能持续推进教育体制改革

近几年来，总是有不少的领导和教育有识之士反复追问我们，山东省潍坊市为什么能够持续十几年不断地推进教育体制改革，而且几乎改一项成一项，原因究竟在哪里？说实话，这个问题真的是挺难回答的。因为这是一个仁者见仁、智者见智的问题。

作为亲历者，我的感受主要有两点。一是潍坊的教育改革基础好。比如在中考改革、综合督导、校长职级制改革等方面，我的前任已经奠定了坚实的基础，我们继承者的工作主要是根据新的情况不断修订、深化和完善，使之成为不可逆转的体制机制，而不是遇到问题和困难就简单地否定甚至放弃。二是问题意识强，从不回避任何突出问题。我经常跟大家说，潍坊教育改革最重要的价值绝不是改得没有问题了，而是构建起了可以不断发现问题、不断研究问题、不断克服和解决问题的长效机制，是教育部门通过自身的改革，推动和保障了区域教育的改革。这也是我最想跟大家分享的。

教育改革的动力来自向社会开放

2007 年，我刚上任潍坊市教育局局长时，也面临着大多数教育局局长遇到过的烦心事。一方面，学校和校长一遇到头疼的事情，就一股脑儿将问题推给教育局。就连班主任对学生“管得过严”或“管得过于宽松”这样的事，家长都会到教育局“告状”。另一方面，教育局关注的如校园安全、学生课业负担过重、师德建设等问题，时常搞得人焦头烂额、疲于应付，可学校却似乎不是很着急。正当我为管办不分、政校不分而纠结，一直在思考“到底该怎么办”的时候，又受到了两件事的刺激，这促使我们下决心推动教育向社会开放。

一件事情是，朋友想送孩子出国留学，打电话向我咨询:“国华，你是教育局局长，能不能帮我找个地方，给孩子培训培训外语？”我一时还真有点犯难。我只知道潍坊市肯定有不少外语培训机构，但不知道哪家好，也不知道到底该找谁问。后来一想，我们教育局不就有个“社会力量办学管理科”专管这个事儿吗？于是马上打电话询问。社会力量办学管理科的同事说:“我们有很多家资质不错的培训机构呢……”这件事让我久久难以平静。

你想，教育局局长都不知道到哪里才能找到合适的培训机构，老百姓上哪儿去找啊？能说没有资源吗？有！老百姓有需求吗？也有！但供需双方衔接不起来。老百姓想要培训，只能通过小报的边边角角上刊登的那些真假难辨的小广告。

这究竟是谁的问题？说到底还是我们教育部门本身的问题啊！培训机构是教育局批的，可培训信息却被“屏蔽”了。如果教育局能够将这些信息公开，让全社会都知道，不就给老百姓带来方便了吗？

还有一件事情是，前些年开始出现的“大学生就业难、企业用工难”现象，也是供需双方衔接不起来所致。这种脱节既影响了人才的培养，又影响了毕业生的就业质量。

其实，这两件事都已超出了教育局的常规管理范畴，但从教育的社会功能角度看，又是教育局应该承担的责任。作为政府教育主管部门，教育局就应该把整个教育事业统筹起来，为整个社会服务。但传统的教育行政管理职能是很有限的，比如推动家庭教育原来是妇联的职能，不是教育局的职能，但现在来看，家庭教育在孩子成长的某个阶段、某些方面所发挥的作用甚至比学校还重要，可惜教育局的传统职能中却没有家庭教育这块儿内容。类似的事情太多了。

当我们从孩子成长的角度、从社会需求的角度来看待教育的话，就会发现，有很多事是需要点担当精神的，不能因为这些事不是教育局的职能，就不去担当了；有好多事是需要改革的，不能因为存在各种理由就放弃改革。

为了将社会需求、群众期盼与教育供给紧密地联系起来，为了将所有学校和教育机构的办学行为全面推向社会接受监督，2008 年 5 月，潍坊市教育局成立了“教育惠民服务中心”。该中心面向社会，以老百姓的需求为导向，包括各种各样的教育投诉在内的各方意见，我们通通都拿过来解决。

当教育真正向社会敞开之后，我们才发现，大量的问题涌了过来，一时之间竟无法解决。怎么办？只能迎难而上。为有效解决群众反映的大量的不规范办学问题和多样化需求，我们密集出台了多项政策措施：将所有机关业务科室的人员和教研员聘为督学，建立对所有学校进行网格化管理和指导的“督学责任区制度”；创造通过购买服务来调查解决每一件群众投诉的“督导巡视团制度”；加快推进家庭教育普及和职业教育改革……可以肯定地讲，如果没有教育惠民服务中心这个教育向社会开放的桥梁和纽带，就不会有潍坊教育综合改革的激情和动力。

现在想来，为什么很多教育改革改不动？原因固然很多，但主要问题可能就出在我们教育主管部门的封闭上。只要我们敢于向社会开放教育资源，让社会参与进来，教育想不改革、改革想不成功都是不可能的。

让社会参与进来才能变阻力为动力

大家经常讲，教育是一项系统工程，涉及社会的方方面面。没有社会的参与和支持，任何改革都难见成效。其实，教育改革的难点恰恰就在于怎样将社会方方面面关注的教育热点、难点问题都放在心上，并加以研究和解决。教育管理部门该担当的就要担当起来，而不是局限于职能或条件，放任阻碍教育发展、影响孩子健康成长的现象不管；要让方方面面的利益相关者都参与到问题的解决中来，该放权的就要放权下去，而不是事事都要自己说了算，自说自话，甚至陶醉于自我的顶层设计。如高中招生考试制度改革，在许多地方难以成功的原因，往往就在于这些方面的问题。

那么怎样解决老百姓有需求、社会有需求、孩子成长有需求，但单凭部门自身力量难以解决的热点、难点、重点问题？我们的做法是，将这些问题全部确立为一个个重点项目，然后集中教育界乃至社会各界的力量全力破解。

通过这样的方式盘活资源，我们传统的教育行政管理部门不敢想、不去想、想了也没用的事，都可以用这个机制来发现、来研究、来解决、来保障。这实际上是一种组织结构的调整，是一种打破了教育资源行业分割、部门分割、科室分割，然后形成一个“以问题为核心、以问题为导向”的问题解决机制。

我们每年都会确立30多个重点项目，把那些超越职能、超越职权、超越行业的“头疼事”全部拿进来，然后打破科室界限、打破行业界限组建团队。通过组建项目团队的方式，把相关部门、相关人员、能够解决问题的人都“挖”来帮助我们破解这些难题。这种方式的好处是，将我们想要解决的问题，变成各个职能部门的人员自己想要解决的问题。如涉及经费投入、校长和教师队伍建设等方面的改革事项，我们都主动请财政局、人社局以及编办和组织部门的领导和人员加入项目组，不断为他们创造了解情况、研究问题的机会和良好条件。事实上，只要我们精诚所至，他们就会帮助我们提出问题解决的若干方案，只是我们教育部门要有这个胸怀，主动为各相关部门参与教育事务、履行好自己应当承担的教育职能建好机制、搭好平台。

在这个过程中，教育局各科室依然存在，但什么改变了呢？是各个科室的工作机制。我们每年确立的这30多个项目都是由分管副局长当项目组长，科室负责人当常务副组长，由他们跨界组织人员建立项目团队。而且，我们始终坚持由他们提出项目要解决的问题，然后我们组建专家组帮着他们研究和论证问题的价值意义及解决方案。这种机制就把原来“派给他们工作任务”变成了“他们自己想要解决问题，想要干成事情”了。

以项目为核心来破解问题，形成一个发现问题、解决问题的“闭路系统”还有一个好处就是，原来困扰局长的许多琐碎事、烦心事都得以解决，因为每年几十个项目已经将所有重点、热点、难点问题全网罗到里面了。作为教育局局长，我每年有两个月的时间和大家逐个科室、逐个单位来研究项目，然后确立来年的工作重点。

这样的一个研究机制，也就能够把局长的思想、意图充分展现出来，成为总揽全局的有力抓手，因为这个过程本身既是调查研究的过程，也是集思广益的过程。我们所有科室、所有人员会坐在一起开会研究、探讨：你们这块儿有什么问题，到底想怎么解决，等等，在研究中不断达成共识。在此基础上，每个项目团队所需的经费和人才资源配置问题也都一并得到了研究和解决。我们称之为“人随事转，钱随事走”。

以项目为核心的这样一个发现、研究和解决问题的机制，与人人都参与的面向群众、面向学校的教育惠民服务中心及督学责任区两项机制，实际上是实现了一个“三位一体”的部门职能转变的新格局。

后来我也思考，如果不是实施了项目管理，从组织结构层面进行了调整，我们是破解不了这么多难题、开展不了这么多创新性工作的。像中考改革、校长职级制改革等都是连续多年被列为重点项目进行研究，才逐步完善起来的。

改到深处是评价

改革就是利益关系的调整。我们能否把先进的理念和价值追求转化为具体的变革教育实践的行为活动，关键要看由这些理念和价值追求所生成的不可逾越的制度、标准和要求等是否体现到考核评价中。如果做不到这一点，再好的理念也只能处于说说而已的提倡层面，不可能变为群众性的普遍追求。

为什么会这样呢？教育改革的实践经验反复告诉我们，只有少数人能够依靠主动更新观念来引领行为转变，大多数人的行为模式却往往是相反的，他们是要靠利益调整来引领行为转变，进而实现观念转变的。只有调整利益关系——要么让他们感到被激励、被尊重，要么让他们感到“痛”，他们才能够真正动心思去改变。

我想，这也是潍坊市为什么从2001年成为国家级课程改革实验区以来，在轰轰烈烈开展大规模教育培训、试点先行，仍难以收到成效的情况下，才下决心将改革的重点先后放到了大力推进中考改革、专家办学的校长职级制改革、教师职称改革、教育督导改革以及部门自身改革等方面的真正原因。这些体制改革，从本质上来说都是评价领域的改革，都是利益关系的调整变革。因为，体制不变，利益格局不变，再怎么更新教育思想观念，也无法让广大的学校和教师真正行动起来。只要招生考试变了，对地方、学校、校长、教师的评价方式变了，课堂教学方式和学生成长方式就不可能不变。应当说，这就是潍坊一直坚持以课程改革为核心，着力推进基础教育综合改革的道理所在。“就课改抓课改”是没有出路的。

同样道理，我们教育主管部门要领导和推进区域教育改革，有效转变学校和教师的行走方式，光靠嘴上功夫是绝对不行的。因为实践也告诉我们，现在困扰教育健康发展的许多热点、难点问题，之所以长期以来在学校和家庭中难以得到克服和解决，根源往往在部门。部门不变而希望学校和教育大变，是根本不现实的。要让教育主管部门及其工作人员成为推进变革的动力，而非阻力，关键是要彻底变革对个人、科室甚至领导的业绩考核评价方式。

我们的做法是，将转变部门职能的核心价值追求逐一转变为量化考核权重和标准，其中项目管理占 50%，就是项目完成的情况占整个科室和个人评价的 50%；教育惠民服务中心收集到的问题处理情况占 15%；督学责任区的工作进展情况占 15%。剩下 20% 是常规管理的考核。常规的、上传下达的考核分数，只要不出问题就可以得到。这样一来，每个科室、每个人既有直接解决问题的项目，又有能保证自己不断发现问题、研究问题的教育惠民服务中心和督学责任区。三位一体的工作格局将我们的机关干部与学校和老百姓的喜怒哀乐紧紧连在了一起，充满感情和动力地开展工作也就落到了实处。

这个办法更重要的作用是，改变了部门“单纯对上负责”的现象。为什么上级没做什么要求，大家往往就不愿主动研究和解决现实中的突出矛盾和突出问题？因为我们传统的体制是上传下达式的。而我们现在采用的这样一个机制，就将上传下达变成了既要对上负责，更要对下负责，而且是通过对下负责，来更好地实现对上负责。我们的量化考核中占到 50% 的“项目”，都是用来破解老百姓最关心的热点、难点、重点问题的。而督学责任区、教育惠民服务中心，都是直接联系群众、帮助群众释疑解惑的。所以，通过变革考核评价，我们就把教育局所属科室和单位的职能转变为对下负责。如果大家天天都在研究老百姓的需求和困难，研究学校的问题和困难，都站在群众的立场、学校的立场、学生的立场看问题、想办法，还有什么困难和问题解决不好呢？

《人民教育》2015 年第 9 期

基础教育综合改革的突破口在哪里

“深化教育综合改革”是党的十八届三中全会确定的重大目标任务。近些年来，山东省潍坊市先后承担了国家和教育部7项先行先试的改革试点，基础教育综合改革取得了显著成效。随着影响的不断扩大，来自全国各地的教育同人在深入了解情况后，时常会发出这样的感慨和困惑：潍坊经验好是好，也很值得学习研究，但涉及的改革内容这么多、这么复杂，究竟应当从哪里入手改起呢？

有的地市教育局局长甚至直截了当地向我提出：“如果让你来帮着我们做，你会首先做什么？”说实话，这确实也是一个令我困惑和思考了好长时间的问题。

直到今年春天江西省上饶市教育局邀请我去做改革报告，我才算终于理出了头绪——潍坊教育综合改革的起步和突破，是从强化教育督导开始的，而且持续十几年的改革也是由教育督导来强力推动和保障的。

现在想来，潍坊如果不是在改革之初就构建起对县市区每年一度的刚性透明的教育督导评估制度，几乎就不可能有后来的系列改革，更不会以自己特有的体制生态超然于大的环境而持续存在。

为什么教育督导之于潍坊如此重要？

这要从2001年潍坊教育局第一次对各县市区开展综合督导评估说起。1999年，中共中央、国务院出台了《关于深化教育改革，全面推进素质教育的决定》，要求逐级建立对党政部门的考核评估机制；2001年，国务院出台了《关于基础教育改革与发展的决定》，确定义务教育实行“以县为主”

的管理体制，力图尽快解决中小学普遍存在的拖欠教师工资、校舍危房改造、办学经费不足等突出问题。

怎么样让县市区都真正动起来，勇于担当发展基础教育、实施素质教育的责任，成为事关全局的大事。

这时，正巧我的前任李希贵刚刚由山东省高密市教育局局长被破格提任潍坊市教育局局长，他决定把在高密市“依靠刚性透明督导推进教育工作突破”的经验，放在地市层面试试。于是，我们就在2001年下半年组织开展了对各县市区教育工作的五项督导评估（包括教育投入、教师工资、危房改造、信息技术教育和教育水平）。当时，我也是刚刚担任副县级督学，全面负责整个活动的组织实施工作。历经三四个月的精心研究与周密组织、实施，督导影响之大、效果之好完全出乎了我们所有人的预料。这一工作不仅很好地促进了“以县为主”的管理体制的落实，调动起各个县市区为教育办实事、解难题的积极性，更督导出了全市从教育部门到所有学校凝心聚力、真抓实干的浓厚氛围。

特别值得一提的是，我们将督导结果作为评价县市区年度教育工作的唯一依据，并将各县市区的督导成绩在《潍坊日报》上全面公布。当时，这一做法其实给我们带来了很大压力，毕竟新局长刚上任，如果县市区不配合、不认可，甚至找教育局的麻烦该怎么办？搞不好后果会很严重。但在局长的一再坚持下，我们只好硬着头皮这么做了。

情况却不像我们原先想象的那样。不但我们提心吊胆的事丝毫没有发生，相反，从领导到社会各界和人民群众都认为“教育部门敢于动真格的”，都是一片叫好声。自此，全市上下开始领略到一个真正的教育改革者的胆识与韬略。后来我一直在想，为什么在大多数人甚至连想都不敢想，更别说做的教育体制改革上，潍坊却能够一次又一次涉险滩、突出重围、领略风光无限？靠的究竟是什么？其规律和奥妙何在？我想，应该是“彻底性”，改革越彻底，就会越平稳。只要改革符合了最广大人民群众的意愿，尊重了教育规律，想不成功都是不可能的。关键是改革者要敢于舍弃自身利益。这应是致力于推进教育改革的有识之士很好地予以研究把握的。

教育督导督出了社会各界对教育的信心和信任，为深化改革奠定了基础。我们的做法得到了教育部和国家督导团领导的及时肯定和支持。

2003 年 3 月，教育部曾专门在潍坊开会推广，也就在这个会上，潍坊新到任的市委书记和市长充分了解和认识了潍坊教育的情况，教育部门的境界和追求激起了他们大刀阔斧全力支持和推进教育体制改革的信心和决心。潍坊直到现在坚持了十几年并为社会所公认的几项主要改革成果，比如，以“多次考试、等级表达、综合评价、诚信推荐、多元录取、社会参与”为主要内容的中考改革；以取消中小学校长行政级别，“克服行政化，实现专业化”为核心的校长职级制改革等，几乎都是在 2003 年至 2004 年密集出台的，都是在他们的主导下实现的。所以，我的前任李希贵曾不止一次地讲，从一定意义上说，是教育督导成就了潍坊教育改革。

从 2001 年开始的教育督导工作到现在已历经 15 年，每年一度对各县市区展开教育综合督导，每年一次于全市“两会”期间在报纸上公布各县市区的教育督导成绩，在潍坊已成为理所当然、无可置疑的事情。教育督导真正成为号令全市上下不断推动教育改革、攻坚克难的“指挥棒”。

正是在教育督导年复一年、锲而不舍的持续推动下，许多困扰全国的教育热点、难点问题，如教育投入不足、教师队伍补充难、办学行为不规范等，在潍坊几乎都得到了较好解决。有一次，新任市长曾半开玩笑地询问我，我们的教育投入怎么这么高？我们财政预算内教育经费支出占财政总支出的比例，已连续多年达到 25% 以上，高出全省平均 5 个百分点以上。我说，我们其实并没有额外多投入多少资金，主要是我们每年一度的教育督导，督促各个县市区政府把该落实的政策都不折不扣地落实到位了。其实，我们的督导不仅要督发展，更要督改革，各项重要的改革举措是每年教育督导工作的重点，我们必须确保将它们一一落到实处。

现在潍坊抓任何一项重要的教育工作，首先想到的就是要将其纳入年度对县市区的教育综合督导，这有点像美国总统对航母的依赖那样。因为，某项工作只要被列入年度督导，就会成为考核评价县市区年度教育工作成绩的重要内容，谁都不敢不重视。相反，任何重要事项如果不能被纳入督导方案，就很难引起党政重视，要想在年内取得良好的进展和成效，几乎是不可能的。

强化地市督导是基础教育综合改革的保障和突破口

潍坊依靠强有力的教育督导形成了全市教育一盘棋的崭新格局，应当说是对现行基础教育管理体制的一个重大突破。

众所周知，地市一级在我国的行政架构中几乎是最弱的一环，近些年始终存在存废之争。其中很重要的原因在于，它不像省和县那样拥有许多关乎社会正常运转所必需的资源和权力。从基础教育的情况看更明显，中小学校几乎都是县举办的，人、财、物均归县管，而大政方针都由国家和省决定，地市一级教育主管部门基本没有什么可以制约县及学校的权力。说白了，没有你人家照常运转。

所以，通常情况下，地市教育局就是一个“传声筒”，其主要的功能就是上传下达，几乎无法用资源调配和行政命令的方式来推进县市区的教育工作。只要各县市区教育部门和学校都各自为战，无法被有效组织起来，一个地市的教育就不可能产生真正的竞争力。如何才能形成全市一盘棋的工作格局，这是任何一个想要有所作为的地市教育部门必须首先解决好的问题。

从另一个角度看，地市教育部门统筹管理能力薄弱，不能不说也是造成国家和省基础教育诸多政策措施长期难以落实的重要原因。基础教育“以县为主”的管理体制虽然把责任明确下来了，但由谁来监督落实却并不明确。管理经验告诉我们，缺失了监督和考核的责任，几乎就是落实不下去的。在现行体制下，落实“以县为主”的责任，主要依靠省级监督是不现实的，因为每个省大都包括上百个县，面积太大。而一个地市一般下辖十个左右的县市区，不仅更符合层级管理的规律，而且经过近二三十年地区改市的不断推进，地市事实上负责了县市区的考核评价和干部任用工作，从这方面讲，地市党委、政府对县市区的号召力、影响力还是巨大的。就教育来讲，上级政府加强对下级政府的教育督导，是我国《教育督导条例》赋予的职责。应当说，这也是潍坊敢于并能够构建起强有力的督导机制的依据所在。

要构建强有力的地市对县市区的教育综合督导评估机制，为全面推进教育综合改革提供动力和保障，需要着重做好四个方面的转化工作。

第一，要把督导方案制定的过程，变为全市教育系统科学决策、民主决策工作重点的过程。每年初我们都要用两三个月的时间，组织市教育局所有科室、单位和各县市区教育局参与，反复对督导方案进行论证，确保督导方案既符合大政方针和依法行政的要求，又切合基层实际，便于操作落实。每年一度的教育督导方案，其实就是一个总揽全市教育工作全局的行动纲领。这对于确保全市教育工作始终保持正确的目标方向，持续十几年集中力量办好大事，防止和避免出现大的偏差，甚至是瞎折腾，起到了至关重要的作用。特别是在县市区教育局局长的专业化水平不是很高，甚至有的还不是很懂教育的情况下，尤其具有重要意义。

每年3月教育督导方案下发后，各县市区就立即展开研究并全力依据方案开展工作，争取年底督导出好的成绩。到年底督导前，市里基本不用再管县里的事了，完全可以腾出手来，集中力量研究热点、难点问题的攻关突破。而且，为了防止市里各科室、单位巧列各种名目的检查评比、达标验收等活动，干扰县和学校的工作，我们还建立了归口管理、公开发布的制度，凡未列入许可目录的活动一律不准组织。即使检查、验收、达标活动获得批准，原则上也要纳入年度督导一并进行，以最大限度地维护县和学校的自主权，为他们专心致志地做事提供保障。

第二，要把各个县市区依据督导方案进行自评的过程，变成督促区域内所有教育单位学习、研究、提升的过程。市里对下面县市区的督导主要采用的是“验证法”。其原理是，从区域所属所有单位中随机抽取一定的样本，用最基层单位的样本情况，向上验证整个区域的情况，经查如样本的真实情况和自评不一致、有虚假，就要大幅度扣减县市区的自评得分。这样做的价值是，只有基层的每所学校和教育单位都按标准要求将任务落实到位了，才有可能获得一个好的督导成绩。这就把每所学校的情况和它所在的县市区的利益紧紧地捆绑在了一起。这样，全市所有学校和教育单位年年都紧紧围绕着国家和省市的重点和关注点开展工作，就成为自然而然的事情了，令行禁止也就不再是什么难事。

第三，要把督导的过程，变成市教育局全体人员全程参与分管工作和研究解决分管问题的过程。从市级层面讲，谁最了解情况，谁又最想解决存在的问题？当然是教育局中分管和具体负责这项工作的同志。为了充分体现督导的目的和作用，我们把督导的权力和责任首先交给了各个职能科室和单位，督什么、怎么督，都由它们先提出，督导的时候也由它们具体负责。这样一来，就把每年一度的教育督导，变成了教育局依法治教、全员参与、为实现自己的理想追求而不懈努力的过程了。所以，每年一次的教育督导，其实就是教育局全员参与研究上级要求和政策依据，深入基层进行全面调查研究，摸准吃透实情的“大练兵”，为全面提高机关干部的政策业务水平和改革创新激情，提供了制度保障。

第四，要把深入基层实地开展督导的过程，变成锤炼过硬作风的过程。为了确保督导结果真实可靠，做到敢于公开和纳入考核，确保不发生徇私枉法的情况，我们在组建督导队伍时，除个别指导专家实行外聘外，将参与现场督导评分的人员严格限定为市教育局及直管单位人员，目的就是要从组织上对所有督导人员实现有效管控，绝对做到令行禁止。应当说，这是我们所提出的“三自”（车辆自备、食宿自理、活动自主）“四严”（严禁宴请、严禁陪餐、严禁饮酒、严禁送礼）等督导作风建设不折不扣落到实处的根本保障，也是这些年来教育综合督导始终得到社会高度认可和支持的根本保障。

通过督导，改变最大的其实是市教育局

打铁还须自身硬。教育综合督导与其说督的是县市区政府，不如说督的其实是市教育局本身，是对教育局干部职工素质能力的全面检阅。无论是督导方案的科学性、可操作性，还是督导方法和结果的严谨性、真实性、准确性，抑或是督导人员作风的公正性、廉洁性等，任何一个环节出现问题，都可能出现偏差。所以，督导改变最大的其实还是市教育局，不仅全面锤炼了干部职工的过硬作风，更为重要的是，每年一度综合督导的机制，彻底改变了传统教育局内部条块分割、各自为战的工作格局。

过去，教育局每个领导分管一方面或几方面的工作，除了主要领导外，其他人是很难参与的，即使有好的意见和建议也很少有机会表达，即使有机会表达也会碍于分工不便多说。现在，几乎所有的重要事项全都纳入督导，所有督导事项都首先交给所有科室、单位，反反复复征求意见，详细具

体地展开研究，不仅大大减少了决策者“专权”的可能，而且通过督导有利于大家在谋划全局、集思广益中，更好地把握各自的定位，进一步明确工作重点、思路和措施，加快形成围绕中心服务大局、凝心聚力谋求发展的崭新局面。

通过构建强有力的教育督导机制，形成能够总揽全局和全市教育工作一盘棋的局面，我们才会更有信心、更有能力去做追根溯源、深化改革的大文章。

《人民教育》2015年第21期

中考改革为什么在潍坊能行得通

推进考试招生制度改革，探索招生和考试相对分离、学生考试多次选择、学校依法自主招生、专业机构组织实施、政府宏观管理、社会参与监督的运行机制，从根本上解决“一考定终身”的弊端，是党的十八届三中全会做出的全面深化改革的重大战略部署。在全国上下加快推进高考、中考改革的新形势下，及时总结反思既往的经验教训，对于确保改革顺利进行、少走“弯路”甚至是“回头路”，具有十分重要的现实意义。

作为2003年全国首批中考改革的试点城市，山东省潍坊市从2004年开始试点中考改革，到2006年在全市12个县市区全面推行，至今已顺利推进了十多年的时间，基本构建起了深受社会欢迎的、不可逆转的制度体系。

因为潍坊丰富的改革实践，我个人又直接推动和组织实施了这么多年的中考改革，所以我有幸参加了一些全国及地方的中考和高考改革的研讨活动，时常为一些地方改革遭遇的重重困难和巨大社会压力而困惑不已。有的地方甚至是和潍坊同时进行中考改革，然而坚持了这么多年，还是因为无法承受社会压力，正在遭遇“不得不退回去”的尴尬局面；有的地方现在想学习潍坊经验，大力推进中考改革，却因难以承受“互联网时代的质疑”而陷入两难境地。

面对冰火两重天的局面，许多人难免大发感慨，为什么同样的改革设计在潍坊能行得通，而到了别的地方就困难重重呢？有人认为主要是潍坊改革的环境好，有人认为是因为潍坊改革搞得早，等等。

应当说，这些看法都有一定道理，但我认为都不是主要原因所在。因为中考涉及每一个考生和家庭的切身利益，只要有哪怕一小部分考生感到不公平，感到利益受到损害，就肯定是行不通、过不去的。孩子的事对于每个家庭而言，可都是天大的事！潍坊每年有近10万人参加中考，这绝不是单凭人们对待改革足够宽容、理解改革和支持改革的觉悟足够高就能解决好的事情，而且潍坊也和各地一样，都处在新媒体时代的强大舆论监督之下。所以，这绝不是用改得早晚及环境好坏就能简单回答得了的。

那么潍坊究竟是如何做到的呢？现在反思一下，我觉得至少有如下几点值得我们认真总结。

让所有利益相关者共同参与推进中考改革

潍坊改革的实践表明，初中、高中学校及学生、教师、家长等所有利益相关者才是中考的真正改革者，中考改革是他们为了更好地维护好、发展好学生的根本利益和美好追求而共同推动实现的。必须改变教育主管部门包办一切的传统招生考试方式，简政放权，让改革真正成为大家共同参与的事情。

应当说这是影响中考改革成败的首要因素。因为，我们所进行的中考改革，与其说改革的是考试、评价、录取招生方式，不如说是对人才培养方式的根本变革。特别是在高中教育基本普及的新形势下，如何充分发挥考试招生对中小学素质教育的导向、保障职能，弱化过于极端的选拔、甄别作用，把该放的权力彻底放下去，使中考真正成为有利于学校和家庭落实立德树人根本任务的指挥棒，是推进中考改革必须始终坚守的价值追求和基本原则。

正是基于这样的追求，在改革中，潍坊始终坚定地将高中学生的招录权放给每个高中学校，由学校根据自己的办学特色和追求自主确定录取标准进行招生；将初中学生的综合素质评价权完全放给初中，由学校、教师、学生和家长依据有关政策共同制定评价标准进行评价，评价结果由高中学校直接纳入录取参照；将中考考试次数、各学科方面等级高低的选择权交给每个学生，为学生的全面发展、自主发展、个性发展提供正确引领和保障。在改革中，教育局成为考试招生规则的制定者和监督者，成为指导和帮助学校、教师、学生和家长充分参与改革的导演者、推动者。

让利益相关者都成为改革的“明白人”和“主角”，让他们为了维护好、发展好孩子健康成长的自身利益而改革，一场看似艰巨复杂的变革，就可以

“化整为零”地转化为所有学校和教师、学生及家长都来想方设法做成、做好的民心工程了。

现在说起这场变革，颇有点“胜似闲庭信步”的感觉。其实，当时我们内心也是如临深渊、如履薄冰的。改革方案通过在事前广泛征求社会各界的意见和建议、提交政府常务会议研究通过、在媒体全文发布方案、与所有相关学校签订责任书逐一落实责任等一系列环节，确保改革政策家喻户晓、人人明白。在考试成绩、等级公布后以及招生录取前后一段时间里，我们还在市教育局和学校组建了若干个咨询答疑和应急处置小组，随时准备释疑解惑并应对可能发生的上访等事件。

说来也怪，在我们直接负责市区中考改革的当年，一直到新生全部入学，市教育局也没有接到过一起投诉、举报，甚至连质疑的电话都没有。平稳得真是有点可怕。我们不禁担心，会不会在沉默中酝酿着什么更大的事情？结果半个多月过去了，还是什么都没发生。这么大的变革，为什么社会上一点激烈的反应都没有？事后我们专门走访了部分考生、家长和教师，结果他们的反应更是出人预料。比如，有的家长就直言不讳地讲：“你们早该这么做了，你看现在的教育都把我们的孩子折腾成啥样了？”

由此我们也深切感受到，其实最拥护和支持改革的是人民群众，真正保守的是我们教育部门本身。有些地方的中考改革之所以推进不下去，甚至苦撑着搞了几年不得不退回去，问题可能就出在没有始终从人才培养方式变革的角度推进改革，没有紧紧围绕人才培养方式变革这个核心开展工作，还是就招生论招生；没有勇于简政放权，支持和保障学校、教师、学生和家长积极主动参与到改革中来，让他们成为改革的主角和促进者，而是相反，还是事事都由教育局招生部门说了算，学校、教师、学生及家长只能被动接受录取结果。一场涉及万千人切身利益而且是重大利益的中考改革，完全成了教育局，甚至教育局少数几个人的事情，结果如何就可想而知了。

让学生、学校、教师和家长都成为改革的受益者

“多次考试、等级表达、综合评价、诚信推荐、多元录取、社会参与”

的中考制度设计，较好地遵循了招生考试制度主动适应和服务于学生健康成长的规律，有利于克服长期以来难以克服的应试教育的诸多弊端，让学生、学校、教师和家长都成为改革的受益者，真真切切地感受到改革带来的好处和便利。这是潍坊中考改革能够始终得到百万师生及家长支持的根本原因所在。

比如，潍坊中考改革一个非常重要的变化是，变学科成绩的百分制表达方式为五个等级。相差三分五分，甚至十分八分，可能都是一个等级。这看似不合理、不公平，但只要上过学的人都知道，这却最能说明一个人的真实状况，比百分制更能公平、准确地反映一个人的学业状况。因为这次你多考了几分，他少考了几分，下次他又比你多考几分，都很正常，说明你们的学习情况大致相当，都是在一个层次上，根本说明不了你和他谁比谁更强。

所以，实行等级制可以让许多学生不必再“极端追求”那三分五分的提高。其实，我们的许多孩子往往累就累在对这三分五分的极端追求上，而这三分五分恰恰也是让许多孩子没有时间做自己喜欢的事情、发展个性特长的制约因素。

记得有位校长曾深有感触地讲过发生在她儿子身上的故事。当年这位校长的儿子进入初三后，为更好地迎接中考，她和孩子的爸爸都希望孩子利用节假日报个数学兴趣班，但孩子坚决不报。为什么呢？孩子说，数学中考自己已完全有把握考 A 等，没有必要再补习，而且以后又不想做这方面的研究，希望利用空余时间多打打球锻炼锻炼身体，还可以提高中考体育成绩。最后，他们觉得孩子的想法有道理，也就尊重了孩子的意见。应当说，像他们这样尊重孩子的选择，不再极端追求分数的情况，在潍坊已经越来越普遍了。特别是从教育部基础教育课程教材发展中心所做的两次大样本检测以及山东省教育厅最近几年连续开展的中小学课业负担调查来看，潍坊中小学生的课业负担和学习压力都是最轻的，这足以印证这一深刻的变化。

实行等级制还克服了百分制下用各个学科成绩简单相加，一个学生一个总分、一个名次的弊端。在名次面前，绝大多数学生都是失败者，没有成就感。实行等级制，考核多少学科和方面，就可以从多少个维度来评价。过去是用一个总分来评价，现在是从十几个维度评价每一个学生，不仅令排名消失了，而且让总分掩盖下的每个学生各个方面的优势得以彰显，让许多学生都找到了属于自己的自尊与自信。

成长比成绩更重要。对于未成年的初中生而言，等级评价更具有教育学上的意义和价值。应当说，这也是绝大多数国家普遍采用等级表达的道理所在。

中考是关系孩子和家庭切身利益的大事。如何才能为每个孩子尽可能多地提供展示自我的机会，让每个孩子尽可能多地获得公平对待的机会，最大限度地减少"级差划分临近点"可能产生的不公平问题，始终是制度创建的着力点。所以，潍坊中考改革把多次考试确立为一个重要的制度安排，着力改变"一考定终身"带来的不公平问题，给每个学生都提供可以自主选择的一次、两次甚至是三次考试的机会。允许一次考得不理想的学生再考一次，以最好的一次成绩作为录取依据，为发挥失常的情况再加一道保险。

而且，多次考试还可以为学有余力的学生提供自主发展、个性发展的可能。有的学生如果觉得自己在某些学科已经达到较好水平，就可以选择提前一年甚至两年参加学业水平考试，成绩理想，就可以将之作为中考成绩使用，从而节省出大量时间用于发展自己喜欢的学习内容。这对于培养拔尖创新人才具有特别重要的意义。

此外，综合评价、多元录取的评价选拔方式的变革，也使得"分分计较"失去了意义。因为录取由过去只依据一个总分画线，变为了现在从十几个方面全面衡量每一个学生，不要说一分几分决定不了录取结果，就是一两门学科的等级略有失常可能都影响不了进退格局，而且学生除了可以依据等级参加录取外，还可以参加特长生录取以及初中学校老师的推荐生录取；所谓的偏才、怪才还可以向高中学校提出申请，走特殊才能展示录取的通道。

所有这些改革举措，都在向学生和家长共同传递一个强烈的信号——我们的改革都是为了创造适合每一个学生健康成长的教育，为了让招生考试录取更加适合每个学生健康成长的需要而进行的。这意味着，教育部门和学校要比过去付出更多的努力，比如过去按分数排名，可能每个高中学校只需要几分钟就可以完成录取工作，但现在也许要忙上几个工作日，逐个学生、逐个科目地进行分析比对；初中学校的综合素质评价工作更是艰巨复杂，几乎每个学生每天的成长变化都要记录在案，等等。但是，也正是靠着这些付出，我们的教育生态才变得如此的不同和优化。

从不回避改革中出现的新情况、新问题

潍坊中考改革的第三个鲜明特点是，持续不断地深化，积小胜为大胜，从不回避改革中出现的新情况、新问题，几乎年年都在不断地基于问题、基于价值追求去丰富和完善。回首改革历程，今天潍坊中考的格局已经变得与10年前的起始状态几乎完全不同了。

比如，社会最担心和关注的综合素质评价问题，10年来就先后经历了10余次调整与变化，在反复不断的探索中，才形成了综合素质评价与主要文化课等值对待，并纳入中考录取的崭新局面。

2004年，我们在潍坊市下辖的高密市开始中考改革试点，当年改革最大的亮点就是将初中学生的综合实践活动课程以10分纳入中考。

2005年，在潍坊市奎文区、潍城区、高新技术产业开发区、滨海经济技术开发区、高密市5个地区试点，将综合素质评价结果纳入中考，并首次提出与高中录取“硬挂钩”的构想，即由初中学校评价，高中学校招生时根据学生的标志性成果进行再认定。在学生考试成绩等级一样的情况下，优先录用综合素质评价等级高的学生，实际上是“硬参考”。

2008年，在总结全市推进中考改革实践探索的基础上，我们出台了《关于进一步做好初中学生综合素质评价工作的通知》，进一步明确了综合素质评价的程序和要求，规范了高中学校对综合素质评价的认定以及对评价结果的使用；明确规定要将综合素质认定等级与高中招生录取“硬挂钩”，与语文、数学、英语三门学科的等级等值对待。

2009年，将综合素质评价结果纳入高中招生录取，并与语文、数学、英语的等级等值对待，第一次实现了真正的“硬挂钩”。

2010年，我们出台了《关于进一步深化和完善初中学生综合素质评价制度的通知》，要求初中学校健全学生成长档案，推行“学期评价”和“毕业评价”结果备案制度；进一步加强对普通高中学校综合素质认定工作的监管。

2011 年，我们组织专家深入学校进行专题调研，发现由于实行“初中学校对学生进行过程性评价、高中招生学校根据标志性成果进行认定”的体制，部分学生、家长和初中学校出现了重标志性成果、轻过程性评价的问题，不利于初中学校加强学生管理，不利于深入实施素质教育。于是在 2012 年，我们又出台了《关于进一步加强初中学生综合素质评价工作，深化高中招生制度改革的意见》，规定从 2013 年开始，改变综合素质评价认定办法，将初中学校的综合素质评价结果直接用作高中学校招生录取的依据，不再由高中学校重新认定；按照“先行试点，逐步推进”的原则，在市区学校先行试点。

2013 年，除潍坊市区外，我们进一步在昌乐县、临朐县、青州市、安丘市 4 个县市扩大试点范围，将综合素质评价结果认定权由高中学校进行认定改为由初中学校进行认定。

2014 年，我们在总结试点经验的基础上，出台了《关于进一步做好初中学生综合素质评价工作的实施意见》，将初中学生综合素质评价权全部下放给初中学校，全面规范初中学校的综合素质评价内容、评价主体、评价方式方法等，推进评价工作的信息化，建立一系列保障公平的措施和制度。

除综合素质评价外，潍坊市中考改革的其他方面，包括多次考试、等级表达以及多元录取等的每一个方面，在实践探索中都无一例外地经历了逐步深化、完善的过程，都是基于问题解决，坚持试点先行，不断扩大试点探索，不断总结试点经验，然后才逐步在全市全面推行。

中考改革也同其他体制改革、制度创新一样，不可能一蹴而就，不可能一劳永逸，在相当长的一个时期内，都应处于不断从问题出发，主动创新、丰富和完善之中。

改革永远在路上。勇于积极主动地面对改革中出现的新情况、新问题，不回避、不退缩，才是最值得改革者们认真对待和汲取的态度。

《人民教育》2016 年第 1 期

中小学怎样实现专家办学

“推动公办事业单位与主管部门理顺关系和去行政化，创造条件，逐步取消学校、科研院所、医院等单位的行政级别。”党的十八届三中全会的这一明确决定，为我们深入推进中小学去行政化和实施校长职级制改革指明了方向，坚定了信心，彻底打消了萦绕在我们心头多年的改革能否持续的疑虑。

校长是掌控教育资源的人，从一定意义上说，有了好校长才会有好的教育。为了探索不断产生好校长的制度环境和制度体系，我们努力了整整10年。

一开始，我们并不知道用什么办法才能评好校长职级

山东省潍坊市在2004年率先取消中小学校的行政级别，将中小学校长的管理任用、考核评价等全部归口教育部门，实行校长职级制改革，全市900多位有级别的校长的档案全部由组织部门移交教育部门，在当时社会反响强烈，得到了绝大多数舆论的积极响应。应当说，对于长期以来中小学过于行政化的弊端，社会具有广泛共识，人人都觉得应当尊重教育规律，由专家来办学。特别是潍坊市又是全国首批课程改革的实验区，更应率先探索专家办学之路。

但是，当党委、政府真的将中小学校长的管理权全部交到我们手中的时候，我们才发现自己并不知道用什么办法才能评好校长职级。当时我是分管基础教育的副局长，具体负责对直属中学进行首次校长职级评审。由于直属学校的行政级别大都较高，干部几乎都由市委组织部门管理，对学校和校长的评价也仅限于投投票、谈谈话，完全没有什么绩效考核。在这种情况下还

要评出每个校长的职级，评委会就只好凭印象和材料决定了，结果如何可想而知，每个校长新评的职级和原来的行政级别几乎一个样。

改革陷入了困境。

由于教育部门迟迟拿不出评选校长职级的有效办法，只能沿用管理党政干部的办法来管理校长。时间一长，有些县市区的组织部门就坐不住了，开始以不同的方式给市里施加影响，纷纷要求退回原来的体制。

这不能怪组织部门。如果仍沿用过去的办法管校长，教育部门确实没有组织部门有优势。幸运的是，当时的潍坊市领导，特别是组织部负责的同志，都是率先支持校长职级制的改革者，因为有了他们的全力支持，我们才赢得了持续探索的充分时空，使体制转换过程中的各种矛盾和问题，既有了一个暴露和呈现的过程，又有了可以系统完善和构建的可能。

现在想来，如果没有他们的魄力与担当，就不会有 2011 年市委、市政府全面深化校长职级制改革的系统思路和举措；如果潍坊市坚持不下来，可能也就难有今天全国各地推进校长职级制改革的良好局面。我们永远不能忘记这些支持教育的改革者们。

校长的任免，教育局局长说了不算

具有标志性意义的 2011 年潍坊市委、市政府文件的出台，颇费了一些周折。我们在总结六七年来的探索实践和经验教训的基础上，针对影响学校自主办学、校长专业发展等突出问题，研究并形成了包括校长后备人才、校长遴选、校长职级评定、校长职级补贴以及延长任职年龄等问题在内的一系列政策措施。经过反复磋商，我们终于与市领导和相关部门达成了共识，彻底突破了中小学校长管理过于行政化的倾向。本以为万事大吉了，所以在文件会签期间，我就陪同分管市长出国考察了。但我们刚一回国，局里分管此项工作的副书记就非常焦急地跟我说："坏了，出大事了！"文件在关键环节上签批时被"翻转"了，特别是校长的选拔任用、职级评定等方面全都退回了行政化的轨道，这比取消校长级别归口教育部门的改革之前，管得还要具体。更为糟糕的是，市里几个相关领导都已签了字，就等着正式印发了。

怎么办？无奈之下，我找到分管教育的王市长表明了宁为玉碎、不为瓦全的坚定态度。这招儿还真管用，一个看似难以调和的矛盾竟让她轻松地化解了。文件最终得以恢复原貌并正式印发出来，从而开启了潍坊市校长职级制改革的全新时代。

我在这里之所以将这曲折的过程呈现出来，主要是想告诉大家，改革从来就不是一帆风顺的，特别在“简政放权”上更是困难重重。如果我们不能将改革进行到底，尽快将理想转化为现实，用事实说话，改革就极易出现反复而陷入被动。因为，下放权力后如果不及时将它装入制度的笼子，它随时都可能被截留和滥用。

比如，在潍坊市同样取消单位级别、实施归口管理的公共服务行业并不限于教育，但实施的情况却很不乐观。对此，我在任期间，市里先后三任组织部长几乎都曾向我询问过同一个问题：同样的改革，你们校长的选拔任用、职级评定等，年年都有不小的变动，怎么就没听到什么“不良反应”，甚至连一个投诉举报的也没有呢？每当这时，我都会自信地告诉他们，我们之所以能形成这样良好的局面，主要是因为教育局局长说了不算。在我们这里，谁能当校长，校长干得好不好，校长的职级高与低，等等，都是由制度和机制来产生和决定的，教育局主要是管规则。

说来大家可能不信，但这是真事。2013 年，我市教育局直管的两所学校的校长职位出现空缺，新校长的选聘就完全是由分管的局领导按规定程序组织实施的。这两个校长自参与竞聘到上任后一年多的时间，都没有到过我办公室一次，我们没有单独见过面。说实话，这种情况在过去是绝对不可想象的，但现在已完全没有了见面的必要。大家都知道，校长只要把学校办好，就什么也不用担心；办不好找谁也没用。所以，我每当想起这事，不但没有丝毫怨言，反而充满自豪感和成就感，因为这充分表明，我们持续推进的改革所追求的“依靠专家自主办学”的局面已经形成。

怎样选出好校长？

校长职级制改革解除了局长的两大“烦心事”。一件是，我当局长的时候，校长职级制改革尚处于探索的起步阶段，还没有建立起公开遴选校长的制度和机制，每当校长职位出现空缺或需要调整时，我都备受困惑和煎熬。

因为校长之于学校实在太重要了，选出一个好校长几乎就意味着办出一所好学校，否则就会直接影响成百上千甚至上万师生的健康成长。这一职业的特殊性，决定了校长是经不起失败的。说实话，这么大的责任压在身上，对能否找出合适人选，实在是诚惶诚恐、没有自信的。虽然我一直在教育部门工作，比较熟悉大部分相关人员，也有着较为丰富的经验与阅历；虽然在确定目标人选前，我也会认真参照各个学校领导班子成员的民主测评结果，但毕竟因为职务原因，几乎人人都会努力在你面前展示最好的一面，所以难以准确了解每个人的境界追求和业务能力，还容易受到来自各种关系的干扰。

到底怎样才能选出好校长呢？我们主要是构建了两项制度。

一是建立了校长后备人才制度，通过资格过渡、考选、培训、挂职锻炼等方式，对具有强烈意愿和校长潜质的人员进行训练和考评，这些人选经综合考核合格后，被认定相应的校长任职资格，纳入校长后备人才库管理。当校长职位出现空缺时，只有具备了校长任职资格的人才可以参与竞聘。这样做的好处良多，比如，校长成为可以公开追求但专业性要求很高的岗位，不再是谁都可以干的“行政事务官”；想当校长就需要研究和遵循办学规律，提前做好各方面知识能力的准备。这就彻底将为当官而争做校长的一些人挡在了门外，为去行政化奠定了基础。

二是建立了校长公开遴选制度，组建校长选聘委员会，委员会从具备校长任职资格的报名人选中，通过理论考核、演讲述职、民意考察等方式公开遴选，按 1∶3 的比例推荐出优秀后备人选，最后由教育局党委按既定组织程序择优聘任，把好政治关和民主关。校长选聘委员会由 7～11 位知名校长、教育专家和优秀教师代表组成，成员名单从专家评委资源库中随机抽取产生。我们之所以要依靠选聘委员会来帮助我们公开遴选，除了可以保证公平公正外，更是因为知名校长、教育专家和优秀教师才是最懂校长的人，他们先进的教育理念和改革创新成果，引领和代表着时代进步的方向，以他们丰富的经验和见识，不要说评选新校长，就是对老校长，他们也可以在其举手投足间就做出准确的判断。这就是“专业的事情，一定要交给专业的组织和人员来做”的道理所在。

把权力交给当事人和专家，不仅把局长解脱了出来，还时常会收获意外的惊喜。比如，我们在选聋哑学校校长的时候，某所商业学校的二把手（副书记、副校长）竟然竞争上了，这在传统的观念里是不可想象的，完全出乎我们的预料。因为无论从学校曾经的级别、规模还是社会影响来看，这两所学校都相差甚远。这所商业学校曾是正县级学校、国家重点职业中专，有着六七千人的规模；而这所聋哑学校只是科级，仅有一百多名师生。这位校长到任后，迅速发挥自己的优势，热情高涨地带领师生大搞教育教学改革，学校面貌焕然一新，真是令人敬佩。

另一件是，校长们总是想各种办法跟局长套近乎，时常搞得人无心做事。事后静心想想，这难道能怪校长们吗？还不是我们自己管办不分，把人家逼成这样的吗？平心而论，若不是有求于人，谁愿意放着清静的日子不过而到处钻营，更何况都是些素来清高的知识分子呢？其实，校长们过去要讨好的绝不仅仅是局长，对局里科室的领导也都不敢怠慢，因为他们可都是管学校的。所以，光选出专家型的人当校长还远远不够，必须大力推进简政放权，如此才能让校长们真正自主自立起来，走向专家办学的道路。

教育局从直接管理者转变为规则的制定者和监督落实者

我们主要做了三项工作。

首先，落实学校的办学自主权。落实办学自主权的举措主要有：将副校长的提名权交给校长；将中层干部的竞聘权、教师职称的评聘权、教师各类评优表彰的推选权等指标，全部下放到学校，由学校结合各自实际按规则制定标准，并经学校教职工 85% 以上的信任投票，方可上报教育局研究。教育局研究的规则是，只要学校严格按规则实施，特别是教职工满意度达到规定的要求，经公示无疑义，就应当完全尊重学校的意见。严格坚持“学校内部谁用人谁评价、谁了解情况谁评价”的原则，全面激发出用人和评价的正能量，既促进了学校资源充分聚集到教书育人的核心环节上，又彻底根除了用人不正之风。

比如，教师职称评聘过去由教育部门和人社部门集中管理，直接依靠评委会看材料来评定，学校几乎没有自主权，结果时常出现在教学一线的骨干教师不一定能评上，而不在教学岗位的人却能评上，甚至找找关系就能评上的尴尬现象，搞得许多教师不愿上课、不愿当班主任，导致职称评定这项本应调动教师积极性的政策，长期以来却广受诟病。现在权力下放给学校，由学校教职工全员参与、民主决定，这些问题全部迎刃而解，教师们争相上课、争相当班主任已蔚然成风。

所以，从一定意义上说，我们下放的与其说是权力，不如说是问题和矛盾。通过让权力回归其本位，有效化解了行政化带来的无法克服的一系列困局。

其他方面，如通过实施生均拨款等举措落实学校的财务自主权；通过改革高中招生考试制度等办法落实学校评价学生、特色办学、课程教学改革等自主权，也都是在促使权力回归其本位。

其次，最大限度减少对学校自主办学的干扰。2012 年我们专门出台了文件，取消市级面向中小学的检查、评比、达标验收等 50 多项内容，规定除涉及安全稳定和年度绩效考核等政府行为与底线管理外，教育部门一律不再对学校的教育教学和管理进行检查、评比、达标验收。

管学校的权力几乎都放下去了，又不允许到学校开展检查、评比、达标验收，学校的办学自主权是有保障了，但我们教育局怎么办？凭什么保证学校的决策始终与上级保持一致，不发生方向性问题？凭什么保证学校真正遵循规律办出生机与活力？

到了这个时候，我们教育局作为教育主管部门必须清醒地认识到，简政放权绝不是“放责”，更不是“放任”，恰恰相反，我们放权是为了更好、更有效地履职尽责，是为了让学校可以更充分地尊重教育规律，办好让人民满意的教育。但实践告诉我们，即使有了专家型校长，将该放的权力放到位了，也不能保证办出学校的生机与活力，专家办学的局面也不会自发形成。因为，教育主管部门手里还有一个重要的权力需要匡正，那就是如何评价学校、如何评价校长的问题。评价是指挥棒。如果我们仍然沿用传统的行政化的思维，还是完全要由主管部门自己说了算，处处以有利于部门管理，而不是以有利于学校办学为出发点，那再好的校长可能也发挥不了多大作用。

基于上述思考，我们在切实加强党的领导和民主监督的基础上，着力构建起以促进学校内生增长为主要特征的评价机制，让权力和责任真正统一起来，由“要我做”变为“我要做”，促使学校和校长担当起破解教育热点、难点问题的责任。越是放权越要强化监督管理。这是我们的第三个着力点。

构建科学评价机制

每学年，我们教育主管部门都要委托第三方评价机构对校长所属学校进行一次年度绩效考核，确定校长年度考核等次；每四年要评定一次校长职级，并据此发放校长职级补贴和年度绩效奖励。应当说，这是在整个校长职级制构建过程中最艰难的事情。搞不清教育部门该管什么、不该管什么以及管不了、管不好的事情由谁来监督评价，搞不清究竟怎样处理教育规律和群众现实利益的关系等问题，就不可能知道从何下手来给每一位校长评定什么职级，更不可能解决学校去行政化和真正实现专家办学的问题。

为此，潍坊市教育局每年都把如何评价学校和校长作为重点工作项目，组织全国的专家和基层的校长一起攻关破解，历经五六年的反复探索，才终于理清了思路，确定了考核评定学校和校长必须着力处理好的三个关系，以此促进和保障学校走向自主办学、内生增长的健康发展轨道。

一是正确把握校长办学理念与学校办学实践的关系，突出对校长办学理念转化为办学实践能力的评价。新课程的一个突出变化是下放部分课程权力给学校，校长如果没有自己的办学理念和转化能力，就无法统筹学校和教师资源，无法研究并开发适合每个学生成长所需要的课程体系，就领导不了现代学校。校长对学校的领导首先是思想理念的领导。所以，在评价时，我们既要注重校长有没有先进正确的办学思想，又要求专家必须深入学校师生活动中检验校长的理念是否转化为教育教学成果，更注重以学校的办学业绩评定校长的能力水平。在职级评定中，校长个人成果只占 20%，其他 80% 主要依据学校办学情况，以此引导校长“说”“做”结合、知行统一，真正致力于把学校办好，走专业化发展道路。

2012 年的全国英语等级考试在我们的一批中小学设了考点，我陪同省教育厅分管高教的厅长巡视。在走访了几所学校、听了校长们的介绍后，厅长由衷地感慨道："你们的校长和别的地方真的不一样，个个都有自己的办学理念和追求，真是令人羡慕。"其实近几年我们时常都会听到这样的鼓励，我们为有这样一批令人尊敬的专家型校长而心怀感激。

二是正确把握学校常规管理与创新求变的关系，突出对学校常态运行效果的评价。引导校长按照教育规律办学，稳中求进，首先要致力于将学校办成符合国家规范的合格学校，在此基础上再开展改革创新，才可能有一个好的考核评定成绩。因为，我们在确定权重时，将常规管理与改革创新的占比规定为 70% 和 30%，而且对常规管理采取倒扣分的办法，特别是对违规办学和安全隐患这些关乎根本利益的方面，都是大幅扣分甚至"一票否决"。我们确立了 30 余项常规管理内容，作为学校不能触碰的"底线"—— 以日常发现的问题为依据，根本不用专门到校检查。为什么潍坊中小学生的课业负担在山东省最轻？应当说与上述机制密切相关。而创新求变的内容都是由学校和校长自主确定，由第三方专家到校评议、认定，这又为学校走上自主发展、专家办学的道路，办出学校的生机活力提供了应有的空间和动力。

三是正确处理教师认可与群众满意的关系，突出办学满意度的评价。校长既要遵循规律，办老师们支持、赞赏的学校，又要办学生和家长满意的教育。这两个满意度，在我们确定学校办学业绩时要将之作为系数。满意度越高，业绩考核才能越好。

因为有了这样的考核评价和职级评定机制，我们的校长几乎把全部精力都用在了关注学校内涵发展、关注课程课堂改革、落实学校教书育人上，那么整个区域呈现出轻负担、高质量和全面实施素质教育的良好局面，也就不足为怪了。当然，校长职级补贴、延长任职年龄等政策措施，对于去行政化和形成专家办学的局面也必不可少。

《人民教育》2016 年第 6 期

三大改革，破解区域教育密码

我之所以对地市构建强有力的督导评估制度、利益相关者共同推进的中考改革制度以及推动专家自主办学和去行政化的校长职级制度逐一进行重点回顾和解读，是因为它们既是党的十八届三中全会确定的推进教育综合改革的重要内容，又是真正解决中小学从应试教育转变为素质教育、减轻过重课业负担、落实立德树人根本任务的重要制度保障。可以说，有了这三大改革作为保障，基础教育领域存在的许多矛盾和问题都是可以得到有效解决的，因此迫切需要引起高度重视。

地市一级要敢于担当、善于改革

从潍坊的实践来看，对于一个地市的基础教育而言，下述三个方面好比是影响和决定机车性能的三大系统——中考改革制度，就好比是机车的方向引领系统；依靠专家自主办学的校长职级制度，就好比是机车的动力心脏系统；地市对县市区的年度督导评估制度，就好比是机车的安全保障系统。如果一个地市的这三大系统都能够围绕着素质教育的目标，协调一致、改革创新，地方教育就会像高铁网络那样高效运转起来，在国家和省统一铺就的政策轨道上，带领各个县市区和学校直奔目标而去。否则，即使行驶在同样的轨道上，也只能像传统的绿皮车那样走走停停，快不起来，难以跟上时代前进的步伐。

我之所以用这样的比喻来描述地市和国家及省在基础教育中的不同功能，描述三大改革对于县市区和学校的价值意义，是因为我国基础教育“分级办学、分级管理”的体制，决定了国家和省主要是管方针政策的，地市以下主要是负责具体贯彻落实的。将地市比作起牵引作用的火车头，而不是国家和省，主要是从组织实施的角度而言的。现在基础教育的许多矛盾和问题，其实已经不是顶层设计方面的问题了，而是怎么组织基层和学校实施落实的问题，是组织实施的体制如何适应新的时代需求的问题。

但毋庸置疑的是，在推进基础教育改革的过程中，长期以来我们总是过于关注顶层设计，总是忙于出文件、出政策，忙于安排部署、救急灭火。对贯彻落实层面的事情却很少关注，即使是自身搞的改革试点，也很少去研究成功的经验和失败的教训，更谈不上上升到规律层面来把握和推动。所以，即使有了像潍坊这样将许多顶层设计较好地落地了的探索和经验，也难以引起高度关注。特别是在省管县舆论盛行的情况下，强化地市教育统筹管理这样一种"逆势而动"的做法，难免会被有意无意地轻视，更无法引起高层的重视，这不能不说是非常令人遗憾和忧虑的。

多年从事教育体制改革的实践探索，让我形成了一个矢志不移的坚定信念，就是在现行的政策体制下，只要我们地市一级的领导干部，特别是教育局局长敢于担当、善于改革，当前困扰基础教育健康发展的绝大部分问题都是可以解决的；任何简单化地将问题归罪于高考制度，甚至把矛盾推给顶层设计的想法和认识，我认为都是不符合事情本来面目的，也是不负责任的。

痛楚的坚守，坚定地前行

一些痛楚的坚守，促使我们坚定地走上全面推进综合改革的道路。我之所以形成这样一个信念，是因为有太多的事实和体验一直在激励着我。

比如，中小学办学行为不规范、课业负担过重等问题，一直是社会关注的热点、难点问题，也是各级教育部门想方设法着力解决的重点问题。潍坊也和其他地方一样，曾经采取过各种各样的措施。

还记得，20 年前我做潍坊教育局基础教育科科长的时候，就曾使出浑身解数推动市教委在全省率先出台了规范中小学办学行为的 10 条规定，并印制了 3 万份张贴到全市每所学校的每一间教室，还在大会、小会上不间断地要求落实解决；2002 年时我搞督学工作，曾在市区选派了 20 多名督学，让他们天天早上站在学校门口监督每所学校落实7:30前不准让学生进校门这一规定的情况，甚至晚上还安排人直接到学生家里，检查作业布置是否超出了规定。

令人尴尬的是，在2004年、2005年那段时间，高中乱拉生源成风，有的学校竟把外县学校去“抢学生”的车给扣下了，校长直接打电话质问我“到底管不管”。这句话深深刺痛了我。其实，他哪里知道我的苦衷？教育局不是没有要求和规定，但因为管不着校长的任用，所以校长不听，教育局也没办法。

屡屡碰壁让我们深切地认识到，减轻学生过重的课业负担、规范各种各样的办学行为，绝不是单纯用行政手段、行政命令就可以解决的，必须从根源上、体制上逐步消除问题产生的土壤，才有可能实现根本性的改变。否则我们的要求越多，就越会让我们的学校为难，甚至越容易让我们的校长和老师产生反感。

应当说，正是这样一些痛楚的坚守，促使我们坚定地走上全面推进综合改革的道路，下决心扫清影响教育质量提高和不规范问题产生的体制性障碍，着力构建起统筹全市上下党政资源、支持教育改革发展的年度教育综合督导制度，统筹全市校长和教师资源、实施专家办学的校长职级制度，统筹全市中小学师生和家长资源、共同转变学生成长方式的中考改革制度等。在统筹推进三大改革的过程中，我们逐渐发现，这三大改革，不仅可以有效克服和解决各自领域的矛盾和问题，而且一旦它们发挥出各自的统筹作用，还可以很好地牵引和带动整个基础教育领域有效克服各种各样的问题和矛盾。比如前面提到的减负问题，就是在三大改革的共同作用下得以较好解决的。

为了办好让人民群众满意的教育，潍坊在2008年率先建立起“教育惠民服务中心”，面向全社会公开了解、倾听、协调和解决人民群众方方面面的教育需求。我们天天在群众关注度最高的广播电台《行风在线》栏目上播广告，让人民群众知晓，鼓励他们遇到问题主动寻求帮助并对全市中小学违规办学行为进行监督举报。

结果，服务中心一开始运转就让教育局陷入非常被动的境地。各种举报信息如潮水般涌来，特别是对于学校加班加点、乱收费、体罚学生、校园安全等问题，群众反映非常强烈，尽管市教育局发动了各科室的力量，仍然是查不尽、禁不绝。因为潍坊有着3000多所中小学、幼儿园，如果县和学校都跟市里“捉迷藏”，不能真正将规范转化为自身的内在需求和动力，这规范肯定落实不下去。

怎么办？这时我们就想到了充分发挥教育督导和校长职级制的作用。既然大家都高度关注各县市区的督导成绩，高度关注校长职级评定的结果，那为何不将学校落实办学行为规范的情况，与它们紧密联系起来一并推进呢？于是，我们就在研究制定县市区年度教育督导评估方案的时候，将学校办学的行为规范情况作为督导的重要内容，规定只要所属学校出现违规情况，就要扣减县市区的督导成绩；在确定校长职级评定办法和学校年度考核方案时，也都明确规定，只要学校出现违规办学的行为，就要和校长的职级及补贴挂起钩来。

“上下同欲者胜。”正是县市区年度教育督导和校长职级制的共同作用，再加上中考改革等举措，使中小学轻负担、高质量、群众高满意度的良好局面得以形成。国家和山东省规范办学行为的规定要求，在潍坊率先得到了不折不扣的贯彻落实，而且我们用事实和实践雄辩地证明了，当前提高基础教育质量、全面实施素质教育的当务之急，应在地市层面深化中考改革、校长职级制改革和教育督导改革这三大改革上着力，全面构建起可以有效贯彻落实国家和省政策措施的体制机制。

令人欣喜的是，潍坊的改革探索得到了山东省政府的高度重视和肯定，2014年省政府就在潍坊召开了高规格的现场会，全面推广了这一经验。据了解，校长职级制改革已在山东省七八个地市全面推广，像江苏省苏州市、广东省中山市、黑龙江省齐齐哈尔市等地也都取得了很好的进展；山东省临沂市、河南省新乡市等地在实施了公开透明的教育督导改革后，均大幅度改善和提升了教育保障水平。潍坊的中考改革更是得到了教育部的充分肯定，不仅对研究和制定深化全国高中招生考试制度改革的政策提供了重要实践参照，而且对于正在引起高度关注的高考制度改革也提供了有益的借鉴。

正是因为潍坊改革的效应在不断放大，我们这些改革的亲历者才更觉得肩负的责任重大。竭尽所能地总结、反思改革过程中的所思所想、所困所盼，努力为各地不断深化教育改革提供支持和帮助，我们责无旁贷。

以三大改革成果为支撑，解决热点、难点问题

以三大改革成果为支撑，不仅可以有效激发各方面实施素质教育的内生动力，全面规范办学行为，还可以帮助我们解决许多热点、难点问题。

比如，在市和县教育局进一步构建起评优晋级、达标验收等事项的前置审核制度后，所有面向学校、校长和教师的评优晋级、达标验收事项，首先需要通过市和县市区教育局的资格审查，只有在安全稳定、规范办学、师德考核等方面达到了规定要求，学校、校长和教师才具有参评的资格，不然就要被“一票否决”。这就促使所有学校积极主动地解决热点、难点问题，立足于自身想办法将其解决，着力促进学校内生性的改变和提升，让专家型校长真正自主起来，不能遇到问题就简单地推给教育主管部门，放弃本该由学校和校长承担起的责任。

其实，这也是理顺政校关系、克服管办不分必须要解决好的基本问题。说实话，过去学校管理出现问题，我们教育主管部门还可以上推下卸，现在实行了校长职级制，都是专家在办学了，而且能下放的权力、该下放的权力也都放给学校了，学校再出现问题我们就没法交代了。所以，这也促使我们必须横下心来，逼迫学校主动担当应当担当起的责任。

不急不愤，许多能力和办法还真就逼出来了。比如，前段时间，有些外地的校长听说我们几乎杜绝了教师有偿家教的现象，怎么也不相信，认为在现在的环境下根本不可能。但我们的校长说，我们之所以有这样的底气，主要还是得益于师德考核前置审核制度。全市 8 万多中小学教师每个学期的考核情况，都要报到市里备案，一旦遇到相关的评优、表彰、晋级，我们都要逐一审核，师德达不到优秀者一律否决。

其实，一开始我们采取的是市里统一确定各学校师德优秀者比例的办法，结果搞得教师们怨声载道，因为学校间差别很大，根本没法统一规定。但不规定比例，考核就会流于形式，起不了作用。师德关乎群众切身利益，更关乎教育底线，所以我们横下一条心，即使部分学校和教师有意见，也要

顶着压力坚持探索。于是，我们要求所有学校必须组织全体教师制定考核方案，并严格坚持每学期考核一次，按时上报市教育局，而且这项工作的开展情况要和学校评优、校长职级挂钩。

说实话，这确实令许多校长、教师非常纠结，特别是一些办学水平较高的学校，更是束手无策，因为绝大多数教师都很优秀，但受比例制约，只能将不少好老师定为合格。到底该怎么办？在我们硬撑着搞了一两年后，终于有一天时任日向友好学校校长的张校长撑不住了，给我发了一条长长的短信，建议由学校自己定比例，出了师德问题校长甘愿承担责任。在骑虎难下的时候，这条短信无疑像救命稻草一样，给了我们一线生机。我们迅速征求各学校的意见，结果校长、老师都拍手称快，纷纷要求下放权力，甘愿担责。于是，我们便根据广大校长和教师的意见对原始的考核办法做出了调整，规定每个学期师德考核优秀、合格、不合格者的比例，由各个学校自己确定，但学校一旦确定师德优秀率达到 100% 时，市教育局要将这一结果向全市公开发布，如果该校出现师德问题，就要严肃追究校长的责任。当权力和责任真正统一起来后，不仅没有发生我们担心的个别校长会不负责任地乱定比例、当老好人等现象，而且几乎所有学校都将师德考核机制作为加强教师队伍建设的最重要抓手，有效破解了群众反映强烈的教师不平等对待每一个学生、体罚学生和有偿家教等许多热点、难点问题。

以前置审核制度为基础，我们进一步在全市所有学校构建起育人为本的基本制度，以课程改革为核心，着力创造适合每一个学生健康成长的教育。众所周知，普通高中是应试教育的重灾区，在高考制度没有大的改变的情况下，加班加点等违规办学情况普遍存在，似乎成为不可能解决的顽疾。但这一现象在潍坊同样得到了较好的解决。我们在普通高中开展五星级学校评选活动，根据国家和省的基本要求，将全面实施素质教育所关注的办学行为规范、课程开设、课程实施、教育质量、办学特色等确立为评估指标，在什么时间、在哪些方面达到标准要求，完全由各高中根据各自的实际情况自主选择，向市教育局提出评估申请。经第三方评估，市教育局审核认定，并通过当地媒体向社会公布评估结果。我们虽然不要求任何学校确定达标时间，但我们却将学校达标情况纳入县市区督导评估成绩，并规定在职级评定中，只有学校达到五星级，其校长才有资格评特级；学校达到四星级，校长才有资格参评高级；学校达到三星级以上，教师才有资格评市政府教学成果奖。这样一来，就把转变不转变的矛盾，完全交给学校和校长。截止2014年，高中实施星级评估近6年（3年一个周期）来，全市三分之一的高中成为特色鲜明、质量较高的五星级学校，所有高中达到三星级学校标准，办学行为基本达到规范要求，潍坊也成为全省办学行为规范最好、学生课业负担最轻的地市。义务教育阶段更是在三大改革举措的共同作用下，全面进入了深化课程改革、全面实施素质教育的良好状态。在近几年教育部基础教育课程教材发展中心和山东省连续多次的检测评价中，潍坊市均取得了令同行赞叹的骄人成绩。

记得2012年教育部曾安排我参加贯彻党的十八大精神、均衡发展义务教育巡讲报告团。在赴全国巡回宣讲中，我总是不忘记说这样一段话：“要是有人来问我，你的幸福是什么？我会骄傲地告诉他，它不是我们得到了上级多少表彰奖励，不是职业教育技能大赛和青少年科技创新大赛中我能取得多少名次，也不是我们的高考连续多少年保持第一；而是看到我们的孩子们不必每天起早贪黑、满是疲惫地去学校学习，看到孩子们终于可以过上正常的生活，可以无忧无虑地去做自己喜欢的事情、去做最好的自己。”这绝不是什么矫情！为了这一梦想——让潍坊的百万孩子都能过上幸福的学习生活，回归教育的本原生态，我们已足足奋斗了近20年。

应当说，依靠三大改革成果解决的矛盾和问题还有很多。所以，在潍坊的时候我会时常跟前来交流的外地同行讲，潍坊改革的最大价值，不是改得没有问题了，而是形成了可以不断解决问题和矛盾的长效机制。

《人民教育》2016年第11期

如何争取党委、政府全力支持教育

这些年到山东省潍坊市考察教育的领导和同行，总会不约而同地关注一个问题：你们的党委、政府真是太重视、太支持教育了！这些年搞了这么多改革，每项改革都是一搞若干年地持续深化、完善。你们究竟靠什么赢得了党委、政府如此的重视和支持呢？

说实话，这是一个最难回答的问题，但也是我一直在试图研究并回答的问题。仅我和李希贵同志担任潍坊市教育局局长的十三四年里，就先后经历了5位市委书记、4位市长、9位主要党政领导的更替。但正是他们一任接着一任持续支持深化教育改革，才有了潍坊教育的今天；如果其中任何一位哪怕是认识不到位，我们这些基于利益调整的改革都不会如此顺利地推进。

这一点，对于我及前后这三任教育局局长的选拔任用，就足以说明他们的境界和担当。我的前任李希贵因为其改革创新的突出业绩，从县教育局局长岗位上被破格提拔为地市教育局局长；我和继任者徐友礼同志，也是市里为了保持潍坊教育改革的持续性，从市教育局领导班子排名并不靠前的成员中破格提拔任命的。应当说，是潍坊市委、市政府这种尊重教育、尊重规律的选拔任用方式，成全了潍坊教育。

善于抓住有利于教育发展的机遇

记得我刚任局长不久，有一次向时任市长许立全汇报了制约潍坊教育发展的三件事。一件是城区学校大班额问题，群众反映强烈，应尽快采取解决措施；另一件是要重视发挥潍坊高校多的优势，将它们组织起来使之既服务潍坊发展，又促进校与校之间共同提高；第三件是争取国家在潍坊进行中小学教师职称改革试点，因为职称问题已成为影响广大教师积极性的突出障碍，现在地方财政有三分之一左右用于教师工资，应通过职称改革，充分发挥公共财力的积极作用。许市长听完汇报后，不仅充分采纳了我们的建议，将这三件事全部列入政府工作重要日程，还多次在公开场合甚至会议上称许我们教育局提的问题都是真问题、大问题，能够从全局利益出发想事情。

的确，只有我们值得支持，才能让领导们敢于为深化教育改革而担当。2010 年，时任教育部副部长鲁昕到潍坊宣讲《国家中长期教育改革和发展规划纲要（2010—2020 年）》，在这次活动中，潍坊市委主要领导和山东省及教育部的领导共同商定，争取在潍坊共建国家职业教育创新发展试验区，努力为我国职业教育发展探索新经验。为此，我们在分管市长的带领下，锲而不舍地用了近两年时间，终于在 2012 年春成为省部共建职业教育创新发展试验区，正式签署协议，并在教育部和山东省政府的大力支持和推动下，实现了职业教育改革发展的一系列新突破。

我之所以特别举出这两个事例，是要说明，我们要让党政主要领导重视、支持教育，关键是要善于抓住有利于教育发展的机遇，善于将区域教育提升到党和国家事业发展的全局中来加以谋划和推动。

著名管理学家彼得 · 德鲁克曾说："优秀的管理者通常专注于机会而不是问题。解决问题不管有多大的必要，都不会创造成果，而只能防止损失。只有利用好机会，才能产生好结果。"潍坊教育改革的每一次重要突破，几乎都得益于我们抓住了机遇，主动争取承担了国家和教育部的改革试点任务。

近些年来，潍坊先后承担了国务院和教育部的基础教育课程改革、中考改革、督导改革、中小学教师职称改革、校长职级制改革、省部共建职业教育创新发展试验区等改革试点，占了全市各行业国家试点任务的四分之一还多。而且教育部和国家教育媒体也一直高度关注着潍坊教育改革，对每一项新举措、新变化，都及时给予宣传激励，创设良好舆论环境。这些都成为潍坊教育不断改革和深化发展的重要推动力量。可以说，潍坊的教育改革，是由上级领导引领推动的，是我们的党政领导们直接研究推动的，许多思路举措和决心，都是出自他们的亲力亲为。

2011 年我们在深化、完善校长职级制改革上实现了重大突破，解决了多少年没有解决好的一系列矛盾和问题，终于让校长成为令人羡慕的职业，走向了专业化发展道路。回过头来想一想，那一年我们之所以能够有所突破，主要是抓住了两个机遇，借势而为，让市领导和有关部门深刻认识和了解了实行校长职级制、推进专家办学的意义和价值。

第一个机遇是，当年是全国上下认真贯彻落实全国教育工作会议和《国家中长期教育改革和发展规划纲要（2010—2020年)》的精神，全面规划未来10年教育改革发展目标和思路的一年，在市委、市政府主要领导和有关部门共同研究潍坊市《关于加快推进教育体制机制改革　全面实现教育现代化的决定》时，我们始终将这件事作为重点纳入其中，从而较好地达成了共识，形成了深化改革的原则要求。但如何将市委、市政府的原则要求变为可以具体操作和执行的政策、措施，则需要组织、人社、财政等各相关部门来研究和给力。实事求是地讲，这些部门绝不是教育部门所能指挥动的，那么怎样才能让它们积极主动起来，甚至把这件事变成它们自己的事情呢?

接着，我们又抓住了第二个机遇。潍坊是全省唯一的经济体制综合配套改革试点市，当年是完成三年改革任务的最后一年，为此，市委、市政府确立了年内必须完成好20个重点改革项目，而且实行市领导牵头，具体到各有关部门责任人，并且正式发文公布，年底要实行严格考核的责任制。在市里征求意见时，我们就将以深化校长职级制改革为核心的现代学校制度建设纳入其中，作为考核评价党政相关部门的重要内容。这样，就较好地形成了组织、人社、财政等部门都来支持和达成改革目标的良好氛围和格局。加上分管的同志和科室坚持不懈、积极主动地沟通运作，一项十分艰巨复杂的改革任务就这样近乎完美地实现了。

其实，我们在许多方面能够基于潍坊实际，让组织、人社、财政等部门都能以教育发展为重，主动突破陈规，创造性地出台有利于教育发展的政策措施，都是顺势而为的结果。比如，现在许多地方都非常羡慕潍坊民办教育的发展环境，依靠社会力量建成了一批混合所有制的学校，形成了国内少有的“公办不择校，择校找民校”的良好教育局面，同样是借力于政府出台了符合潍坊实际的一系列发展民办教育的优惠政策。

教育行政部门不能再囿于传统职能，只满足于上传下达

潍坊时任市委书记张新起说过，教育局不是义务教育局，更不是高考局，而是全市人才的培养供应部，要善于从全局的高度、从经济社会发展的高度，来审视和研究教育的改革发展问题。

的确，只有立场端正了，我们提出的问题才会进入领导的视野，我们提出的解决问题的观点和方法才能得到认可，才能变成市委、市政府重视、研究、解决的问题。如果总是从行业部门利益角度出发，就教育论教育是行不通的。这也要求我们主动适应不断变化的时代要求和群众日益多样化的教育需求，坚持以民为本，勇于面对社会需求。只要是对学生健康成长有好处、对群众有帮助、对经济社会发展有价值的事情，我们就要主动出击、积极作为，该办多少事就办多少事，该怎么办就怎么办，该改什么就改什么，不能再囿于传统职能，只是满足和局限于上传下达。在事关孩子健康成长、事关群众教育权益的问题上，教育部门没有职能界限，没有不该干的事。

最近，在翻阅有关资料时，我还发现了2006年李希贵同志在任时曾给时任市委书记递交过的一个呈阅件。这是一个关于推动风筝文化进中小学教材的建议。他说："有一种现象很值得关注：为什么人们对苏州园林趋之若鹜，对桂林山水充满向往，为什么旅游业在这些地方兴旺发达、持久不衰？其中一个重要原因，就是得益于中小学教材中选用了叶圣陶的不朽之作《苏州园林》和贺敬之的千古名篇《桂林山水歌》。这两篇课文从小就在孩子们的心灵深处打下了美好的烙印，'一定要去看一看'的愿望始终埋在他们心底，这种文化已融入一代又一代人的血液。""潍坊的风筝文化历史悠久，名扬四海，我们也应该在文化层面上做大文章。我建议将此作为一项重大文化建设工程，推动'风筝精品文章'进中小学教材。"这就是一个成功的教育局局长想问题、看事情的胸怀和视角。由此也就不难想象，为什么潍坊市的党政领导敢于放权、放手，全力支持他推进教育体制改革了。

为了不断统一全市上下的思想认识，我们集中用三四年时间，每年召开一次教育干部读书会，出台一个系统指导意见，着力解决教育干部在职能转变中的立场、观点、方法问题，为全面深化改革、简政放权提供坚强有力的

思想武器；着力调整利益关系，促使教育部门从单纯注重对上负责，全面转变到更加注重对下负责。

在行业利益、部门利益、学校利益甚至是教师利益与群众利益、学生利益发生冲突的时候，教育部门必须站在群众立场、学生立场上想问题、看事情、做决策，坚持以人为本，推进教育公平，搞好公共服务。

我在担任局长之后的一段时间里，被各种教育热点、难点问题，包括体罚学生、安全稳定、违规办学等，搞得很被动，整天不是这里出事，就是那里出事。这倒不仅是潍坊有这样的问题，全国许多地方都是这样。为什么呢？我想主要是整个社会到了一个科学发展的时代，好多传统的东西和这个时代发生了猛烈冲撞，过去，与升学率和高考成绩相比，学校的安全问题似乎不那么重要。但是随着以人为本发展观的确立，站在学生和家长的立场上看问题，这些事就变成天大的事了。

还有一个困惑是，我们的课改搞了好多年，但却总是停留在少数学校、少数教师身上，无法变成一个区域内所有学校和教师都来推动、自觉自愿干的事情。

这些因素综合在一起，使我们越来越清醒地认识到，这些问题的出现，主要是我们整个教育战线，特别是我们的许多教师、校长，还没有真正确立起以人为本的理念，没有从传统的片面发展、以应试为目的的忽视人的全面发展的状态中转变过来。如果我们的教师真正确立以人为本、以每一个学生的发展为本的价值理念，你不叫他搞课改他也会主动搞课改。如果不是每一个学校和教师都确立了以人为本的观念，就无法改变这样一个困难的局面。不用说课改或素质教育的实施，可能就连正常的教学秩序、正常的群众满意都做不到。

基于这样的认知，我们把以人为本具体化为“安全优先、育人为本、推进公平、强化服务”，这四个方面的问题都是群众最关心、最不满意的突出问题。于是，我们围绕着这四个方面建立了全员育人导师制度、学生安全全员目标责任制度、毕业生去向考核制度、师德考核评议制度、家长参与学校管理评价制度等“育人为本 12 项基本制度”，形成了市、县、校贯通衔接的学生权益保障体系。

安全优先方面，我们年年都将安全工作列为重点工作项目，通过盘活组织、人社、公安、工商、城管、药监等各部门资源，先后联合制定出台了《潍坊市校园安全建设标准》《潍坊市学校安全稳定事故问责办法》等一系列规章制度，对校长进行安全知识应知应会培训和考试持证上岗制度。每季度第一天，所有教育局班子成员、直属单位、学校主要负责人都要放下所有工作，专题学习安全知识，牢固确立安全优先意识。在实施了安全标准化学校建设工程、校舍安全工程、校车配备工程等一系列校园安全工程后，到2012年全市中小学和幼儿园安全标准化达标率达98%以上。特别是安全隐患问责前置制度和前置审核制度，直接把隐患当事故来对待。2013年，我们对341所存在安全隐患的学校提出整改要求，对45所存在严重安全隐患的学校及50名责任人进行了问责，将这45所被问责的学校和另外6所发生安全责任事故的学校列入安全不达标学校，限期整改，重新申报达标。这些近乎绝情的措施，使我们的校园安全事故数量、非正常死亡学生数量和在校生犯罪数量实现了大幅度下降。

育人为本方面，群众对学生课业负担过重、损害学生健康成长和素质教育实施问题一直高度关注，症结主要在哪里人们也都知道，就是要改革中考、高考制度。高考我们地市说了不算，但中考该怎么改却是我们自己能够做主的事情。但问题在于，要进行以适合每一个学生健康成长为宗旨的改革，就意味着不仅要比统一划线录取增加大得多的工作量，而且还要担很大风险。这就体现了当部门利益、学校利益和群众利益、学生利益发生冲突时，我们教育主管部门要敢于担当，以学生健康成长为重，以国家民族利益为重的责任。中考改革再难、再麻烦也得改，即使上级没有要求，就凭教育良知我们也得想方设法去改变。危难之处显身手，而这些恰恰才是我们能够得到党政认可、社会尊重的根本所在。

推进公平方面，公平对待每一个学生，其实问题是非常突出、非常严重的。过去不少学校和老师对待学习不好的学生，动不动就赶回家，甚至逼迫其辍学；学生因违法犯罪进了监狱，可学校和老师却一点都不受影响。在这种情况下，教育部门若不从群众利益出发来加以制约，让损害学生利益的行为受到惩处，就失去了存在的意义和价值。应当说，管住权益保障这条底线，是我们存在的第一位价值。

强化服务方面，优化孩子家庭、社会教育环境以及服务经济社会发展等方面需要教育做的事情就更多了。我们教育部门始终坚持站稳立场，主动盘活资源寻求解决之道，做了大量传统部门不去想更不去做的实事、好事，屡次得到市委、市政府的肯定。

邓小平同志曾讲，不重视教育的领导是不成熟的领导。经过改革开放30多年的发展进步，各级领导已经普遍具备了重视教育的良好素养，这是教育改革能够得到上级重视和支持的内因和根本所在。我们所能做的，主要是帮助党政领导切实增强深化教育改革的信心和决心，不仅让他们觉得应当支持我们的改革工作，更要让他们觉得我们的改革工作值得支持，这才是关键所在。

《人民教育》2016年第15期

第二辑

改革要敢于革自己的命

——有效实施项目化管理

令人欣慰的是，现在已没有多少人否认实施素质教育的意义和必要性，但为什么到了实践层面还是难以推行呢？我想，问题主要出在管办不分的教育体制上，许多表现在学校、家庭和社会的问题，追根溯源往往是政府主管部门的问题；以上传下达为主要特征的，统得过多、管得过死的行政化管理机制，让学校无法自主办学，让部门难以担当起支持和推动教育改革的重任。教育主管部门要适应转变职能、强化服务，简政放权、放管结合，构建现代学校制度的需要，就必须调整和优化部门内部运行机制，着力构建及时发现和提出事关全局的热点、难点、重点问题，以及有效盘活各方面资源来研究和解决这些问题的机制，着力构建以重点问题解决成效为核心的考核评价机制等，着力形成以社会需求和问题解决为导向的部门工作治理体系。教育部门真正成为教育改革的策源地，可以卓有成效地担当起组织和推动教育改革的重任。

实践告诉我们，只要教育主管部门彻底摆脱了部门利益、行业利益甚至个人利益的束缚，主动构建起不断发现问题、研究问题和解决问题的经常性工作机制，就没有什么问题是难以解决的，就一定可以赢得党政领导和社会各界的尊重与支持。实践也一再表明，那种只想改变别人，不去改变自己，只想让学校改变，而政府部门自身不变的所谓改革，是注定行不通的。下面这组文章，是2009年我在潍坊市教育局年度重点工作项目推进会议上的讲话，重点说的是教育主管部门自身改革的问题，特别是如何通过实施项目化管理，盘活教育部门及社会各方面资源，为全面推进教育综合改革持续提供动力和保障。

管理者，到底该抓什么

如果有人问我在潍坊市教育局工作期间，有没有最令自己满意和最有成就感的事情的话，我最想回答的是在市教育局全面推行了重点工作的项目化管理。因为是项目化管理帮助我解决了怎样当好局长的问题，也是它让市教育局真正担当起了主导全市教育改革发展的重任。而且，项目化管理现在已经成为潍坊许多县市区教育部门和学校推进工作的最有力抓手。

按理讲，每个岗位都应当明确各自的职责和任务，每个角色都应当掌握各自的知识和技能，但实事求是地讲，教育局局长的岗位职责是什么？怎样才能扮演好教育局局长这个角色？诸如此类的问题却并没有人能够系统地指导，也少有书籍资料可供参考，所以，我在做教育局局长的较长一段时间内，总感到事情和问题很多，但又不知道该如何下手。比如，从工作的范围讲，上有党委、政府及各个部门和社会各界需要争取，下有各个县市区和几千所各级各类学校需要统筹，中间还有教育局的机关和直属单位需要直接管理，局长到底该抓什么，不该抓什么，不知道，也没有人能告诉你。再如，自己刚从副局长的职位被提拔上来的时候，局领导班子里的同事大多曾是自己的老领导，把握不好应如何参与和管理他们分管的工作，干预多了怕关系不好处；让他们各自为战，不管不问，上级的意图和改革创新的想法又怎么贯彻下去呢？还有，直属的单位和学校只要一遇到困难和问题，就会一股脑儿地找局里来帮着解决，更不用说局机关内部的大事小情了。所以，那时的自己时常深陷焦虑，像满头的虱子没处抓，总觉得有劲儿使不上。

随着时间的推移，我渐渐开始觉察到，其实令自己烦恼的这些问题，正是需要自己认真研究并解决的突出问题，这些问题不克服，就领导和驾驭不了全局，更谈不上保持和发扬潍坊教育的先进性。而且，研究教育局的运行机制，应当是自己的优势所在，长期从事教育局机关工作的经历，可以让自己更容易找到问题的症结所在。关键是自己要清醒地认识到，并决心把教育局作为研究对象努力探索、钻研。只要有了这样的坚定认识，心态就变得完全不一样了，原来面对各种各样的问题和困难时，总会心生烦恼、排斥，而现在马上就变得积极主动起来，不仅愿意主动出主意、想办法，更愿意从制度和机制的层面上，来研究和思考问题背后的问题，以及从根本上解决问题的长效机制。为此，我研究与探索了两年多的时间，在市教育局全面构建起了项目化管理机制，不仅较好地解决了如何抓班子、带队伍的问题，把大家都凝聚到干事创业上来，而且形成了全市上下一盘棋、各个方面协调一致、加快推进教育改革的崭新局面。

实施项目化管理，我主要是从组织和实施重点项目、分析和研究突出问题、打破条块分割、创新工作思路、让事业发展与个人成长良性互动五个方面较好地解决了困扰制约教育局和局长改革创新的突出问题。下面一一做详细介绍。

怎样组织和实施重点项目

应当说，潍坊市教育局实行重点工作项目管理的机制，是从 2004 年开始探索的，主要想解决多劳多得、优劳优酬问题，以更好地调动骨干人员的积极性。由于所设项目不是面向全体人员的，难免会影响部分人员的情绪，加之潍坊的几项大的教育体制改革也是在这个时候同时展开的，我们没有更多精力深化研究，所以在实施了一两年后就没有再大力推行。但项目管理的思路和价值追求，无疑为我们破解教育的重点、难点问题打开了思路，提供了许多有益的启发和借鉴。比如，列出问题清单、将重要问题确立为重点工作项目的思路；以问题解决为核心，打破条块分割，将有利于问题解决的人才和资源组成项目组，集中进行攻关破解的办法，等等，让许多过去单凭自身力量难以解决的突出问题，都有了彻底解决的可能。

正是在这些思路的启发和引领下，我们将市教育局每年要研究解决的突出问题和重点工作任务全部确立为重点工作项目，从局机关到各直属单位全员参与，每个科室、单位每年一般不超过 3 个项目，全局每年设立 30～50 个项目，作为考核评价科室、单位、局分管领导和所有工作人员年度工作业绩的主要依据，分为 4 个等级进行评价并公开发布。这样做，尤其是将局分管领导的项目工作考核情况一并公布的举动，有效地克服了领导班子成员干多干少、干好干坏一个样的突出问题。

我们之所以敢于这么刚性地运用这个机制，而且一直到现在都得到了广泛的支持和认同，成为改革和发展最重要的动力和保障，原因就在于从项目问题的提出到资源的配置和架构，从问题解决的思路到目标愿景的达成，都是群策群力的结果，都是上到局里的局长、科长、单位和部门的负责人，下到局里每一个具体的工作人员，大家共同参与研究和推动的结果，是大家为实现自己的意愿共同奋斗的结果。比如，每年的11月到第二年的2月，是我们全局上下集中研究、确定重点工作项目计划书的时间。每年的11月，先由各科室和单位在总结工作的基础上，针对各自领域出现的主要矛盾提出1~3个第二年想要全力突破并解决的突出问题，以及解决问题需要哪些方面的人员、部门和专家参与，需要多少经费支持和保障等初步意见，在和局分管领导研究的基础上，12月至第二年1月我要拿出一两个月的时间，和局里的每一个科室和单位以及各自的分管领导共同开会研究，提出项目立项的初步思路和设想。不仅局分管领导、科室和单位的主要负责人将参会讨论，该科室的所有工作人员或直属单位的领导班子成员均可应邀参会，人人都可以发表意见、提出建议。为确保每个项目的确立都是利益相关者共同研究形成的最优方案，我们还在此基础上，组建了由相关教育专家、媒体记者、县市区的局长、校长等组成的项目专家审核小组，对每一个项目的必要性、重要性、可行性、可操作性等进行审核论证，无疑义后再提交局办公会最终研究确定。项目确定后，根据项目计划书赋予每个项目的主管，也就是局里的分管领导和科室、单位主要负责人充分的人权、财权和决策指挥权，形成支持大家干事创业的浓厚氛围。

一个项目经过上上下下几个回合的研究和讨论，就从“要我做”变成“我要做”了，变成不仅“知其然”而且“知其所以然”了。没有爱就没有教育。人一旦带上了感情、带上了理想做工作，状态就可想而知了。所以，潍坊教育改革之所以能够持续，之所以能够克服别人难以克服的困难，原因就在这里，就在于教育局上下每一个人，年年岁岁都在满怀激情地为实现教育良知和人生价值而不懈努力着。我在潍坊的时候，时常听到有人讲，潍坊市教育局的人跟其他部门的人不一样，不仅积极主动，自动自发，精神状态好，而且许多人都像专家那样有水平。事实也的确是这样，我们教育局的不少科长都已应邀到外地传授经验或者讲课了，有的还结合工作出版了自己的专著。

因为有了项目管理的机制，我自己也从具体事务中解放出来了，许多过去占用局长大量时间和精力、需要亲力亲为的事情，靠这个机制都得到有效解决。比如，我已基本不用亲自到县市区或学校推动工作，不用亲自去找各个党政部门争取支持，不用亲自在经费预算和支出决算上签字了，等等。因此，我有了更多的时间和精力谋划全局，干别人难以替代的事情，包括基本不用别人代替自己准备讲话材料等。我的主要精力集中于吃透上情、了解下情、把握政策、抓住机遇、实现重点突破，着力发挥好政策理念的引领作用。重点是做好“五会一报”，即年初一次年度工作推进会、暑期一次形势政策读书会、年末一系列重点工作项目研讨会、一月一次研究“三重一大”事项的局常务办公会、党委和政府等上级部门要求参加的会议，以及不定期给市委、市政府主要领导报送重要问题呈阅件。

实施项目管理之所以会产生这么大的功效，我想，最重要的还是我们改变了传统的条块分割和上传下达式行政管理方式，克服了将问题和资源碎片化，以及相互牵制和掣肘的倾向，形成了以问题解决为核心，优化资源配置，决策、执行、监督相互协调的新格局。这是在传统的行政管理机制的基础之上，为适应持续深化教育变革的时代需要，进行的部门内部组织结构的重构与再造。结构决定性质。如果没有这样的组织保障，推进教育综合改革，尤其是涉及利益调整的体制改革，是无法进行下去的。应当说，这也是为什么有些教育改革在潍坊能行得通，但在别的地方却难以推行以及容易变样走形的重要原因。特别是在实施了一个阶段后，我们针对存在的一些模糊认识及时进行了深入的研究和梳理，对为什么要用项目机制来推进区域教育工作，以及怎样组织实施项目工作等，着重从理性层面上逐一进行了阐述，在教育局内部达成了广泛的共识。如果我们不能从理性上对项目的价值意义做出判断和概括，让每个人都能全面系统地予以把握，项目管理就不可能真正转变为推动事业发展的巨大力量。

怎样分析和研究突出问题

全面准确地发现和提出制约区域教育改革的主要矛盾和突出问题，是重点项目确立和实施的基础与前提。为此，首先需要明确教育局是什么等基本属性问题，只有解决好了功能定位问题，解决好了立场问题，提出的观点和方法才会是正确的、有价值的；提出的问题才是我们最需要研究和解决的突出矛盾和问题。

我们的市委书记张新起对此曾有深刻的阐述，他说教育局不是义务教育局，更不是高考局，而是政府的教育行政主管部门，要成为全市人才的培养供应部、劳动者素质提升的保障部。对区域教育要有全责观念，该干多少事就干多少事，该改什么就改什么，该怎么改就怎么改，而不是仅仅停留在上级的要求上，要将对上负责和对下负责有机统一起来，要通过主动地对下负责，实现更好地对上负责。我想，这确实是我们区域教育需要特别注意的问题。

这方面我一直有个很大的困惑，我们现在在全国推行课程改革，主要是学习芬兰的经验。芬兰才是一个多大的国家呢？人口只有 400 多万，不及我们一个地级市，但为什么却产生了那么多、那么好的经验和教育家？而我们为什么就不行呢？像潍坊这样一个拥有 900 多万人口的地方，调动起 10 万教育工作者的积极性，应当也会取得不错的成绩，在教育的各个领域一定也会产生一批具有影响力的教育专家。我们的问题主要是依赖惯了，什么事都等着上级指示，失去了独立思考的意识和能力。凡事不能从实际出发、不能从区域发展的全局来研究教育，思想上总是存在这也不用想，那也不能做的条条框框，长此以往势必导致问题意识的严重缺失。漠视问题，发现不了问题，才是我们最大的问题。因为，从一定意义上讲，教育的发展与提高都是基于问题的解决而生成的，没有问题就不会有教育的发展与变革。究竟怎样才能从多种多样、浩如烟海的众多矛盾和问题中梳理出事关全局、事关长远的主要矛盾和突出问题，怎样才能确保我们将主要精力和资源用于解决主要矛盾，是推动事业发展和个人成长都必须解决好的首要问题。那么作为教育部门，我们应当重点从哪些方面发现和解决问题呢？

全局性、政策性问题

首先要贯彻落实党委、政府和上级主管部门的新政策、新措施所要求解决的新矛盾、新问题。这些方面的问题之所以重要而迫切，必须认真对待并解决好，是因为这些问题都是党政部门基于经济社会发展全局提出来的，是实现执政目标的重要内容。所以，教育部门首先要确保上级的决策部署得到不折不扣的贯彻落实。具体讲就是首先要确保将市委、市政府确定的重点工作和考核目标作为全年工作的核心和重点，确保按时、保质、保量完成。其次，对于上级教育部门出台的一些重要政策等，我们也要凝神聚力、全力以赴，确保将其落实到位。

时代性、社会性问题

时代的发展进步、社会环境的发展变化，不断对教育提出与之相适应的新要求。如果说全局性、政策性问题是刚性目标，重要而紧急，那么，时代性、社会性问题就是虽重要但目前没有那么紧急的问题，属于苗头性问题。对于这类问题，我们如能提前介入，可以有效预防和化解今后可能出现的热点、难点问题。具体表现为：有些事情，过去可以不做，没人会关心，但现在不做，社会不答应，群众有意见，有可能逐步演变为“三最”问题。如，在拓展教育职能、扩大教育服务等方面，过去社会关注的主要是教育投入不足、上学难的问题，关注的是政府行为，现在教育经费基本有保障，上学问题基本得到满足，矛盾就转移到教育部门上来。企业用人短缺、学生素质不高，政府会找教育部门解决；社会培训、出国留学不方便甚至上当受骗也要找教育部门解决；孩子上不了好学校、孩子的成长遇到问题也认为是教育部门没把工作做好。再比如，目前学校安全问题令人倍感焦虑，为什么人们对学校安全问题的反应如此强烈？不是说我们的安全管理水平降低了，而是人们对这一问题的关注程度提高了，标准和要求也空前提高了。这些都是时代发展变化对教育的社会功能、社会价值的新期待。

这些问题，虽然许多还没有上升到国家和地方的党政层面、政策层面、决策层面，但已经不能回避了，我们必须增强责任心、使命感，勇于以社会需求、群众期盼为导向，立足全局，着眼未来，积极应对，敢于并善于将这些问题提升到具体的工作层面创造性地加以解决；勇于并善于将这些问题不断提交到党政层面、政策层面、决策层面去推动解决。事实上，就是已经上升到党政层面的问题，绝大部分也是由我们提出来的，我们不提，别人也难以提出来，这就是教育工作专业性的重要体现。从这个意义上讲，是否善于提出问题，对于教育部门而言具有战略性意义。由于这类问题都是基于对社会发展形势的研判，基于对潍坊实际情况的把握，具有很强的主观性和开拓创新性，所以我们必须采用规范的项目运作的形式，确保这些问题的提出具有全局性、必然性、方向性的价值意义。如我们建立的教育惠民服务中心，以及我们围绕建设人力资源城市、创新型城市、和谐社会、学习型社会开展的一系列工作，都是顺应时代的发展变化提出来的。成功地展开这方面的工作能够让全社会更多的人感受到教育的价值，换来的不仅是人民群众的满意，更将是全社会对教育的重视、对优先发展教育的关心与支持。

内涵提升性问题

各级各类教育都在不断地发展变化，新问题、新矛盾，新创造、新经验不断涌现，层出不穷。如何才能真正抓准、抓实本行业、本专业的主要矛盾，突出重点，集中力量攻关突破，避免分散用力、四面出击，确保年年都有新提高、方方面面都有新变化、每个岗位都有新突破、各类教育都有新提升，是项目管理所要达到的重要目标。地市级教育局作为承上启下的关键部门，总体上讲，上不管大政方针的制定，下不做具体学校的管理，其职能和优势在于研究和指导，在于集中各方面的智慧，理顺政校关系，办基层办不了、办不好的事。如校长职级制改革、中考改革就是如此。一些体制性问题不解决，学校没有办学自主权，就无法创造适合每一个学生的素质教育，就很难谈得上内涵提升。在此基础上，我们还可以为基层和学校提供智力支持。如，围绕高中素质教育的实施，我们确立了10个重点攻关项目，这些项目都是单凭学校和县市区无法研究和解决的，由我们集中力量突破，就可以为全市共享。搭建职业学校与企业联系的网络平台也是如此，因为任何一所学校都无法了解全市企业的需求，我们集中力量做出来，学校和企业就可以共享。所以，我们要从正确履行地市教育职能的角度来梳理并破解区域教育中的普遍性问题，以提升教育核心竞争力，促进事业的可持续发展。

不同行业、不同教育类别的比较性问题

具体可以从三个层面进行比较。一是在与外地教育比较中发现的问题。如我们在对苏州、无锡、常州等地职业教育的考察学习过程中，发现了我们的职业院校之间以及学校与企业之间缺乏有效合作的问题，为此，我们专门确立了“组建行业产业职教集团”的项目。二是在与其他行业比较中发现的问题。如我们实施的项目管理，最初是二十世纪五六十年代由企业开始使用的计划管理方法，现在已成为我们教育部门解决突出问题的有力武器。构建现代学校制度也是借鉴其他行业的一些变革给我们的启发而形成的。学习借鉴其他行业变革的成功经验，能够帮助我们打开解决问题的思路。三是不同教育类别比较中发现的问题，既可以包括我们基础教育和职业教育的比较，也可以包括公办教育和民办教育的比较。如奎文区现在有90多家培训机构，解决了1600多名师范类毕业生的就业问题，有的培训机构甚至发展到了三四千人。那么，社会培训机构的发展壮大，无疑会给我们的工作带来许多新问题、新挑战。应当说，本地教育与外地教育、教育行业与其他行业、区域内公办教育与民办教育等不同教育类别之间的比较，都为我们发现问题、寻找差距、相互学习借鉴、相互沟通融合，提供了广阔的研究与思考空间。

项目管理首先是问题管理，项目就是用来解决问题的，我们必须在研究

项目的时候首先把问题研究清楚，弄明白这个问题到底是不是主要问题，是不是突出问题，为什么要解决这个问题而不是解决那个问题。提出问题比解决问题更重要，方向比努力更重要，做正确的事比正确地做事更重要。提出问题是抬头看路，关系路线、方针对头不对头；解决问题是低头拉车，如果方向不对，只会白忙一场，甚至南辕北辙，不但无益，反而有害。提出问题需要调查研究，调查研究就如十月怀胎，是一个艰苦孕育的过程，解决问题就如一朝分娩，水到渠成。只有在项目实施的起始阶段，就明确了所要解决的问题和问题解决会带来的具体、准确、清晰的愿景，推动起项目来才会充满激情与活力。就事论事、只见树木不见森林、只看现象不看本质，这是造成许多工作上不去、许多人缺少激情的重要根源。

如何打破条块分割，盘活各方资源

以问题解决为核心，破除条块和层级壁垒，盘活用足方方面面的资源和智慧，是项目管理成功与否的关键所在。教育事业是全社会的事业，涉及全社会的每个成员，而不单纯是教育部门一家的事情。要想办好教育，落实教育优先发展的战略地位，特别是要继续保持领先优势，就需要盘活各方面的资源，依靠社会方方面面的支持与配合。在目前教育普及任务基本完成，进入内涵提升新阶段之后，教育改革与发展所要面对和解决的问题，越来越体现出综合性、系统性、深刻性特征，单纯依靠某一方面的力量是难以解决的。发挥社会方方面面的力量，引导他们关心、支持、指导、帮助教育发展，既是新形势、新任务对教育部门工作提出的新要求，实际上也是社会各界的强烈意愿。我们实施项目管理，就是通过一个一个的项目，来探索将这些资源唤醒、激活的路径，为各个部门和社会各界更好地认识教育、参与教育搭建平台，提供帮助，并使之制度化、机制化、常态化。

多年的工作实践告诉我们，可以从以下几个方面来开发和利用好蕴藏于社会中的教育资源。

要开发利用好各级党政部门资源

党政部门的资源大量而丰富，主要是政策资源、信息资源、人才智慧资源。好多先进的主导性的资源都在党政部门那里。过去，我们注重与人、财、物密切相关的部门进行联系，而且注意力主要集中在索取上，而不是让它们参与进来。其实，每个党政专业部门都聚集了大量优秀的人才与智慧：组织部门有干部选拔、管理、任用的智慧，我们可以借鉴它们的技术操作方法来管理校长；财务、审计部门有财务管理的专业化队伍，我们完全可以借用它们开发资源、管理财务的经验来管理我们单位、学校的财务；公检法、综治办、安监局等部门，都是负责安全稳定、预防学生违法犯罪、综合治理校园周边环境的专业部门，它们既有管理智慧，又有人力、财力、物力资源可供使用；而工会、青年团、妇联、民政局、体育局、卫生局、文化局等部门都有支持教育发展的具体责任；就是原来看似与教育没有多少关系的一些部门，如发改委、经贸局、信息产业局、科技局、台办等，也都有各自的教育项目和我们需要的资源。发改委有职教项目，经贸局、科技局对产学研的结合有很多助力。以前，我们对信息产业局不太了解，其实“数字化潍坊”就是它们在做，它们不仅拥有支持、指导我们建设数字化校园的技术力量，还有可以供我们无偿使用的网络资源。前一段时间，我们一直为教育信息网速度慢、社会影响小而烦恼，结果一沟通才知道，它们就主管政府门户网站，可以无偿为我们提供服务，我们将教育惠民服务中心网站直接挂上去就行了。我们主动寻求这些高水平的信息技术人才的支持，就可以站在信息化的前沿，不但节省了很多人力、物力，还大大提高了工作水平。

领导的重要任务之一，就是发现资源、争取资源、盘活资源。教育主管部门就应该做这些发动、引导、挖掘资源的工作。我们不做，别人做不了；我们不做，别人不会主动为我们做。放弃了这些工作，让全社会都来支持教育发展、促进教育优先发展就是一句空话。而且，这件事只有我们教育局的领导们亲自做才行。因此，我们必须把联系部门、开发资源的工作进行分工，具体分解到每个局领导，具体落实到重点工作项目中；必须把动员和联系相关部门参与教育工作的深度与广度作为项目考核的重要内容。

要开发利用好全国、全省的教育资源

正所谓“居高声自远”，站在巨人的肩膀上更容易获得成功。借力而为，乘势而上，这是加快事业发展的捷径。

一是要开发利用好国家、省教育主管部门的资源。这些资源既是全国、全省的，也是潍坊市的，也是我们具体项目的。谁争取到了，谁就拥有了优先发展的机会与条件。这些支持可以是物质支持，也可以是精神支持、智力支持、信息支持、信心支持等。有了这些支持，不仅可以提高工作效率，提升工作质量，还可以使我们的视野更开阔、境界更高、能力更强。

二是要开发利用好全国、全省的专家资源。很多先进的理念、成功的经验、先进的教育生产力，都掌握在全国、全省的专家那里。我们遇到的问题，全国、全省都会遇到，有众多人在关注，有许多成果可以直接借用，有许多问题可以让他们帮助我们研究解决。我们的项目管理，就是在具体问题、具体目标的指引下，力争创造这样一个争取专家和经验支持的条件，以更快、更有针对性地解决我们自己的问题。因此，我们实施项目管理，必须把吸收全国、全省专家参与，把争取上级教育部门支持、指导作为重要目标，把发挥专家的引领作用作为考核评价的主要内容。我们不仅要依靠专家帮助我们破解难题，更要依靠专家帮助我们带队伍，把更多的人培养成专家，实现境界追求和思维方式的新提升。如果说这些年我们有什么感想、体验和收获的话，我想，善于开发运用全国资源就是我们最重要的经验和智慧。我们的许多工作之所以能够步入先进行列，这与全国、全省一流专家的交流互动是密不可分的。善于与上下左右沟通、交流是寻找问题出路的有效办法，我们要把沟通、合作、共赢作为共同的价值追求。

要开发利用好教育领域本身的资源

传统的以管理型为主的机关职能安排，已无法适应建设服务型政府的要求，必须以社会需求和问题解决为导向来整合科室资源。怎么有利于问题解决就要怎么组建团队。对于仅仅依靠一个分管领导、一个科室就能独立完成的任务，原则上不纳入项目管理。项目管理是以问题为纽带组织的攻关活动，要求每一个项目主管必须围绕解决问题来打破原科室、单位的界限，将有关科室、单位有利于问题解决的人吸纳进来，组建一个真正解决问题的研究团队。这种来自不同方面的组合更有利于问题的破解，因为思维方式的不同、看问题视角的不同有利于问题的解决。项目团队的组建实行双向选择机制，常务主管可以选择研究团队，每一个工作人员也可以根据自己的研究特长认领项目。同时，在项目团队的组建中，还要吸引市内各级各类学校中的专家，让他们参与到我们的重点工作项目中来。

要建立并完善项目立项、监督和激励机制，把吸收全国、全省专家参与的情况，把吸收市里各个党政部门相关领导和人员参与的情况，以及把各科室、单位参与其他科室、单位牵头解决问题的表现情况，作为考核评价项目成效的重要内容，切实形成以问题解决为核心，盘活用好教育上下和社会各方面教育资源的新格局，切实克服教育部门包办代替、单打独斗、贻误事业发展的突出问题。

怎样用创新思维“破冰”

为什么同样是做项目，同样是解决发展中的突出矛盾和问题，有的人就能充满激情、充满创新，不断涌现新思路、新招数，而有的人却疲于应付，敷衍塞责；有的项目成果累累，不断创造新经验，而有的项目却无所建树呢？差别在哪里呢？我想，不能仅仅在境界追求上找原因，因为每个人都有成功的愿望，都有被尊重、被肯定的内在需求，还应该在思维方式上找原因。

在我们的项目中，绝大多数都是基于新的形势、新的变化出现的新情况、新问题，许多问题在全国、全省具有普遍性，是全国、全省需要共同面对的难题，是为保持和发扬潍坊教育的先进性而确立的。因此，单靠传统的思维方式难以破解这些难题，需要我们采用创新的思维方式。归结起来，创新思维主要来源于以下几个层面。

原发性创新

原发性创新指的是源自认识理念层面的变革。发展理念的变化、价值追求的变化、功能定位的变化，都会引发实践层面的新思路、新举措。近一两年来，我们围绕构建和谐社会，围绕建设人类资源强市，围绕促进教育公平这些理念，进行了一系列探索，这些探索都是来自于理念层面的变革。例如，我们把散布在各职能科室中的服务职能提取出来，专门成立了教育惠民服务中心。群众关注的所有教育问题，通过这个中心都可以实现一站式服务。我们如果不是确立了扩大公共服务的理念，如果没有实现从主要对教育机构负责转变到对每个公民、每个社会成员的教育诉求负责的理念变化，就不会催生教育惠民服务中心，就难以搭建起教育主管部门和人民群众零距离沟通的平台。又如，两年来我们推行的“一通、二热、三改造”（通校车、提供热水热饭、改造餐厅宿舍厕所）工程，就是基于促进教育均衡发展而确立的项目；我们现在搞的自主互助学习型课堂，是来自于对认知规律、成长规律的新的认识和把握，等等。

几乎每一个成功的变革、每一个具有重大影响的变革，必然都有先进理念的支持和推动。我们在做工作、在研究项目的时候要善于把具体问题的解决提升到理念层面、规律层面来认识，提升到更高的价值追求上来理解。如果不把具体问题的解决和规律的探讨结合起来，我们的项目就不会具有先进性，我们的探索结果就不会具有代表性。应当说，我们的许多项目、许多问题之所以难以取得实质性的突破，关键就在于仅仅停留在感性层面上，仅仅凭感觉做事，凭热情做事。在着手做的时候、在做方案的时候，不知道为什么而做，不知道为谁而做；在做的过程中又不清楚依据什么而做，更不善于在做的过程中不断总结新的认识与收获，并运用这些新的经验去推动新的实践与探讨，这样就难免流于表面，最终只能迷失在具体琐事之中不能自拔。

所以，我们必须明确，每一个项目团队，首先是一个研究团队，是一个规律探讨团队，每一个项目确立初始，首先要从本质层面、从规律层面来研究解决这个项目依据的是什么、追求的是什么，据此来寻求破解办法。解决问题仅是项目的一部分，把工作的过程变成研究的过程，在项目研究中创造经验，探索规律，并形成制度和机制，才是项目工作与其他一般性工作的根本区别。一个项目必须代表着一个事业发展的新高度。是否善于运用先进的发展理念指导项目工作，是否在推动项目中概括出具有普遍意义的合乎发展规律的新经验，必须成为衡量项目成效的主要标准。

系统集成性创新

有许多问题之所以久拖不决，本质上不是不能解决，而是因为受传统体制的束缚、职能条块分割的限制。比如，我们从 2007 年开始的“加强职业教育需要从改革基础教育做起”这个项目，就属于一个系统集成性创新。人们一直说职业学校招生难是个大问题，但是职业教育领域工作者纵然使出浑身解数，也难以从根本上解决这个问题。因为这个问题本身不是单纯依靠职业教育就能够解决的，招生难的很大原因在于基础教育没有参与进来。基础教育不仅没有引导孩子选择职业，甚至对职业教育持鄙视的态度。这样一种状态不改变，职业教育根本无法发展。所以我们就从改革基础教育做起，通过改革初中学校及其教师的评价，通过开设人生规划与指导课程来扭转学校、教师和家长对职业教育的偏见。事实证明，这种做法发挥了很好的促进作用。2008 年我市的中职招生之所以在历史上第一次超过了普通高中，这不得不说是一个非常重要的原因。我们应该善于把某一个具体问题，上升到更高的系统来解决，能够用系统的观点、全局的观点来看待问题、来解决事情，应该说也是创新的一个重要源泉。

只有将问题纳入与之相互关联的系统之中，去研究、去推动，才会有解决的可能；只有更加全面、系统地来分析研究这个问题，才会有创新的思路，才会有更好的解决问题的办法。应当说，这也是为什么组建项目团队要打破科室、部门界限的重要原因。来自不同科室和部门的团队成员，从不同的视角看同一问题，更容易打破定式的束缚，更容易启发解决问题的思路。同样的道理，研究职业教育的发展，如果没有经济部门和企业的参与，就不会有好思路；研究教学育人工作，没有认知、心理等领域的专家和一线教师参与，就不会取得真正意义的突破；研究产学研结合，没有科技部门、科研人员、企业老板、人力资源专家的参与，就不可能将工作深入推进，等等。我们推进项目工作，必须善于运用联系的观点、系统的观点、全局的观点来对具体问题进行审视，以此找出解决问题的思路和路径。

迁移性创新、借鉴性创新

迁移性创新、借鉴性创新就是学习和借鉴外地和其他行业的经验，联系自己的实际改进提升，用以解决自己的问题。比如，购买教育服务、发放教师培训券等举措就是我们学习和借鉴其他行业经验的结果，项目管理也是一种学习借鉴，而教育教学领域的迁移性学习创新就更多了。“他山之石，可以攻玉。”改革开放的成功，本质上就是学习先进经验的成功。敢于承认差距，敢于向先进学习，善于向先进学习，是一种胸怀和境界。我们许多工作上不去，就在于不知道什么是先进，不知道什么是好，闭目塞听，妄自尊大。所以实施项目工作，必须把学习先进作为前提条件、必备条件，必须首先将一流的经验是什么、在哪里搞清楚、学到手，这是避免重复探索的前提和保障，是不走或少走弯路的前提和基础，是每个聪明人首先要做的事情。从这个意义上讲，项目管理也是向先进学习的管理，是促进向先进学习的长效机制，是学习借鉴先进经验的保障机制。在实施项目管理、进行工作突破的时候，一定要善于进行这种迁移性的创新和借鉴性的创新，多多学习各个方面的好东西，然后用来解决我们自己的问题。

如何让事业发展与个人成长良性互动

坚持事业与个人共成长，不断用目标和愿景激励前行，是满怀激情地投身于项目工作的根本保证。绝大多数教育项目不像建筑工程项目和经济项目那样，目标、时限、结果都非常明晰，好坏可以一目了然。教育项目不是有形的而是无形的，不是终结性的而是过程性的、阶段性的、相对性的，许多问题、许多项目可能要三五年才见成效，有的还要倾尽一生，甚至世世代代研究下去。所以，如何将教育上众多的、无形的软任务变为有形的硬目标，如何将长远的理想追求转变为眼前的刚性任务，如何将具体的项目推进转变为促进每个人专业发展的终身追求，成为项目管理能否有效实施、各项工作能否强力推进的关键。所以，我们实施项目管理有一个很重要的目的，就是把教育工作中那些隐性的、无形的、抽象的软任务变成有形的、显性的、具体的硬目标，把中长期任务切分成阶段性目标，这是我们实施项目管理非常重要的原则。特别是我们的教育改革已进入内涵发展的新阶段，进入依靠专家办学的新阶段，我们如果不善于运用目标激励前行，不善于在一个个具体目标的指引下，成就事业又成就自我，就无法适应这样一个新的时代。

那么，究竟怎样来设定目标呢？什么样的目标设定才最有意义呢？

让目标感动自己也打动他人

我们许多工作当中的问题之所以能够上升为具体的目标任务，往往来自于某一件具体事情的感动和触发。比如，潍坊的家庭教育能够做到今天这个程度，能够在潍坊市全面普及，其实源于一件小事。2005 年春节我在家看到一个电视节目，介绍的是我国重点大学里农村孩子的比例在明显下降这个现象，并将主要原因归结为农村家庭教育薄弱这一问题。家庭贫困、家长不懂教育常识等原因导致好多农村孩子输在了人生的起点上，这让我不由自主地想到了自己的成长经历，想到了自己孩子的成长，想到了农村亲戚家孩子的状况，想到了众多家庭，想到了教育质量，想到了自身责任。当时我分管基础教育，就想，如果能把家庭教育搞好了，不也是保证我们基础教育质量持续提高的一个重要力量吗？我把这个想法跟李希贵局长汇报后，他表示坚决支持。于是，2005 年正月初八上班的第一天，我就马上开会研究孩子成长当中的问题，搞了一个有两万多人参与的调查，把相关问题梳理清楚，全面启动“百万家长进学堂”“重新学习做家长”系列家庭教育活动。所以，有时候项目就来自于某一件事的触动。只要打动了自己又感动了别人，就能获得强大的推动力量。

又如，2002 年潍坊市区开始规范办学行为，为什么我们有那么大的决心来做这件事情？也是源于与机关同事交流中的发现。那个时候，我们机关一位同事的孩子上初一，早晨不到 6:00 就要起床，吃完饭去上学的时候天还没亮，家长还要送走了孩子再睡一觉才到上班时间。上学时间这么早，可能大部分孩子连饭都吃不上，觉都睡不醒，身体素质没有保障不说，学习也不会有什么效率。所以我们就下定决心，一律把加班加点，尤其是提前入校的不规范行为禁止了。这种力量来自哪里？就是来自我们把这件事情和众多人的生活、工作与学习联系起来，并从中获得破解这个难题的强烈使命感。

就是一般工作人员也同样可以将自己的感动，转化为推进工作的重点目标。1994 年，我陪同教委王卫东副主任到临朐县调研义务教育，当时我们住在九山镇旅馆两块钱一晚的房间，走访了许多教师家庭，看到了乡村教师艰难的从教生活。这次调研给我留下了终生难忘的印象，让我感觉如果不能把群众对“普九”的渴望、不能把乡村教师的艰辛反映出来，自己就无法平静下来。回来后，我们很快就写出了详细的调研报告，并以市教委的名义提交给市政府。市政府领导看到了问题的严重性，给予了高度重视，也坚定了推进义务教育实施的决心，很快便在临朐县开了现场会，将改善办学条件、提高民师待遇等具体推进措施部署下去。在全国“普九”陷入低潮时，潍坊提前近一年全面进入启动状态。由此看来，即使我们是一个具体的工作人员，如果我们在工作时带上这样一种感动，我想也能办成好多不可想象或者说想象不到的事情。

生活的动力来自情感。只有将我们的奋斗目标与众多人生活和命运的改善紧密联系起来，将我们的具体工作赋予让众多人获得幸福、便利、实惠、改变与提升的价值，我们才会激发出坚忍不拔、百折不挠、全力以赴的决心、斗志和力量。见物不见人、出力不用心，是不可能做好任何一项教育工作的。所以，我们在设定项目目标的时候，必须首先问自己：这个目标的设定是来自于感动吗？这个目标的实现能感动别人吗？我们在研究项目、研究工作的时候，一定要把目标和力量源泉建立在感动上。这是我们在设定目标时要把握的第一个方面。如果不能清晰地回答这样两个问题，这个项目很可能会变成徒劳。

目标越具体、越明确，就越具有实现的可能

目标具体、明确具有排除干扰、凝神聚力的作用。其实目标的价值大家都明白、都清楚，但是落实到具体工作，包括人生目标的设计上，我们可能就忽视了这样一个普遍的道理。其实，我们每一天都在不自觉地设定目标，哪怕去买个东西，也需要目标的推动，目标明确马上就能将事情办妥。但我们在具体工作当中或者在规划人生的时候，却远远没有使目标具体化、明确化。假如我们现在自问一下，今年要实现几个目标？家庭目标是什么？个人目标是什么？工作目标是什么？我估计能够说得很清晰的并不多。耶鲁大学曾对毕业生做过一项调查。研究人员问学生们这样一个问题："你们有目标吗？"只有 10% 的学生确认他们有目标。研究人员又问："如果你们有目标，请将它们写下来。"只有 3% 的学生将目标写了下来。20 年后，研究人员追踪发现，当年写下目标的那些学生，无论是事业还是生活，都远超其他人。这个例子告诉我们，能不能在目标的指引下开始每一天的工作，这是我们能不能做好事业，能不能过好人生的一个非常关键的因素。所以项目管理要求大家必须把目标设定好、设定准。只有把项目分解到每一天、每一周、每一个月，才有可能使我们的项目实现，如果不做这种具体分解，项目基本上只

能是空中楼阁。这种具体化、阶段化、过程化的价值还在于，它可以让我们克服畏惧、降低难度；可以让我们提振信心、体验成就。

将项目工作与人生目标结合起来

被誉为“现代管理学之父”的彼得·德鲁克曾经说过，组织存在的唯一目的，就是发挥每个人的长处。究竟怎样才能让市教育局及直属单位中的每个人都感觉到自己的重要，都能学有所长、做有专攻，尽快成长为某一领域不可缺少的专家人才，都能不断感受到个人成长、事业成功带来的幸福与充实，是我们研究和思考得最多的问题之一。因为我们这些人的思想状况、境界追求，影响的不仅仅是个人，还关系着众多孩子、众多家庭的前途和命运，关系着区域内国民素质的提高和经济社会的发展后劲。我们要把全市的教育搞好，首先就要把我们这部分人的思想搞好，把我们每个人定好位。特别在市场经济的新形势下，人们的思想认识、价值追求、利益格局日益多元化，物质条件虽然好了，但幸福感却并不强，心理疾患甚至越来越多。造成这一状况的主要原因，在于许多人将人生追求过多过重甚至全部放在了追求物质利益、追求个人利益上了。若干研究成果和案例、身边若干鲜活的事例都一再表明，人生的安详、和谐只能靠精神来支撑。

作为公务员、教育工作者，我们究竟怎样才能有效地实现由利益驱动到精神追求的跨越呢？我认为主要应立足于职业优势和岗位优势来寻求。

一是要充分体验从事教育工作的优势，把教育事业作为终生的追求。从事教育工作的优势在于，我们在教育别人、成就别人的同时，更在成就着自己，成就着自己的家庭，因为我们的职业研究的就是人的成长规律、生活规律，研究的就是人怎么生活得更好、成长得更好的问题。这样的职业确实是太阳底下最光辉的事业，我们选择了这样一个塑造灵魂的职业，而这个职业又最有利于个人和家庭的发展，应当说是人生一大幸事。我们如果不充分享受和运用这个职业给我们带来的幸福，而整天想着赚点外快，多捞点钱，就是不清醒、不明智，就永远无法找到真正的安宁和成就感。我们之所以将若干事关全局、事关长远的事确立为项目，就是要为大家创造这样一些可以脱离低级趣味，可以为之奋斗终生的事业，在成就事业中成就自我，让每个人成为有专长的人，成为令人尊敬的人。有人说，20 世纪人类的一个伟大发现，就是可以通过改变思想而改变生活。潍坊约有 900 多万人口，和欧洲许多国家的人口相近，但是如果从出人才的角度讲，我们远远不如它们，为什么？如果我们主管着一个国家的教育，应该怎么做？如果这样看待问题的话，潍坊能出一批教育家。

二是要发挥岗位优势，立足本职、着眼当前。做到这点，也就做到了面向未来。有进步的想法，甚至有野心是好事，是个人成长和社会发展的重要动力。但如何实现，每个人却各有其道。有的热衷于拉关系走后门，有的千方百计投领导所好，有的甚至钩心斗角使阴招。我不信这些。以我的经验观察，这样的人基本不会成功，即使偶然有之，也走不远。我相信什么？我相信努力，我相信尽性知命。只要把本职工作干好，领导和同志们都会看到。应当说，我们教育局好就好在这里，这些年我们都是以业绩论英雄。所以，个体能否成长关键取决于能否在本职岗位取得令人信服的成绩。有人可能认为岗位有好坏之分，但我要说，没有卑微的岗位，只有卑微的心态。一个人如果连现在的岗位都做不好，还认为自己能干更大的事，那是在自欺欺人。为了让更多的人能把一件事说清楚、做明白，我们努力让更多的人参与项目。因为项目就提供了这样一个说清楚、做明白的完整的过程，只要把项目运作好了，我们一大批人就会驾驭这样的能力，就可能成长为专家人才，个人发展、事业进步也就水到渠成了。

第三辑

改革，在路上

——做时代需要的教育

我国正处于经济社会发展的转型期，转型期出现各种矛盾和问题是难免的，过去的一些管理办法失去功效也是正常的、必然的。有些社会高度关注的热点、难点问题之所以久拖不决，往往不是解决不了，而是我们的思维方式、行为方式没有跟上时代变化的脚步，仍停留在传统的思维方式和处理办法上。整个社会如今已经进入了公民权利时代、群众满意度时代，但我们的政府部门和公共管理与服务行业，在思想观念、体制机制、条件装备、资源配置等诸多方面，却难以适应人民群众对以人为本的强烈期盼。用以人为本总揽事业发展全局，加快建设服务型政府，加强和创新社会管理已成为当务之急。

面对新时代、新形势，教育主管部门要着力解决好想问题、办事情的立场问题。当行业利益、部门利益、学校利益甚至是教师利益与学生利益、群众利益发生冲突的时候，教育主管部门要坚定地站在学生和群众的立场想问题、办事情，着力推进教育公平，搞好公共服务；当部门利益和学校利益发生冲突的时候，要多站在学校立场想问题、办事情，着力简政放权，推进学校自主办学、专业发展和去行政化进程。实践表明，只要我们始终坚持以大局为重，坚持人民利益至上，直面社会高度关注的各种热点、难点问题，就总会从全局层面上找到破解问题的正确观点和有效方法，而且，认识得越彻底，行动的决心和意志往往越坚定，改革的成效也就愈加鲜明、历久弥新。下面这组文章，是不同时期我在面对教育改革发展的新形势、新问题、新挑战时，进行的一些新的探索和思考，对于进一步理清改革发展思路、坚定创新突破的信心和决心发挥了极其重要的作用。

谁来担负教育执法监督的重任

很长一段时期以来，拖欠教师工资、教育经费严重不足、学校乱收费、学生课业负担过重等问题，一直是困扰我们教育事业健康发展的热点、难点，至今也没有得到很好的解决。这些问题产生的原因固然是多方面的，但我认为其中最重要的原因是，我们缺少一个强有力的教育执法监督机制，从而导致教育有法不依、执法不严、违法不究的现象十分突出，教育法律没有起到应有的规范行为、化解矛盾、促进和保障教育发展的巨大作用。教育执法的现状，不仅与转变政府职能、大力实施依法治国方略的要求很不适应，而且与市场经济的社会大环境不相适应，与其他行业相比较也显得十分薄弱。且不说公检法、工商税务等部门，单就社会公共服务部门如卫生、文化、劳动、城管、环保等看，只要是有行业法律、有执法任务的部门，几乎无一例外地及时建立了经常化的专业执法检查机构和队伍，甚至为数不少的还配备了标志服装。与这些部门相比，教育方面的法律、法规应当说并不少，但由谁来监督保障实施，却并不十分明确。在法制日益健全，社会各方面及广大人民群众都积极寻求用法律保护自己、维护自身合法权益的时代背景下，我们还固守着过去的老一套，仍寄希望于用单纯的行政手段解决教育发展中的问题，注定是行不通的，只能越来越被动。因此，强化教育执法监督、大力推进依法治教，应当成为我们教育部门深化改革、进行管理体制创新的当务之急和重中之重。

从目前我们教育主管部门内部职能的划分看，教育督导应当是担负教育执法监督职能的。1991 年国家教委发布的《教育督导暂行规定》这样明确教育督导的任务："对下级人民政府的教育工作、下级教育行政部门和学校的工作进行监督、检查、评估、指导，保证国家有关教育的方针、政策、法规的贯彻执行和教育目标的实现。”但由于该规定模糊且是部门规章，年限又早，缺乏必要的约束力、影响力，所以，我们大部分地方的教育督导实际上并没有将自己定位于教育执法监督上，或者说着力点并没有放在这上面。由于教育督导工作定位不明确，缺少必要的法律保障和靠山，职能过于分散，随意性很大，似乎什么都可以干，在实际工作中也就难免混同于一般的行政工作。督导评估也混同于一般的工作检查，干什么也立不起来、硬不起来、强不起来，不要说在社会上没有影响、没有权威，就是在教育系统内部也似乎是可有可无的，其作用更可想而知。应当说，教育督导没有充分做好依法治教的文章，缺少自己鲜明的特点，把自己混同于一般的行政工作，仍习惯于用过去行政运作的方式思考问题、开展工作，是造成教育执法软弱无力的根本原因。

事实上，教育督导只要高举依法治教的旗帜，切实担负起执法监督的责任，就会思路大开、大有作为。因为，这样一来，就可以从根本上把教育督导同行政决策和执行区分开来。一方面，不是教育领域的大小事都可以用督导去推动的，开展督导必须有法可依、有章可循；另一方面，督导也不是想怎么干就能怎么干的，开展督导必须按法定程序来进行。这样，督导不同于一般行政工作的严肃性、权威性、强制力、约束力就可以充分显现出来；督导主要解决用一般的行政手段解决不了、解决不好的问题的不可替代的地位和作用也就可以突显出来。我们过去督导的成功实践也充分证明了这一点。无论在督政方面还是在督学方面，只要我们严格坚持依法办事，解决教育中的热点、难点问题就势如破竹。

众所周知，实现“两基”是一个世纪性的教育难题，为什么潍坊市可以如期实现，原因不就在于我们严格按照《中华人民共和国义务教育法》的规定强化了执法督导检查吗？《山东省教育督导条例》明确提出教育督导要担负起“保障教育法律、法规的实施和教育目标的实现”的责任后，潍坊市在开展督导工作时，确保将督导的内容和方式、结果使用和问题处置等都严格建立在合乎法律要求的基础上，使教育督导呈现出空前的影响力、凝聚力和号召力。不仅取得了督政、督学的双丰收，保证了以县为主管理体制的全面贯彻落实，实现了基础教育的跨越式发展，形成了全社会都来关心和重视教育的良好局面，而且使督导赢得了全社会的尊重，成为地市转变教育领导和管理职能的新亮点和总抓手。因此，从执法监督的角度来定位，用依法治教的方式来运作，应当成为我们开展教育督导工作的具有战略意义的选择。

《山东教育》2003 年第 14 期

转变管理方式，规范高中招生

一段时间以来，普通高中教育的快速发展，民办高中、改制高中的出现，给高中招生带来了一些新的矛盾，出现了部分高中学校不择手段到外地乱拉生源，甚至花钱买高分学生的现象。

这种现象，使绝大多数学校都成了受害者。几乎每一所学校每年都要拿出相当多的人力、物力、精力来巩固生源，不仅正常的教育教学工作受到了严重干扰，也使国家给予学校的合法收费政策大打折扣。为了留住好生源，许多学校只好采取学费减、免、补等措施，不得不忍痛舍弃大量该收的学费，使办学经费本来就紧张的矛盾更加突出。

每年的招生工作，成了一些高中学校的心病。

总结反思近几年高中招生工作的经验教训，我们深切感受到，过去简单的一刀切的行政管理做法，已无法适应公办与民办教育共同发展的现代教育格局。要求得这个问题的根本解决，必须追溯到依法治教、转变政府职能的角度，来重新审视公办教育与民办教育的功能定位问题，必须从事业发展的本源意义上来探讨搞好公共管理、公共服务的思路与措施。

分析过去高中招生混乱的成因，我们发现，矛盾主要集中在对民办学校和公办学校要不要严格划定招生范围，以及对民办学校要不要进行严格的招生管理上，由于我们对这些问题缺少准确的理解与把握，才造成了学校招生管理上的软弱无力。

首先，必须明确公办高中要不要以县市区为单位严格划定招生范围。从教育的性质看，普通高中是基础教育的重要组成部分，国家实行基础教育以县为主的办学管理体制，决定了县市区政府必须承担起举办包括高中在内的基础教育学校的责任。从这个意义上讲，普通高中教育是地方政府搞好公共服务的重要领域，由政府举办，目的就是要让高中教育更好地惠及当地群众。以县市区为单位严格划定学校的招生范围，是为了更好地督促各级政府切实担负起办好本县市区高中教育的责任，以满足当地群众接受高中教育的需要，防止政府推卸办学主要责任的重要措施。近几年国家为什么要三令五申地严格规定普通高中招生的“三限政策”(限分数、限钱数、限人数)，其主要用意就在于让政府办学更多地服务当地群众，让绝大多数学生可以享受统招生的待遇，让他们少交费也能接受良好的高中教育。

其次，民办高中招生是不是就可以不受制约?《中华人民共和国民办教育促进法实施条例》规定“民办学校享有与同级同类公办学校同等的招生权，可以自主确定招生的范围、标准和方式”，“县级以上地方人民政府教育行政部门、劳动和社会保障行政部门应当为外地的民办学校在本地招生提供平等待遇，不得实行地区封锁”。这些规定表明，到外地招生是民办学校的合法权利，必须予以保护。但“民办学校可以自主确定招生的范围、标准和方式”应当是有前提的。这个前提就是“与同级同类公办学校招生权平等”，无论公办学校还是民办学校，都要严格遵守当地教育行政部门基于平等的招生规定。特别是在高中招生与学校升学率、竞争力紧密相关的情况下，如不加以规范，势必将学校办学水平的竞争引向恶性竞争优秀生源的轨道，对公办、民办教育都将带来灾难性的影响。

基于以上认识，具体联系潍坊市民办教育发展的实际，我们确立了民办普通高中学校招生需要遵循的三条基本原则。一是以学校所在地为主进行招生的原则。民办高中应该首先满足当地群众上学的需要，在此前提下，才能考虑到外地招生的问题。二是到外地招生要服从全市统一的招生管理原则。只有坚持民办学校与外地学校统一报名、统一考试、统一录取的原则，才能保证公办学校与民办学校享有平等的招生权利。三是正确引导的原则。由教育部门牵头协调，根据各县市区高中教育发展的状况，将民办学校的招生引导到高中教育相对薄弱、普及率低的地方去，这样既可以避免民办学校到外地招生的盲目性，又可以使民办教育真正发挥好有益补充全市公办教育的作用，帮助高中教育发展薄弱的县市区政府解决当地群众上高中难的问题。

应当说，加强对民办学校的招生引导，既是实现公办、民办教育互利双赢的政策选择，也为教育主管部门转变职能、搞好公共服务开拓了一个新的视野。

认识越彻底，行动就会越坚决。正是基于对高中教育的正确理解和把握，潍坊市教育局果断采取了规范招生工作的十条禁令，并专门制定了民办学校招生工作的具体意见，在全市上下达成了规范招生行为的共识，一个困扰多年的老大难问题，终于有了彻底解决的可能。

高中招生从乱到治的过程，给了我们许多有益的启示。随着市场经济体制的逐步建立，随着办学体制改革的不断深入，整个社会形态包括教育形态，正在由一元向多元加快发展，社会转型期出现各种矛盾和问题是难免的，过去的一些管理办法失去应有功效也是正常的、必然的。有些问题之所以久拖不决，往往不是不能解决，而是我们的思维方式、行为方式没能跟上时代发展的脚步，没有上升到体制转换和多元发展的立场上看问题。仍习惯于过去简单的行政命令，难免就要陷入一统就死、一放就乱的怪圈。所以，解决社会转型、体制改革中出现的矛盾和问题，必须首先从转变管理理念、转变政府职能入手。另一方面，改革办学体制、扩大学校办学自主权，对教育主管部门而言，责任不是减轻了，而是更重、更大了。它要求我们既要担负起公共管理的责任，维护教育的公平公正，又要担负起公共服务的责任，为学校、为学生的自由发展，提供一切必要的服务。自由意味着责任，创造自由发展的环境，既需要管理，更需要服务。遇到矛盾和问题，总想用管的办法来解决，而不愿下引导、服务的细功夫，不能不说是造成目前一些教育管理效能不高的重要原因。

《中国教育报》2006 年 11 月 1 日

“阳光 60 分”照亮阳光人生

近年来，山东省潍坊市坚持把“帮助学生走向幸福和成功”作为教育追求，把加强学校体育作为实施素质教育的突破口，高度关注学生健康水平的提高。尤其自 2006 年春在全市中小学推行每天“阳光 60 分”活动课程后，潍坊的阳光体育运动进一步走上制度化、科学化的轨道，一度沉闷的校园变成了孩子们欢乐的海洋。在 60 分钟的七彩阳光中，学生尽情投入到充分的健身活动中去，“健康第一”落到了实处，生动活泼的育人局面得以形成。

变“课间操”为“阳光 60 分”课程，还学生活动的时空

让学生拥有健全的人格、健康的身心和终生的幸福，是教育工作的终极目的。阳光体育运动不但能锻炼身心，激智、启德、促美、益心，还能促进文明、和谐校园风气的形成。站在这个高度来审视体育活动，我们才会把“保证学生每天有一小时的体育锻炼时间”变为自身的需求。

保证学生每天有一小时体育锻炼时间，是让学生“健康工作五十年，幸福生活一辈子”的前提。但是在传统的教育活动安排中，学生每天锻炼一小时的时间难以得到保证，就拿课间操来说，总共 20 分钟，除去集合等时间，实际用于做操的时间只有 5 分钟，除此之外的活动课在很多学校形同虚设。同时，部分学校受活动空间和设施的局限，学生难以参与富有实效的活动。在有限的时空里，阳光体育难以走进学生中间。于是，我们从校本课程的高度来确立阳光体育运动的“法定”地位，专设了“阳光 60 分”活动课程。

“阳光 60 分”确保了学生有足够的活动时间。我们把上午第二节课后 30 分钟和下午第二节课后 30 分钟确立为每天的“阳光 60 分”时间，活动

时间全部列入学校课程表，从课程的高度确保学生每天的活动时间不少于一小时。

“阳光 60 分”确保了学生有足够的活动空间。为了真正使学校“处处有健身设施，随时能快乐活动”，各学校充分利用边角空地，因地制宜地建设了新颖有趣的快乐体育园地，设置了梅花桩、独木桥、攀岩网、摸高架、拳击靶、吊床、荡板等，使学生的活动空间得到了扩展，活动设施和器材得到了补充、丰富。例如，潍坊外国语学校的教师充分利用周边的自然环境，分批带领学生去紧邻的开放式公园“自怡园”活动，让学生享受到在大自然中锻炼带来的乐趣。潍坊市实验小学编排了“室内乒乓球操”“手指益智操”等室内操，弥补了室外活动空间的不足，达到既扩充活动空间又保证活动时间的效果，还避免了不良天气带来的影响。

变“大一统”为“多样性”，还学生自主选择的权利

仅给学生提供充足的时间和空间并不能保证一定产生良好的活动效果，以课间操为例，学生日复一日地做着同样的动作，而不能去做他们喜欢的活动，长此以往就会对活动丧失了兴趣。同时，“大一统”的活动忽视了学生的个体差异，不能满足学生身体发展的个性化需求。做课间操也好，围着操场跑步也罢，都要求学生统一步调，做同样运动量的动作，跑同样的圈数，导致有的学生“吃不饱”，有的学生“受不了”。只有把自主选择活动权还给学生，让每一位学生体会到运动带来的乐趣，活动效果才会明显。

学生喜欢的活动项目，只要是健康且没有太大风险的，就应该鼓励学校将它们引入“阳光 60 分”活动课程。国家给了学校校本课程开发的权利，我们就应该从学生的需求出发，让学生参与开发富有地方特色的、为他们所喜闻乐见的活动项目。在挖掘民间游戏的过程中，孩子们借助潍坊市是著名的“风筝都”这一优势，提出了开发“风筝放飞”活动课程的建议，这一要求提出后，教育主管部门很快予以肯定和推广。为推进这项活动的开展，我们每年举办一届“潍坊市中小学风筝节”，目前全市已有 189 所学校开设了“风筝放飞”活动课程，深受学生欢迎和喜爱。此外，在学生的倡议下，有

些学校还将滑旱冰、自行车竞技等引进了“阳光 60 分”活动课程。

目前我市“阳光 60 分”的活动内容涉及体操类、舞蹈类、身体素质练习类、趣味游戏类等六大类 70 余种特色活动项目，大秧歌、跳皮筋、踢毽子、滚铁环、掷沙包、抖空竹、竹竿舞等都走进了我们的校园。学生们可以在“阳光 60 分”里选择自己喜欢的、适合自己运动量的活动项目。“我选择，我喜欢，我活动，我健康。”学生自主选择自己喜爱的活动项目，实现了由“要我活动”向“我要活动”的转变。

学生参与活动课程开发的最高境界在于让学生自主研发活动项目。标新立异、展示自我是每个孩子的天性，引导学生开发创新活动内容，让他们在挑战自我的过程中享受活动的快乐，这样的体育活动课程更适合学生，更能激发学生的活动兴趣。就体操及舞蹈类来说，在教育部统编广播操的基础上，我们倡导学校自编校操、武术操、球操、健美操和各类舞蹈，每个舞蹈和体操动作都可以由学生自行编排而成。在这个过程当中，学生不但通过自选项目得到了充分的身体锻炼，而且培养了创造能力。有一所学校的学生在教师的指导下，仅健身操就编创了十多套，为此，还获得了创新项目奖。做自己编的健身操，学生没有一个不认真做的，在做的过程中，还能生发出更多的创意。

变“软要求”为“硬指标”，把健康状况作为评价指标

“健康第一”落实不力的症结之一是政府及教育主管部门对学校体育工作的管理缺乏刚性，导致学校体育存在着“说起来重要、做起来次要、忙起来不要”的状况，导致学校在学生健身问题上“偷工减料”，在教育过程中竭泽而渔，也导致了有些学校“只顾竞技体育而不顾全员健身”的倾向。为此，我们从机制上求突破，通过教育督导和中考改革这两大措施为学生的健身保驾护航，把青少年的体质健康状况作为评价教育工作的重要指标，增强学校体育工作刚性，引导学校把“学生健康”这一“冰点”变成“热点”和“兴奋点”。

一是把学生的健身活动纳入教育综合督导。一方面，市教育局将健身活

动纳入对县市区的年度综合评估，把健身理念、活动设施、活动场所、活动管理制度和活动效果等内容作为具体的督导评估指标，其结果与县市区党政一把手的政绩考核挂钩。另一方面，健身活动也纳入对学校的督导指标，并与校长职级工资挂钩。学生的肺活量、近视率等身体素质指标和有关健身活动的关键要素都列入对学校的督导内容，如“学校‘阳光 60 分’活动课程的开发情况”“每天至少保证学生一小时的体育锻炼时间”“学生至少具有一项体育特长和技能”“学生具有良好的健身意识和习惯”等。通过强有力的专项督导和随机督导，有效地遏止了过去有些学校存在的不关注学生健康的倾向，确保了学生健身活动的顺利推进。

二是把学生健身活动列入中考硬指标。要求学生体育考试等级必须达到 B 等以上才能被录取，同时，在中考中有体育特长的学生可以申请加试，高中学校可破格录取。

变“强身健体”为“提升生命质量”，让学生快乐、健康地成长

“阳光 60 分”活动课程推出以后，学生在校活动时间由原来的 20 分钟提高到一小时以上，孩子们在运动中体验着快乐，在快乐中健康地成长，校园由此产生了勃勃生机。

我们曾做过一项调查，结果显示，100% 的学生喜欢“阳光 60 分”活动课程，95% 以上的学生把学校当作最向往的地方。潍坊日向友好学校曾对五年级部分学生进行了测试，测试结果是：五年级学生的 50 米跑、跳远、仰卧起坐三项成绩分别提高了 89%、80%、70%。“阳光 60 分”不仅增强了学生体质，还提高了学习效率，改善了师生关系，促进了校园和谐。在快乐的“阳光 60 分”里，师生共同参与活动，在角色的转换中、在零距离的接触中，师生真正实现了心心相印、共同成长，不但拥有了健康的身体，更拥有了阳光的心态。

《人民教育》2007 年第 5 期

让职业教育不再尴尬

当下，又到了一年一度招生就业的繁忙时节。然而，企业用人和中职学校招生中的一些反常现象，却不能不引起我们的高度关注与深深思考。最近，我们有一所职业学校，100 多家企业上门招工 4000 多人，但学校仅能提供 1300 人，不足需求的三分之一。据报道，去年在杭州举行的首届中国农民工信息化论坛发布的报告显示，珠江三角洲、长江三角洲和环渤海湾地区三大沿海制造业基地普遍面临着严重的“技工荒”。而且，这种情况在我国大部分地区具有普遍性。

这是否意味着职业教育“热”起来了呢？现实情况不是这样的。现在，招生仍是众多职业学校办学的一个难点。据了解，许多职业学校在每年招生的时候，把招生任务硬性摊派给教职工，根据任务完成情况进行奖惩。此举虽然遭到颇多非议，但确是不少职业学校的无奈选择。每到招生时节，全校师生往往“集体出动”，甚至动用所有社会关系，也无法完成招生计划。不少企业主动提供培养费，对学生进行免费教育，即使这样也吸引不了学生迈进职业学校的大门。

这就导致了一种反常现象：一方面职业技能人才严重缺乏，远远不能满足产业的需求；另一方面职业学校“招生冷”，鲜有人问津，生存境地异常尴尬。究竟是什么原因呢？从了解的情况看，这里面有部分职业学校声誉不佳、学生就业缺乏政策保障等问题，但最根本的还在于我们的基础教育，特别是初中教育存在问题，导致社会、家长、学生对职业教育不了解，甚至产生误解和偏见，才出现了今天这样近似荒唐的局面。

只要反思一下就不难发现，在初中阶段，我们什么时候对学生进行过职业方面的教育与引导呢？没有。现在的初中教育几乎是为中考、高考准备的，而且，我们一直在教育学生朝着科学家、政治家、艺术家、企业家等职业目标奋斗，有意无意地引导学生走上普通高中、重点大学这条道路，甚至瞧不起职业教育和职业学校，用“失败者”这种字眼讽刺和挖苦那些上不了普通高中的学生，这几乎成了许多学校习以为常、见怪不怪的所谓“校园文化”。可以说，我们的初中教育仍然沉迷在选拔教育、淘汰教育的历史轨迹中，完全忽视了普及义务教育后超过半数的不能进入普通高中就读的学生这一庞大群体的现实需要。这些学生在结束初中生活的时候，不但没有得到最基本的就业指导，反而被扣上“失败者”的帽子，只能带着沮丧的心态走向职业学校，或带着迷茫直接踏入社会。

所以，从一定程度上来说，正是我们有失偏颇的初中教育，造成了职业教育今天这样尴尬至极的局面。如果我们不下决心改变目前初中教育过于“应试化”的倾向，不下决心改变初中教育鄙视职业教育的倾向，大力加强职业教育只能是隔靴搔痒、空中楼阁，无法从根本上解决问题。大力加强职业教育必须从改革基础教育入手，这是不难得出的结论，关键在落实。只有初中教育真正担负起为普通高中和职业学校输送合格新生的双重责任，大力发展职业教育才有望得到较好的落实。

第一，要在初中毕业年级认真开设职业指导课，确保让不能升入普通高中的学生都能接受最基本的择业、就业指导，为他们热情饱满、积极主动地选择职业学校、接受职业教育注入精神动力。

第二，要把学生升入职业学校的情况，列为考核评价初中学校和初中教师的重要内容。事实上，这是能否转变社会、家长、学生对职业教育认识的关键所在。为此，必须改变初中学校片面追求普通高中升学率的现状。要大力提倡初中学校追求整个高中阶段教育的升学率，以此引导初中学校关注每一个学生的发展趋向，特别是对未升入普通高中的学生，要逐个落实其接受职业教育的情况，做到真正面向每一个学生，真正为每一个学生的终身发展负责。我们要敢于鼓励和支持初中学校去追求这样的升学率，要把这样的升学率作为评价初中学校的办学质量和效益的重要标准，作为考核教师特别是班主任工作的重要依据。只有这样，才能督促初中学校和教师切实转变人才观念，端正办学思想，进而引导学生和家长择校、择业观念的转变。

第三，教育部门要切实承担起职业学校招生的责任。调配教育资源、促进各类教育的健康协调发展，是教育行政部门最重要、最基本的工作职责。职业教育的招生不是像义务教育和高等教育招生那样，由教育行政部门负责，而是由学校自己想办法来解决，这是对职业学校的不公平，也是造成其招生困难、办学困难的重要原因。由于学校没有政策、信息等公共教育资源，就不得不把已经少得可怜的办学经费花在招生上。由于无法把精力和资金真正用到提高办学水平上，用到学生的教育培养上，势必造成“招生难—经费少—条件差—招生更难”的恶性循环。所以，要改变被动局面，就必须由教育行政部门主动担负起职业学校招生的责任，彻底改变招生中的错位现象，也只有这样，才能确保让更多的初中毕业生更加理性地选择职业教育。

《中国教育报》2007年6月18日

把培训自主权还给教师

潍坊市地处山东半岛中部，辖 12 个县、市、区，各级各类学校在校生 150 万人，教职工近 10 万人。为进一步提高教师培训效益，近年来，潍坊市引入市场竞争机制，改革教师培训体制，大力推行“培训券”管理，有力地促进了教师队伍的专业成长。

引入竞争，打破培训“垄断”

2004 年 10 月以前，潍坊市的市级教师继续教育工作全部由潍坊教育学院独家承担，县级教师继续教育工作全部由各县教师进修学校承担；培训内容由培训机构单方确定；培训过程采取“大一统”的形式；培训组织活动则采取行政指令。这种计划经济体制下的培训机制最大的弊端在于，教师作为“受训者”，在培训学习的过程中没有任何选择权，处于被动应付状态，培训效率低下。

改变传统培训弊端的关键，在于让教师拥有充分的选择权。为此，潍坊市于 2004 年 10 月出台了《关于深化教师培训管理体制改革的意见》（以下简称《意见》），提出了四项改革内容：一是改教师培训机构的“独家经营”为多家竞争；二是改继续教育内容由培训机构单方确定为参训者与培训机构共同确定；三是改继续教育形式的单一化为多样化；四是改单一行政指令性培训为双向选择式培训。

《意见》对申请参与培训的机构的条件、职能和认定办法以及管理方式做了明确规定。《意见》出台后，市教育局面向国内外高等院校和社会培训机构，公开、择优认定市级教育培训机构。通过严格的审核，先后认定了潍坊求真中小学教师培训中心、潍坊现代师训干训中心、山东—巴伐利亚职教师资培训中心、潍坊新世纪师资培训中心、潍坊幼教特教师资培训中心、潍坊行知家庭教育和心理健康教育指导中心6家教师培训机构。上述培训机构在学科培训、校长培训、教师培训、心理健康培训等方面各有侧重。

同时，各县市区教育局也分别认定了3到4家县级教师培训机构。这些教师培训机构属社会力量办学性质，独立法人、独立财务、独立经营，根据各自优势，有针对性地制订培训“菜单”，采取市场化运作方式，让全市教师自主选择培训机构、培训内容、培训形式和培训时间。此举改变了培训机构单一的局面，全市教师培训竞争格局基本形成。

“培训券”，让培训机制保持活力

变独家经营为多家参与，形成竞争态势，这仅是培训管理体制改革的第一步。要真正满足教师个性化发展的需求，必须进一步把学习培训的选择权还给广大教师。为此，市教育局推行了“培训券”管理办法：“由培训机构为参训教师发放培训券，培训券中注明培训内容、学时、满意度等，参训的教师对培训认可签字后，一式两份分别交市、县教育行政部门，教育行政部门根据培训券的数量，定期向继续教育机构支付培训经费，根据培训券将教师的受训情况换算成相应的学分记入教师继续教育档案。”具体做法如下。

一是根据教师需求，打造培训资源“超市”。培训券是教育行政部门给培训机构拨付经费的准确依据，拥有培训券数量的多少是培训成就的标志，关系到培训机构的收益。为此，各培训机构深入学校，认真了解教师培训的个性化需求，广泛征求校长、教师意见，生成培训菜单，形成丰富的课程“超市”，经教育主管部门组建的专家审查委员会审批后，在潍坊“教育信息港”上公布。

二是参训者自主选择培训机构和培训内容。面对各家培训机构发布的培训菜单，教师根据自身需要，自主选择。当培训人数达到一定规模时，培训机构根据教师需求，从全国各地邀请教育专家对教师进行培训；对于报名人数达不到一定规模的班次，予以取消。

三是根据培训券数量认定参训者学分、拨付培训经费。教师接受培训后，由培训机构发放培训券，培训券中注明培训内容、培训学时、培训效果等，由学员和培训机构双方签字后，培训机构将参训情况报市教育局教师教育科。市教育局教师教育科汇总并在潍坊“教育信息港”公示每位教师的培训学分，公示无异议后，教育行政部门根据培训券的数量，定期向培训机构支付培训经费。3 年多来，市教育局共向有关培训机构拨付培训经费 360 多万元。

四是将教师完成学时、县区教育局上缴培训经费列入教育督导内容。凡列入市级必训范围的人员，参加市级培训机构组织的培训，在规定的学时（每年 60 学时）内，其培训费用由市、县两级教育行政部门各分担一半。教育部门根据培训券等指标，对完不成规定培训学分的校长、教师，取消当年晋级晋职和参评市级及以上荣誉与教学成果奖的资格。同时，对当年没有按规定时间上缴培训经费的县区教育行政部门在年度教育督导中实行“一票否决”。

五是对培训机构实行动态管理。市教育局专门制定了《教师继续教育培训机构考核方案》，采取平时考核与年终检查相结合等多种方式，把考核评议的权利还给培训对象，通过问卷调查的方式，对培训内容、培训形式、培训效果等进行考核；同时，从培训者中选取部分代表，组成教育培训内容审查委员会，由该委员会成员根据各培训机构的培训质量打分，对组织不力、培训质量不高的培训机构及时下达《整改通知书》，对整改不力的撤销其培训资格。2006 年，根据考核办法，我们撤销了培训质量不高的潍坊新世纪师资培训中心。这一做法有助于引导各培训机构真正落实受训者的主体地位，切实增强培训的针对性和实效性。

培训券管理带来高效益

培训券管理既是培训体制的改革，更是广大教师学习方式的革命。参训教师手中持有的培训券，不仅是培训费优惠的凭证，更重要的是，这些培训券为参训者带来了符合个体需求的学习机会。以培训券管理为主要特点的多元培训机制，真正实现了以人为本，让教师成为培训的主人，得以自主选择高质量的培训，显著提高了培训效益，大幅度提升了队伍素质和教育水平。

一是提高了校长、教师培训的满意度。在“大一统”的培训模式下，参训者视培训为行政任务，缺乏参训积极性。培训券管理办法的落实，打破了以往培训全靠行政干预的老做法，培训菜单在网上公布后，校长、教师根据实际情况自主选择，网上报名，充分体现了培训的自愿、自选、自主，由原来的“要我学”，真正变成了“我要学”。

改革后，教育培训的满意度由改革前的55.2%提高到96.3%，潍坊现代师训干训中心2006年共举办了5期校长培训班，每期培训菜单都是提前两周在潍坊“教育信息港”上公布，报名人数超出计划，报到率达100%。校长们反映：“这种培训模式给了校长充分的选择权，校长能够根据自己的成长计划选择培训内容、时间和形式，乐意积极主动地参加培训。”

二是大面积地提高了教师素质。3年来，仅5家市级培训机构就为校长、教师提供了可供选择的培训菜单223个，举办培训班128期，培训近9万人次。潍坊市有150多人达到潍坊名师或市级特级教师标准，有1000多人达到市级教学能手标准，获优秀教学成果奖的教师达2000多人，新增优秀中青年骨干教师1万多人，优秀教师群体成长速度提高了52%。一大批教改有成、闻名全国的优秀教师脱颖而出：有被誉为“掀起了一场小学语文界革命”的韩兴娥老师，有被称为“创造了乡村教育神话”的于美霞老师，还有很多教师的教改经验被国家和省教育科研、教学研究部门以不同方式予以推广。

培训体制改革显著提高了教师队伍的素质，促进了潍坊教育事业的快速发展、科学发展。

《人民教育》2008年13–14期

统筹教育发展，从转变部门职能入手

改革开放30年来，我国教育事业取得了举世瞩目的伟大成就，成为整个社会事业中资源最为丰富、人民群众受益面最为广泛的行业之一。为此，各级党委、政府和社会各界都付出了巨大努力。在不少地方，每年财政收入的三分之一甚至一半以上都用在了发展教育事业上。但与此同时，以学习实践科学发展观、办好人民满意的教育为标准衡量目前的教育，我们不难发现，困扰教育发展的许多热点、难点问题之所以难以得到有效解决，丰富的教育资源之所以难以充分转化为改善民生的现实生产力、难以发挥出服务社会的应有效益，很大程度上在于部分地方政府及教育主管部门职能不到位，给全社会共享共用公共教育资源带来严重障碍。

这种职能障碍主要表现在：

第一，教育规模不断扩大，资源积累越来越多，但供求信息严重阻隔，社会需求难以充分满足。各类办学机构条块分割，各自为战，难免造成供需脱节，一方面企业技能型人才严重短缺，另一方面许多专业的大中专学生却就业困难，给社会用工需求、学校教育带来了不应有的障碍。

第二，随着义务教育新机制的改革，学生“有学上”的问题基本得到解决，但离教育普惠的目标仍差距较大。现在相当一部分中小学仍习惯于只对升普通高中和大学有望的学生负责，不少地方还没有把教育视为人力资源建设的主阵地，导致职业学校不被重视，学生不愿上职业学校。如果教育过程不能与学生及家庭幸福紧密相连，培养结果不能与众多学生有效就业相衔接，那么办好人民满意的教育就无从谈起。

第三，各级政府不断加大教育投入，办学条件越来越优越，办学设施越来越现代化，但学校却成为资源的垄断者，其发展成果难以与社区共享。主要表现在，城乡社区内所拥有的文化、体育等设施设备及人才，主要集中在各级各类学校和教育机构中，社区群众难以共享；名师资源为少数学校所占有，众多孩子、家庭和学校难以获取；学校年年培养和输送的大批人才，是学校教育和地方发展难得的人才资源，但却没有被作为教育成果加以开发运用等。

第四，教育经费保障机制日趋完善，国家办教育的责任基本到位，但受管办不分、行业和部门利益化的影响，侵害学生和家长利益的行为屡禁不止。这些问题不是不能解决，而是部门利益、行业利益不自觉地在起着阻碍作用，因为教育部门与学校管办不分的体制，让部门与学校在本质上成为“利益共同体”，对学校发生的违规问题采取大事化小的态度。

如此看来，要想贯彻落实科学发展观，办好让人民群众满意的教育，必须首先从转变部门职能入手。这就要求教育主管部门在职能定位、价值追求、制度设计上，尽快实现两个转变：从主要关注教育内部的需求向全面关注社会需求转变；从主要对直接管理的教育机构负责向对每位公民的教育诉求和利益负责转变。各级教育部门特别是与基层联系密切的地市级教育部门和县级教育部门，应按照扩大公共服务、建设服务型政府的要求，主动统筹和整合全社会的教育资源，通过搭建便于社会共享共用的机制与平台，促进社会关心、关注的教育热点、难点问题得到有效解决。

首先，要对部门服务职能进行整合，组建“一站式”的教育惠民服务中心。要整合教育部门及其直属机构的服务职能，将事关群众切身利益、社会高度关注的教育服务事项全部集中起来，通过设立现场解决、网上咨询、热线电话等方式，满足来自社会各界的教育需求，做到有求必应、服务到位。

其次，要统筹区域内教育发展，促进各级各类教育部门全面开展便民、惠民服务，主动承担起对各级各类教育资源的整合与统筹。统筹区域内中、高等教育的发展，努力实现校、企供需直接对接。地方政府要建立高校联席会议等制度，促进中、高等教育为地方发展提供人才支持。统筹基础教育与人力资源发展，努力实现对所有学生负责。初中、高中学校要严把学生出口关，逐个落实毕业去向。要将初中毕业生升职业高中的情况作为评价学校和教师的重要内容；对高中毕业既未升入大学又未复读的学生，要组织他们到职业学校接受短期培训；对在校大学生，安排其参加由普通高中组织开展的家乡行、企业行等系列活动；向待业学生发布用工需求信息，安排其到职业学校开展实用性就业技能培训等。统筹学校教育与社会教育发展，努力满足社会成员继续教育的需要。要将区域内公办与民办、学校办与社会办的培训机构进行整合，建立“社会培训机构信息资源库”，面向社会开放。

再次，要积极借鉴经济领域成功的管理经验，对重点服务事项实行项目管理，建立起以需求为导向的部门工作机制，着力改变“有多少人，办多少事”的传统做法，对教育部门的管理体制和工作流程进行改革和再造。对社会有需求但单纯依靠自身干不好的事项，实行跨科室、跨部门、跨行业、跨地域聘请专家组建项目团队的措施；对单靠教育部门自身干不好的难题，借助“第三方”的力量解决。

《中国教育报》2008 年 12 月 15 日

赋权学生和家长

在当前中小学深入开展学习实践科学发展观的活动中，教育热点问题受到高度关注。我认为，要解决社会关注的教育热点问题，办好人民满意的教育，不仅要依靠政府、教育部门、学校和教师，更要依靠人民，依靠学生、家长的参与和表达。

一个时期以来，部分中小学存在着乱收费、乱办班、乱摊派等违规行为；存在讽刺、挖苦、歧视甚至体罚、变相体罚学生，不能平等对待每一个学生的现象；存在学生课业负担较重，片面追求升学率的倾向，这些问题一直广受社会关注甚至诟病。

对于上述问题，虽然我们年年治理，但却屡禁不止，久治不愈，成为“顽症”。不仅严重影响了学生的身心健康成长，伤害了人民群众对教育的美好感情，而且已经成为关乎民族竞争力、令许多有识之士忧心忡忡的突出问题。

为了解决这些问题，从各级政府到教育主管部门都付出了巨大努力，每年都有新举措，各级都有硬措施。具体就拿我们山东省潍坊市来说，政府和教育主管部门对违规者的监督不能说不严密，既有天天见诸媒体、公开接受社会举报和投诉的电话、网络，又有涵盖所有学校的责任区督学进行的日常监督检查；既有省里的明察暗访，更有市、县的每报必查。同时，我们对违规者的处罚也不能说不严厉，几乎年年都有部分学校被通报批评，甚至还有校长和教师受到了处分。但是，为什么即便如此，违规现象还是屡禁不绝？是目前还不具备解决这些问题的社会大气候，还是教育系统尚未就此问题达成共识？显然不是。因为从校长到教师，几乎没有人认为这些问题的存在是正常的，是不应该解决的。那么，答案就只有一种可能：我们没有真正触及问题的本质，没有找准真正的“穴位”。

事实的确是这样。仔细分析这些问题就会发现，矛盾对立的双方并不是教育部门与学校、教师，而是学校、教师与学生、家长。在调解处理这一矛盾的过程中，教育部门其实是站在学生和家长的立场，对学校和教师履行公共服务职能的情况进行监督管理的。而且，这一权力实质上是人民群众赋予的，是用来保护人民群众利益的。当教育部门无法利用手中资源有效保护人民群众利益的时候，就应当还权于民，而不是握着权力不放，更不能事事撇开“主人”，包办代替，“为民做主”。

现在看来，久治难解的中小学若干违规现象就是这样一种情况。“主人”的权力完全被包办代替，学生和家长对学校的办学情况没有参与权、监督权，完全由教育部门垄断；学生和家长对教师教书育人的情况没有发言权、评价权，完全由学校垄断。学校和教师主要是对上级负责，而不是直接对学生和家长负责，这才是损害学生利益的行为长期难以得到解决的根源，是教育部门着急但一些学校的校长、教师却不以为然的真正症结所在。所以，从一定意义上讲，办学行为不规范、不尊重学生个性发展、侵害学生利益的行为屡禁不止，本质上是现行的教育管理体制不适应搞好公共服务的需要，是教育部门和学校权力高度集中导致的必然结果。

办好人民满意的教育，关键是要改革高度集中的教育管理体制，赋予所有学生和家长参与学校管理和监督的应有权利。一是要改变单纯由党政或教育主管部门直接选拔、任命校长的做法，在选拔、任命校长时，应当面向社会公开招考，在取得资格的人选中，由学校利益的直接相关方包括教育部门、教育专家、教师、学生、家长和其所在的社区代表等共同决定，促使校长切实明确对谁负责、为谁服务的问题。二是教育主管部门在考核评价学校办学水平与业绩时，应当构建让学生和家长参与评价的机制，将他们对学校的满意度作为衡量办学水平高低的重要内容，促使学校必须把学生和家长的满意度作为第一标准，并将之贯彻于办学育人的全过程。三是学校在教师考核选聘、评优晋级中，也应将学生和家长的满意度作为重要内容，让平等对待每一个学生、促进每一个学生的健康发展真正成为每一个教师的第一追求。

可以预见，只要我们真正将对学校和教师的监督权、评价权更多地还给学生和家长，学生和家长的意见、建议可以影响校长、教师的去留进退，还有谁敢拿学生和家长的利益当儿戏呢？

《中国教育报》2009年11月30日

教育必须对服务对象负责

一个时期以来，教育矛盾之所以易发、多发，素质教育之所以难以推进，从本质上讲，都是教育自身不适应以人为本的时代要求，没有坚持用以人为本总揽全局、解放思想，并以此武装整个教育战线每一位教育工作者头脑的现实表现。

我国正处于经济社会发展的转型期，整个社会已经进入了公民权利时代、群众满意度时代。但我们的政府部门和公共管理与服务行业，在思想观念、体制机制、条件装备、资源配置等诸多方面，却难以适应人民群众对以人为本的强烈期盼。加快建设服务型政府，加强和创新社会管理已成为当务之急。

教育的情况更加突出：政校不分、管办不分的现行体制，仍在固化着公办学校和教师，主要体现为对上负责，而不是对服务对象负责。部门、学校、群众三者的利益关系不调整，教育体制性漠视学生基本权益保障的状况不改变，矛盾和冲突只会越发尖锐和突出，实施素质教育、办好人民满意的教育都将无从谈起。

教育领域迫切需要进行一场以人为本的思想解放和体制变革，促使所有学校和教师对服务对象负责，建立健全保障和促进每个学生基本权益的服务体系，为区域推进素质教育、办好人民满意的教育奠定坚实基础。

紧紧围绕育人为本、安全优先、教育公平、公共服务等影响学生健康成长和群众不满意的突出问题，我们连续 4 年，每年研究出台一个重要指导意见，整合市教育局的资源和职能，畅通群众参与渠道，构建教育部门与学校上下贯通衔接的制度体系，将坚持以人为本具体转化为教育部门、学校和每一个教师的内在追求。这些举措为在全市中小学整体推进素质教育、办好人民满意的教育奠定了思想理念基础和规范管理基础。

2008 年，我们将市教育局机关内部与群众利益密切相关的科室和直属事业单位的服务职能整合起来，将条块分割、封闭独立而社会、群众又急需的咨询投诉、社会培训、校企合作、家庭教育等教育资源组织起来，成立了教育惠民服务中心，一个窗口公开面向社会，全方位开展教育个性化服务。教育惠民服务中心通过媒体向社会公告，与广大群众沟通咨询和投诉事宜，将所有学校和教师的办学育人行为全面置于全社会的监督之下。社会各界人人都可以通过教育惠民服务中心表达诉求、寻求服务，促使教育部门和学校直面问题和矛盾，形成以群众需求为导向、以群众满意为核心的工作体系和长效机制。教育惠民服务中心已经成为整合教育资源、服务人民群众的桥梁，成为为群众提供教育个性化服务的窗口以及广大群众反映问题、化解矛盾的快速通道，为教育部门发现问题、改进工作源源不断地输送动力，也促使教育系统全面转向公共服务轨道。

我们还将群众有需求但仅靠教育部门和学校解决不了、解决不好的重要问题确立为重点项目，打破科室、部门、行业、地域界限，聘请部门内外和省内外的专家集中破解。4 年来我们共解决了 231 个过去教育部门不去做也做不了的民生需求和改革难题，基本构建起了服务型教育部门的工作格局。去年以来，教育惠民服务中心的政策咨询分中心就直接为群众提供个性化服务 2.1 万件；家庭教育服务分中心 4 年来通过引进全国专家资源，无偿组织 2400 多场家庭教育报告，惠及城乡学生家长 800 多万人次。

为了确保人民群众反映到教育惠民服务中心及通过其他渠道反映的问题件件有落实、事事有回音，我们全部做到有报必查、违规必究。2008 年，我们专门组建了教育督导巡视团，通过购买服务的方式，建立起立项、查实、处理相对分离的机制，使处理违规办学、损害学生健康成长及家长合法利益的行为有了刚性规范。我们将市、县教育部门中的业务员和教研员全部聘为督学，把全市所有学校划分为 196 个责任区，由责任区督学对所负责学校依法开展定期和不定期的随访督导，督促指导重点工作部署和政策法规在每一所学校的贯彻落实，促进公共管理与服务资源对城乡学校的均衡配置和全面覆盖。去年全市共及时查处、纠正违规办学行为 1167 件，长期以来群众反映强烈的中小学加班加点、乱收费、乱征订和摊派教辅资料、学生课业负担过重等问题，全部得到了有效解决。我们还杜绝了中小学双休日、节假日集体上课的现象，初中一、二年级学生在校学习时间每年减少了22.4%，初三减少了36.4%，普通高中减少了53.7%，全市中小学生真正过上了正常人的生活。学生书包重量大幅度减轻，据省新华书店统计，潍坊新华书店教辅资料销售额在全省17个地市中连续4年最低。

针对群众担心焦虑、社会高度关注的校园安全、学生违法犯罪、辍学等损害学生基本权益的教育问题，我们研究并确定了每所学校都必须建立的“育人为本12项基本制度”，以及与之相适应的对相关学校及责任人失职渎职的问责制度，并逐步建立起上下配套衔接、全员抓落实的制度体系。

每学期我们还组织学生家长和小学高年级学生对学校办学情况进行满意度测评，评价结果将作为考核学校及校长业绩的重要内容。所有学校每学期都会组织一次由学校教代会通过并实施的师德考核和满意度调查，并将考核结果全部上报市和县教育主管部门，作为考核评价教师业绩的重要内容。现在市教育局已全面实施对所有教师市级以上评优晋级的师德考核前置制度。让学校教育的最主要利益相关者——学生和家长参与到考核评价中来，让学生和家长的意见可以影响校长和教师的去留进退，从根本上改变了学校、教师服务意识差、不平等对待学生，甚至损害学生和家长利益等现象。这对全面推进教育民主、教学民主，构建平等友爱的师生关系，推进课程课堂改革，全面普及现代教育思想，产生了显著的推动作用。

《中国教育报》2012年3月22日

理顺体制，普通高中改革制胜的关键

近几年，基础教育领域重大改革举措频出，受到了全社会的高度关注。尤其令人激动和鼓舞的是，这些改革聚焦于基础教育的最高阶段——普通高中教育，以立德树人为统领，将课程改革和考试招生制度改革紧密结合起来，综合、系统地予以推进，首次实现了从课程标准，到教材、到教学、到评价、到考试招生五大育人环节的贯穿衔接。这必将有利于克服以往单一改革突进、互不协调、难以持续的尴尬局面，让人们看到了胜利的曙光。当前，随着学生核心素养、普通高中新课程标准以及高考改革方案、中考改革方案的陆续颁布实施，可以说，美好的顶层设计已经基本绘就，下一步工作的着重点应是如何贯彻落实，真正让改革成果惠及亿万中小学生。

但是，现实存在的问题是，许多地方的中小学仍然行进在传统教育的轨道上，无论在观念还是在运行机制等方面，与以人为本、立德树人的理想追求差距较大。特别是以片面追求升学率为核心的价值观念和制度体系不破除，新的致力于为每个学生提供适合的教育的课程改革就注定难以发生。因为，结构决定性质，存在决定意识。如果我们不能把根植于地方和学校中刺激“片追”的具有结构性的存在搞清楚，然后对症下药，有的放矢地深化改革、配套改革，就难以确保美好的顶层设计不会流于形式。

造成高中学校片面追求升学率的因素固然很多，但以我多年在地市工作的经验和观察看，最具结构性、体制性影响的还是在地市一级。这不仅因为，高考指标到省，地市才是高考竞争的最上位的单位，有着地方利益的驱动，更主要的原因还是在体制上。就全国大多数地方的情况而言，目前，地市不仅负责高中学校的设置与审批，还负责管理高中学校的考试招生、办学评价，以及对县处级校长的考核任命等，对普通高中的影响力，远远超越省和县。即使许多高中学校是由县里举办的，但限于行政隶属关系、学校数量不多等因素制约，往往难以自主自立起来。而省一级不直接举办和管理高中学校，且一个省的高中学校又往往数量众多，省里难以有效顾及。在这种情况下，地市事实上成为总揽整个区域内高中教育发展的领导者、指导者。特别是在人民群众高度关注高考的环境下，地市自然就成了抓高考的主要推手，高考成绩如何也成为衡量一个地市教育水平高低的核心内容，甚至成为考核评价地市教育局工作是否得力的主要依据。对于地市而言，抓高考几乎就是压倒一切、重中之重的职责任务，高考好可以“一好遮百丑”，高考不好其他成绩再优秀都没有用。

对此，许多地市的教育局局长坦言，自己上任后第一位的任务就是提高高考成绩，确保在高考上不出现任何闪失。无论是领先的地市还是落后的地市，几乎概莫能外。于是，压力从地市到县到学校层层传导，各种明的暗的抓高考的招数层出不穷、大行其道也就不足为怪了。不打破这样历经数十年不断被固化、体制化的格局，再好的顶层设计恐怕也难有用武之地。这一点，从这些年我们推进课程改革和考试招生制度改革的经验教训中，应当不难得出。

究竟怎样才能让地市主动适应新时代的需要，切实地从抓高考转变为积极主动地抓高中课程改革，全面实施素质教育呢？从经验和实践看，应当着重从进一步理顺高中教育管理体制入手，推动地市教育深化改革，着力构建市域内中小学全面实施素质教育的体制机制。

应明确高中教育以地市为主的管理体制，将改革发展高中教育的责任主体落实到位。以地市为主管理高中教育，虽然事实上已经是全国大多数地方的普遍做法，但却从未上升到国家或省一级教育管理的体制层面加以明确。管理主体不明晰，省、地、县多头管理，似乎都管而又都可放任不管的状况长期存在，不能不说是造成高中教育乱象频出、“片追”难除的重要根源。

我们应当学习借鉴实施义务教育的成功经验。九年制义务教育的实施曾是多么艰难繁重的历史任务，之所以能在较短的时间内迅速实现，究其根源，我认为，最重要的就是适时确立起了义务教育省级统筹、以县为主的管理体制，充分调动起县级办学和管理的积极性和主动性。应当说，面对困扰发展的重大历史任务，善于从体制改革上寻突破已成为我们社会主义制度的一个巨大优势所在，不仅教育改革如此，经济文化建设也是这样。只要在体制上明确了改革发展的职责定位，我们的党委、政府往往能够迅速动员和聚集起强大能量，将事业推向前进。所以，在全面普及高中阶段教育、全面深化高中教育改革、全面提高教育质量的新的历史时期，我们更应坚信和善于运用体制改革的力量，破解重大改革难题。而且，明确高中教育省级统筹、地市为主的管理体制，也有利于完善并形成高等教育以省为主、高中教育以地市为主、义务教育以县为主，各有侧重、职责清晰的教育管理新格局。

对此，难免有人会有疑问，地市能够担当起这样的重任吗？我想说的是，我们应该坚信实践是检验真理的唯一标准。我们在山东省潍坊市进行的十几年的改革探索表明，在国家和省的支持下，只要地市敢于担当、善于改革，当前影响和制约包括高中教育在内的整个基础教育发展的突出矛盾和问题，都是可以得到有效解决的。更何况，最近中央全面深化改革领导小组又审议并通过了《对省级人民政府履行教育职责的评价办法》，为地方政府落实教育职责提供了难得的“尚方宝剑”。我们应当抓住这一难得的历史机遇，进一步理顺高中教育管理，为加快确立以学生的全面发展、健康成长为出发点和归宿的教育体制提供动力和保障。

《中国教育报》2017 年 6 月 20 日

时代变了，但有些东西不能变

“时代变了，但有些东西不能变。”这是最近市领导批评我们教育部门的一句话，也是发人深省的一句至理箴言。事情的起因是，市委主要领导听到家长反映某高中学校允许家长每天给住校的孩子送饭这一情况，感到难以置信，亲自打电话来严厉批评，又发来短信说：“学校不是医院，更不是监狱！潍坊市域内的学校可以允许学生带饭，但不应准许家长送饭。时代变了，但有些东西不能变。”通完电话，我马上找学校负责人了解情况，但校方负责此事的同志却认为这样做体现了管理的人性化。前几天学校曾因为防控甲型流感禁止家长送饭，结果因为部分家长强烈反对又放开了。对于这样一件在我们许多人看来习以为常的小事，市领导却看得这么重，这不能不引起我的认真思考。说实在的，多少年来我们还从未挨过如此严厉的批评。

在学校食宿条件良好的情况下，允许家长给孩子送饭难道真的是小事吗？现在人们的经济条件好了，生活方式也日趋多元化，家长们自然想给孩子提供更为便利的学习环境和更为优越的生活条件，这是人之常情，没有什么可责备的，尤其在强调以人为本、提倡多元的社会背景下，学校禁止家长为孩子提供多样化的伙食难免会有不近人情，甚至侵犯人权之嫌。但孩子离开家庭来到学校成为一名学生，不仅承担着家庭的期望，更肩负着社会的、国家的、民族的重托。如果我们从培养什么样的人才、办什么样的学校、建设什么样的社会来看待这件事，情况就不是这么简单了。因为，同在一所学校、一个班级中的学生的家庭状况千差万别，有的家庭可能家财万贯，而有的家庭可能家徒四壁；有的学生完全有条件天天吃小灶，手机、电脑、名牌用品一应俱全，而有的学生可能连吃馒头咸菜都难以保障。面对这样一个育人局面，我们的学校是听之任之，还是有所担当、有所作为；是一味迎合社会、迁就家长，还是坚守教育本质，已成为无法回避的重大办学方向问题。

教育公平是社会公平的重要基础。办好人民满意的教育，绝不是说就可以放弃教育原则和教育规律一味迎合。时代变了，但有些东西不能变，的确是这样。现在，人民群众的生活方式虽然越来越多元了，但学校培养社会主义事业合格建设者和接班人的使命不能变；人们的生活条件虽然越来越好了，但艰苦奋斗、自尊自重、自强自立的育人原则不能变；社会上好逸恶劳、欺贫爱富、尔虞我诈之风短时间内难以杜绝，但学校作为传承文明、道德教化的场所，崇尚真善美的追求非但不能有丝毫改变，相反还要大力加强。学校无小事，事事是教育。我们的学校和教育工作者必须始终站在为社会负责、为学生终生发展负责、为人民群众的根本利益和长远利益负责的高度，来审视和谋划学校的管理和育人活动。如果我们以这样的视野来看问题，家长给孩子送饭这件事，就绝不再是单纯的个人生活问题，也不是简单的学校管理完善与否的问题，而是事关教育公平、事关我们要培养什么样的人、怎样培养人的大是大非的问题。学校是育人场所，不是普通的社会组织，更不是自由市场，对一切可能损害学生健康成长的现象和行为，必须旗帜鲜明、态度坚定地予以制止，来不得半点犹豫和马虎。

应当说，对于学生家长给孩子送饭这件事，真正应当引起我们高度关注的，是问题背后的问题。事实上，这件事并不是最近才发生的新鲜事，应当说是在许多学校普遍存在的现象，可为什么我们这些天天与教育打交道的人却视而不见，看不到其危害性，更有甚者还反以为荣呢？一件平常小事却产生如此巨大的反差，说明我们这些圈内的人，特别是部分教育干部，长期以来已被应试的“浮云”遮蔽了“望眼”。我们想问题、看事情的出发点出了问题，这才是关键。

教育究竟应以生活为中心、以社会需要为中心，还是以书本为中心，其实一直是困扰我国教育健康发展的根本性的方向问题。早在 20 世纪 30 年代，著名教育家陶行知先生曾针对教育脱离生活、脱离社会的现象，提出了感动国人的“生活即教育、社会即学校”的著名教育思想。进入新世纪后，我们大力开展素质教育，实施课程改革，其核心的价值追求也是为了从根本上纠正教育脱离生活、脱离社会，以书本为中心、以知识为中心的严重倾向。不能不说，这正是为什么我们当代教育培养不出杰出的创新人才，为什么我们的学校大多缺乏自己的特色、始终办不出名校、学校同质化现象越来越严重等问题的重要根源。我们办学的核心价值追求，如果不是以育人为本、以每一个学生的健康发展为本，而是以知识为本甚至以升学率、以少数人为本，就难免陷入见物不见人、就事论事，跟着感觉走、是非不清的状况。既发现不了问题，更看不到问题的严重危害，甚至好心办坏事，对脱离学生发展实际拔苗助长、扼杀学生个性特长以及不平等对待学生等违背教育规律的现象，习以为常，见怪不怪。

让教育深入学生的日常生活，让社会成为育人的大课堂，固然有赖于招生考试和社会选人、用人等制度的根本变革与保障，任何轻视书本知识、忽视学生和家长升学愿望的想法与做法，都是行不通的，但即使仅从满足家长需求、提高学生成绩、保证学生顺利成长这一最低目标出发，在生活方式日益多元化的当今社会，我们也必须确立“生活即教育、社会即学校”的观念，从育人的角度来全面谋划今天的校园生活。否则，我们就无法从根本上澄清各种各样的片面认识，实现校园生活的和谐安宁。如果我们不能对一些校园生活中司空见惯的现象，如中小学生要不要穿校服，学生特别是住校生要不要带手机，中小学食堂、商店要不要提供高档消费品，众多节日要不要教育引导，等等，一一作出坚定明确的回答，要真正办出有特色、有竞争力的学校是无法想象的。细节决定成败。事实上，缺少来自生活、来自社会的体验、感悟与升华，缺少情感、态度、价值观的支撑，正是现在许多学生缺少激情、动力与追求的真正根源所在。中小学全面推进新课改以来，经常听到学校抱怨，不知从何入手开设校本课程，我们如果能牢牢坚守“生活即教育、社会即学校”的教育理念，必定会思路大开，办出自己的特色和品牌，形成实现素质教育与提高教育质量双赢的局面。

（2009年11月，根据市委书记和市长的批示，市教育局将本文及领导批示以文件形式印发全市中小学，在学生、家长、教师中展开讨论，明辨是非方向和原则。）

第四辑

可复制的教育变革

——攻克改革难题的法则

人们常说“失败是成功之母”，但我更相信成功才是成功之母。成功的体验可以给人以信心和力量，激励人们不断去迎接新的挑战，战胜新的困难，实现新的跨越。成功之后的感悟，更充满着规律和智慧的光芒，既可以指引自己，又可以照亮别人，还可以汇成引领大家众志成城、一往无前的坚定信念。只要我们及时总结成功的经验，勇于肯定取得的点滴进步，“扬善于公庭”，传播正能量，舆论就会转化为支持改革的强大力量。也许这就是教育不同于其他行业的规律和特点。

正是基于这样的认识，在推进教育改革的过程中，我们不仅要善于发现和研究热点、难点问题，更要善于发现和总结改革中出现的新变化、新亮点、新感悟，并积极主动地以各种方式呈现出来。下面这组文章，大都是我在任潍坊市教育局局长期间，在应邀外出做改革经验介绍的基础上不断梳理而成的。如果说上一辑的文章体现了我在面对具体热点、难点问题时的思考认识过程，那么本辑的文章则是在解决问题后所进行的系统总结与提炼。“学然后知不足，教然后知困。”即使是同样的内容，每一次讲解，都会引发我不断获得新的认识与思考。其实，敢于亮剑，接受邀请，勇于介绍和交流工作的经验与感受，是一个不断挑战和超越自我、克服懈怠、不断促使自我改进和提高的有效机制。这几篇文章较为集中地反映了我们改革取得的新成效，以及地市在基础教育改革中的突出作用。实践告诉我们，只要地市敢于担当、敢于改革，当前影响和制约中小学素质教育实施的突出问题，大都是可以得到较好解决的。

创建教育督导评估的健康生态

《中共中央、国务院关于深化教育改革，全面推进素质教育的决定》明确指出:“全面推进素质教育是党和政府的重要职责”，要“建立自上而下的素质教育评估检查体系，逐级考核省、市、县、乡各级党委和政府及其主要领导干部抓素质教育工作的情况”。《国务院关于基础教育改革与发展的决定》提出，农村义务教育“实行在国务院领导下，由地方政府负责、分级管理、以县为主的体制”。全面实施素质教育和调整农村义务教育管理体制，是当前教育领域关系全局的深刻变革。在这一变革中，县级政府担负着空前繁重的任务，其作为情况是改革成功与否的关键所在。为了督促县级政府切实担负起应尽的责任，进一步加大市、县、乡三级党委、政府抓教育工作的力度，2001 年，山东省潍坊市委、市政府做出决定，每年对各县市区党委、政府的教育工作以及贯彻落实两个《决定》的情况进行督导评估，并在 2001 年市政府首次组织了对各县市区政府的教育投入、教师工资、中小学危房改造、信息技术教育和教育水平等关系教育全局的五项工作的督导评估，收到了非常显著的效果，赢得了基层干部群众的普遍欢迎和高度赞扬，成为继 1996 年全市实现“两基”后对教育工作的又一个大促进、大提高，使许多困扰我们的热点、难点问题得到了很好的解决。

据初步测算，年内仅增加的教育投入就超过了 1 亿元，使教育经费短缺、教师工资拖欠的突出矛盾得到很大缓解；信息技术教育实现了跨越式发展，年内新增电脑就达 3 万多台；彻底解决了中小学危房改造中的许多“钉子户”“老大难”问题，基本实现了满堂红。有的老教师感慨地讲:“像这样的督导活动，以前搞得太少了，应该多搞，这一搞，危房一下没有了，工资也发上了。”特别是市委、市政府依据评估情况召开了全市教育工作表彰大会，《潍坊日报》发表了督导情况公报后，在全社会又进一步形成了尊师重教、优先发展教育的浓厚氛围。

开展对县市区政府教育工作督导评估的成功实践，为我们在新形势下更好地发挥督导作用，加强和完善县市区政府对教育工作的领导和管理，带来了许多有益的启示。

督促和保障县级政府切实承担起发展基础教育的责任

基础教育实行以县为主的管理体制，是党和国家为适应市场经济体制逐步建立和完善的新形势而做出的重大决策，是从根本上解决近一个时期以来一直困扰基础教育健康发展的若干热点、难点问题的总抓手。从一定意义上讲，这次体制改革所要解决的核心问题，就是要让县级政府更多地担负起发展基础教育的责任，就是要让县级政府在别的方面忍耐一些，甚至牺牲一点速度，也要首先把基础教育办好。因此，督促和保障县级政府切实履行这一应尽的责任，是教育督导工作面临的一项十分紧迫的任务。过去，基础教育实行分级办学、分级管理，责任压在乡、村一级，由县级督促，乡、村去落实。现在实行以县为主，要求我们必须随着工作责任的上移，相应地上移保障监督的责任，由市地一级迅速担负起督导县级政府教育工作的任务。应当说，坚持与时俱进、主动顺应形势发展的新要求，是我们的督导评估能够产生巨大推动作用的最重要原因。

事实上，加强对县级政府教育工作的督导评估，不仅是新形势发展的迫切要求，也是教育督导部门必须认真履行的一项法律责任。《山东省教育督导条例》明确提出："县级以上人民政府教育督导机构代表本级人民政府履行教育督导职责"，"对本级人民政府的有关部门和下级人民政府及其教育行政部门实施教育法律、法规和履行教育职责的情况进行督导检查"。因此，作为市级教育督导机构一定要与时俱进，明确自己肩负的历史使命，进一步强化角色意识，时刻站在市政府的角度，站在总揽全局的高度思考问题，开展工作。只有这样，才能促使我们真正成为政府加强教育工作的一个有力抓手，成为政府抓重大决策贯彻落实的有力武器；也正因为有了这样的认识，我们的督导才理直气壮，并通过五项督导的成功实践，开创了工作的新局面。同时，有为才能有位。我们也正是因为五项督导的成功实践，才使市和县市区进一步提高了对教育督导工作重要性的认识，市和县市区督导机构队伍建设也都因此得到了空前的重视和加强。

开展教育督导要严格坚持依法行政

处在转型期的当代社会，各种矛盾错综复杂，各级政府都面临着空前繁重的社会问题有待解决。在这种情况下，我们研究解决教育上的困难和问题，必须换位思考，坚持导之合法，督之有度，切忌脱离实际的高标准、高要求。为此，我们在确定五项督导评估的内容时，不仅坚持项项都是市委、市政府确定的教育工作重点，而且所选的内容都严格限定为政府行为，对不用政府协调支持、教育自身能办好的事情，一律不列其中。在具体指标要求上更是严格依据法律、法规的规定要求，至少是市政府或省教育厅的意见，是法律、法规对政府明确规定的最基本要求，是当前最急需解决的问题，是政府必须办好而且经过努力能够办好的事情。同时，我们也清醒地认识到，各地经济条件、教育基础等情况不同，决定了我们的依法治教只能是一个逐步推进的过程，应当允许各地发展的不平衡性，正确处理好严格坚持法定标准与充分调动县市区积极性的关系。基于这样一种思考，我们在确定具体量分标准时就留有了一定的余地，始终坚持凡达到法定标准的即得满分，对一时达不到的，除存在严重危害教育发展的问题，如出现继续使用 D 级危房、义务教育巩固率不达标等，该项目坚决不得分外，一般情况下每个项目都设定几个层次得分，用得分多少反映出努力程度的差异。如评估农村教育费附加，我们就将其分为征收分和拨付分，征收达到法规要求的人均纯收入的 15% 即得征收满分，每降低 0.1% 扣多少分，低于 1.0% 该项不得分；足额拨付即得拨付满分，每降低 0.1% 扣多少分，减少 0.5% 该项不得分。这样做的最大好处在于，既能激励大家努力达标，又解决了过去一个标准一刀切、罚不责众的问题；既能区别出努力程度，又能让基层了解到目前这项工作不能容忍的底线在哪里，从而使之既有动力又有压力。

由于我们严格坚持依法行政，使标准要求既合情、合理、合法，又具体明确，具有很强的现实针对性，因而大大提高了县、乡对评估标准的认同感，对照标准抓落实成了县市区和乡镇迎接这次评估的普遍行为，使评估标准真正起到了纠偏扶正、查漏补缺的巨大导向作用。我们严格坚持依法行政，坚持所有的要求都合理、合法，绝不掺杂任何部门行业私利，也使市和县市区政府充分认识到，我们这是真正在依法帮政府做事，是帮忙而不是添乱，这就把教育督导评估同一般部门组织的升级达标区别开来。应当说，这也是我们的教育督导评估工作受到市委、市政府领导高度重视的一个重要原因。市政府领导之所以能够自始至终亲自具体抓，评估结果之所以能够作为市里表彰先进的依据，并敢于公开排列县市区名次，在报纸上向全社会公布，我们认为，除了评估结果的真实可靠外，更重要的原因就在于，我们抓的这些事、提的这些要求，都是法律和法规有明确规定、社会认可、怎么抓都不过分的事情。由此可知，严格坚持依法行政，是对县市区政府教育工作开展督导评估必须坚持的最重要的原则。

将评估者与被评估者都置于监督制约之下

同一般检查验收相比，教育督导评估不仅重视事前的促进作用，更关注事后的指导作用，通过督导评估肯定成绩，找出不足，为今后发展指明正确方向。特别是我们的评估成绩不仅作为评优的依据，还要通报全社会，这就直接关系到一个地方甚至一部分人的切身利益。因此，能否摸清评估对象的真实情况，是督导评估成功与否的关键所在。但是，在浮夸风日盛的情况下，要想达到求真务实确实不易。不仅需要解决被评估者心存侥幸、弄虚作假的问题，更要解决好评估者本身可能存在的照顾关系和人情的问题。为此，我们采用了三个办法，把所有评估者和被评估者都置于制约、监督之下，从而使我们的督导评估成为全社会公认的最求真务实的活动。

一是采用验证法，促使县市区必须全面认真地对照市里确定的评估方案搞好自评。市里复评是在县市区自评的基础上进行的，是对县市区自评情况的印证。市里通过抽签的方式随机抽取每县市区各两个乡镇进行复评，如果市复评的这两个乡镇的情况与县市区上报的情况一致，就认为自评真实，基本认可其自评成绩；如果经市复评，这两个乡镇的情况与上报的情况不符，就视为县市区自评不真实，就要以这些单位的最大虚假幅度扣减其自评得分；如果存在明显的弄虚作假行为，不仅该项目不得分，还要倒扣相应分值。用这个办法促使县市区必须主动、全面、真实、准确地搞好自查，切实保障自查到边到沿，不留死角。实践证明，这个办法既有利于全面促进工作，又有利于从根本上在基层树立起求真务实的作风；同时，这个办法也较好地解决了在评估面广量大的市地一级如何更好地抓点带面，防止挂一漏万的难题。

二是实行岗位责任制，促使评估人员必须秉公办事，摸清实情，确保评估结果的公平、公正。为了切实解决好市评估人员的责任心问题，我们除了严肃组织纪律，将评估人员在评估工作中的表现情况列入市教育局规定的奖惩诫勉的重要内容外，还严格要求针对每个评估人员所查的每一个具体事项，评估者和被评估者双方都要当场履行签字确认手续。同时，在督导评估工作中，我们还在所到之处印发督导公告，公开监督举报电话，让大家对督导评估过程进行监督；对评估结果进行公示并印发督导公报，允许县市区及社会各界对评估结果及评估人员的表现情况提出质疑，以此促使评估人员全面负起责任，想方设法摸清真实情况，不能有丝毫懈怠或马虎。督导评估中，有的评估人员为了查清学生的流失情况，不惜从一个县赶到另一个县，直到查清学生的去向为止。被评估学校的校长感慨地说："像你们这样认真的检查，是多少年来没有过的。要想在流失学生问题上作假，实在没有可能。"

三是严明评估纪律，下决心排除一切可能的外部干扰。为了尽可能减少被评估单位对评估者的干扰，我们对被评估单位实行联络员制度，要求评估人员和联络人员全部持证上岗，被评估单位的其他无关人员一律谢绝参与。我们彻底改变了过去检查评比中迎来送往、高规格接待等庸俗风气，坚持食宿自理、车辆自备，严禁陪餐、饮酒、受礼，既减轻了基层的负担，又树立了良好形象，更为评估人员不受任何干扰地秉公执法、开展工作创造了条件。有的乡镇领导半开玩笑地说："就你们教育上的检查认真，像这样的检查还是头一回遇到，都这样，客都没得陪了。"

由于采取了上述措施，广大评估人员自始至终都能严格自律，秋毫无犯，从而获得了“文明之师”的崇高赞誉。大家以高度的事业心和责任感，真实准确地摸清了全市五项重点工作的全面情况，掌握了来自最基层的大量翔实的数据和事例，并进一步对各县市区依法治教、依法行政中的成绩与经验、问题与差距进行了系统的研究分析，以此为全市及各县市区改进工作提供了针对性极强的具体指导，其重要意义和积极影响都是前所未有的。这次督导评估所表现出来的这种求真务实、勇于负责、严格自律的作风也深深地影响和教育了基层的广大干部和教师，成为实践“三个代表”、大力转变机关作风的新亮点，成为许多县市区甚至众多行业学习效仿的榜样。

督导工作搭台、各业务科室共同唱戏

我们这次督导评估涵盖了业务工作的主要方面，仅到县市区的复评人员就有60多人、20多个小组，可谓面广、量大、人多、事繁，是一项地地道道的系统工程。这么浩繁的一项工程，涉及人员这么多，大家天天都要早起晚归，每天要工作十几个小时，一干就是十几天，但大家自始至终热情饱满，干劲儿十足，无人言退。一个临时组建的群体靠什么在短时间内形成了这样一种凝聚人心、战斗力极强的局面？我们认为，除了依靠坚强有力的组织领导外，还有一个更重要的原因，就是我们从根本上转变了以往视督导评估为部门行为，甚至是督导科室行为，以及单独依靠专业人员搞评估的狭隘观念，由督导搭台、各业务科室共同唱戏，把督导评估作为凝聚各方面力量服务工作大局的纽带。

观念一变天地宽。各科室甚至全局人员都是我们督导评估工作的生力军。我们从制定标准开始，就明确提出了实行项目组长负责制，由相关职能科室主要负责人任组长，要求从制定评估标准、确定评估办法，到评估人员组成以及评估结果确认都要全面负责，督导部门主要为他们提供技术指导以及组织协调、审查把关等服务。这样一来，我们的督导评估工作就由过去的一个积极性变为现在的两个积极性。各业务科室由被动变为主动，都以本科室业务工作能列入评估范围为荣，并集中全部力量投入到督导评估工作中来。仅制定评估方案，局机关各有关科室和直属单位就参与修订了十几稿，局常务会研究了三四次。可以说，就一项工作研究的深度与广度而言，这些年来还很少有哪一个文件能够达到这样的程度和水平。

督导工作和业务科室结合，极大地激发了科室人员深入实地调查研究的积极性。大家抓住这个有利时机，把督导评估的过程变成了发现问题、研究问题、解决问题的过程，形成了规模空前的全员参与调查研究的局面。在督导评估过程中，计财科的同志们针对教育经费和教师工资方面存在的突出问题，形成了专题调研报告，供市和县市区政府领导决策参阅；教研室和体育卫生艺术教育科的同志们针对评估中发现的中小学生近视率偏高的问题，进行了认真研究，及时向全市印发了情况通报，并将评估中发现的先进经验和做法在全市做了推广；基础教育科的同志针对义务教育档案管理中的问题提出了规范要求。督导评估结束后，市教育局专题研究了各科室代表项目组所做的情况汇报，对需要认真研究解决的 11 个方面的工作，全部按科室职能以市教育局文件分解到各有关科室抓落实。在大家的共同努力下，这次督导评估共形成了 15 个针对性极强的调研报告，全部以市政府、市教育局或督导室的正式文件印发各县市区和有关部门供研究参考。通过参与督导评估，各科室的同志更加深入地学习研究了业务知识和政策要求，全面掌握了基层工作的真实情况，进一步明确了今后工作的努力方向，达到了以调查研究推动自身工作的目的，而且切实解决了过去多头评比检查使基层疲于应付、加重基层负担的问题。在机构改革、人员精简的新形势下，督导工作搭台、业务科室唱戏这一做法不仅为教育督导工作提供了新的经验，对于我们教育部门更好地转变职能也是一个有益的探索。正是在此基础上，我们市教育局今年初做出决定，从今年开始，各科室、直属单位自行组织开展的检查、评比、达标活动原则上不再单独进行，统一纳入年度教育工作综合督导评估。据初步统计，年内仅此一举就将减少直接面对基层的各类检查评比和验收 70 多次，其积极意义连我们自己都为之惊叹不已。

让督导真正发挥出评价政绩的职能

由于我们的督导评估严格建立在依法行政、求真务实、客观公正的基础之上，因此，督导评估的成绩得到了市委、市政府的充分肯定和认可。市委、市政府依据《山东省教育督导条例》的有关规定，采取切实措施把评估结果纳入了对县市区政绩的考核。一是隆重召开了2001年度全市教育工作总结表彰大会，完全依据评估成绩，分别表彰了全市“教育工作示范市”“教育工作先进县市区”“中小学危房改造先进县市区”“尊师重教先进单位”等，彻底改变了以往评先进主要凭印象、凭感觉带来的弊端，引导大家把精力全部用到工作上、用在正事上。二是以市政府文件印发了《关于县市区政府教育工作督导评估情况的通报》，以市政府教育督导室文件分别向各县市区政府印发了具体的反馈意见，并确定将整改情况纳入对县市区下一年度的督导评估成绩中，环环相扣，确保工作落实不留死角。三是在《潍坊日报》刊登《潍坊市2001年教育工作督导公报》，将各县市区受表彰情况和五项工作中28个方面的成绩及在全市的位次公之于众。此举在全社会引起了强烈反响，使许多党政部门经受了从未有过的巨大震动。寒亭区的主要领导看到报纸后立即拨打电话询问情况，并责成有关部门迅速研究改进工作的意见；安丘市的主要领导在全市大会后也立即听取情况汇报，决定召开党政联席会议专题研究教育工作。据了解，几乎所有的县市区党政一把手都在督导评估后认真听取了情况汇报，对在新的一年进一步改进和加强教育工作进行了专题研究部署，出现了多年来少有的各级党政领导尊师重教、落实教育优先发展的浓厚氛围。就连评估成绩几乎是最好的诸城市地税局的领导也深有感触地说：“光觉得城市教育费附加一年比一年征得好，却不知道与人家比，我们的进度还是慢的。”由此可见，在当前形势下，依法充分发挥督导评估的考核评价作用，对于全面落实教育优先发展的战略地位，对于督促县级政府切实担负起发展基础教育的责任，具有多么重要的意义。

《山东教育》2002年第Z4期

建立督导长效机制，规范中小学办学行为

我国经过改革开放 30 年的发展，教育普及程度大大提高，高等教育基本实现了大众化。但由于人口众多、资源短缺，以及日益加剧的就业压力，使不少家长把孩子能否升入好大学看成改变孩子命运、将来能够找到好工作的关键。不少学校迫于社会压力，采取诸多急功近利、违背教育规律的做法来提高学生考试成绩，导致学校、教师无法把主要精力放在研究育人规律、提高教师素质和改革课堂教学上，而且使学校间形成恶性竞争。不规范的办学行为的恶性膨胀，影响了学生的身心健康发展，阻碍了学生创新精神和实践能力的培养。为此，从 20 世纪 90 年代开始，我国就把减轻学生过重的学习负担、全面实施素质教育作为教育改革的重要目标。如何确保国家相关方针政策、法律法规得到全面贯彻实施，是地方教育督导工作的重要责任。

近年来，山东省潍坊市着力构建以“政府主导、社会参与、随访督查、责任追究”为主要内容的督导工作体系，从根本上解决了加重学生课业负担、侵害学生合法权益等学校违规办学的问题，保障和促进了全市中小学进入全面实施素质教育的良好状态。

明确政策要求，公开相关规范信息

为了将规范办学切实转变为政府行为，潍坊市政府专门召开了全市规范中小学办学行为工作会议，让所有学校明确规范中小学教育教学行为的各项要求，全市 1800 多名中小学校长和教育行政部门负责同志参加会议。市教育局还编印了《中小学办学行为制度汇编》，收录了国家、省、市关于规范办学行为的所有法律、法规和政策规定，发放给全市所有中小学，便于学校学习贯彻。

为了让全社会监督学校的办学行为，市教育局还印发了《致学生家长的公开信》，争取家长对规范学校办学行为的理解、支持和监督，开通了四条社会参与监督的渠道：一是市教育局惠民服务大厅教育投诉受理中心设立了网络举报邮箱；二是向社会公布市教育局和各县市区教育局共19部教育热线电话；三是在《潍坊晚报》上每周两次向社会公布教育投诉的受理方式等信息；四是在社会关注度最高的广播电台《行风在线》栏目上，每天滚动宣传教育热线电话，将所有学校的办学行为置于社会的公开监督之下。

成立教育督导巡视团，让第三方参与督查

社会监督举报渠道畅通后，市教育局每周都能接到违规办学的投诉举报十几起甚至几十起。如何查办这些投诉？市教育局引入市场机制，借助第三方督查，建立起了教育投诉事项的快速查办机制。这个社会中介组织名为"潍坊市创新教育管理评估中心"，将部分已离职的教育专家、校长、督导专家、教研能手等聘为督学，成立"潍坊教育督导巡视团"。市教育局以"购买服务"的方式，将学校违规办学行为的调查权、监督权"外包"给督导巡视团。根据他们查处纠正违规办学的数量和全市违规办学现象减少的情况，提供经费保障和奖励。以此为督导机构独立行使监督查处职能、教育行政部门有效进行裁定处罚提供了机制保障。

督导巡视团的工作有一系列流程和机制：一是市教育局投诉受理中心每天将接收到的投诉事项于次日上午第一时间报送局领导，需要督查的事项立即交由督导巡视团处理，并在规定时间内（一般3~5天）将督查结果报告市教育局。二是制定了《教育投诉事件查处程序》《潍坊市教育督导巡视团管理办法》《潍坊市督导巡视团工作人员守则》等管理制度，使督查工作更制度化、规范化，确保督查工作快捷有序、督查结果公平公正。三是为避免各种外来因素影响督查结果，采取对查实的违规办学问题现场下发《整改通知书》的办法。四是市教育局通过每周一期的《投诉事件查处周报》，及时将巡视团的督查结果向各县市区及学校公布，通报投诉事件查处情况。督查结果纳入对县市区教育工作督导评估成绩，并作为学校评优表彰的依据之一。

近一年来，教育督导巡视团已调查处理有关办学行为的投诉484件，142所学校被下发《整改通知书》；有5个县教育局、1个县教研室、9所学校和8名校长被全市通报批评；3名教育干部、7名校长被处分，2所市级规范化学校资格被撤销。同时，督导巡视团还先后5次对全市普通高中学校进行专题调研，采取明察暗访的方式，就规范办学、课程改革、管理评价等情况，发现问题，帮助整改，已写出调研报告5份，发现、指导、整改问题30多个，向市教育局提出工作建议20多条，其中24个规范办学行为先进典型学校、10项教育创新成果被市教育局采纳，并向全市推广。

建立督学责任区制度，实行随访督导

为了将所有学校都置于经常性的监督之下，将问题更多地解决在基层、解决于萌芽，使违规行为尽可能地少发生、不发生，潍坊市在全市范围内全面推行了督学责任区制度。

全市1800所中小学被划分为市、县、校三级214个督学责任区，其中市级督学责任区3个，县级督学责任区16个，校级督学责任区195个。全市199名教研人员被聘为兼职督学，每个督学责任区配备2名督学，管辖8至10所学校，全市统一格式在学校的醒目位置将督学姓名及联系方式予以公布，便于学校师生随时与督学沟通信息，举报投诉。

责任区督学的职责主要体现在三个方面。一是对责任区内中等及中等以下各级各类学校贯彻执行教育方针政策、法律法规及办学情况进行经常性的检查和随机督查。重点是规范学校的办学行为，内容包括：学生每天的在校时间，学校双休日、节假日组织学生上课的情况；规范收费的情况；学校布置的家庭作业数量和教师批改作业的情况；课程安排，特别是音乐、体育、美术及综合实践活动类课程的开设情况；学生每天的体育活动时间；各种考试的次数和组织竞赛的情况；教学辅助资料的征订情况；师德建设和教师有偿家教的行为；学校举办实验班、重点班、培训班等的情况。二是对教育工作中普遍存在的、带有倾向性的问题及重点、难点问题进行调查研究，提出建议。三是定期向市政府教育督导室提交责任区督导工作报告，及时通报责任区的工作情况和学校的典型经验等。

责任区督学开展工作一般通过明察暗访、推门听课、列席会议、座谈问卷、校园巡视等方式进行，两名责任区督学同时参加，佩戴督学证依法督导。督学要详细记录督导的时间、内容，对于发现的问题，能现场解决的现场解决，不能解决的提出处理意见，上报县政府教育督导室进行处理。督学每次督导完毕，要和学校领导当面交流，就发现的问题进行沟通，并做好对学校整改意见的记录，以备日后复查。督学工作记录每月要上交县市区政府教育督导室，以此进行量化考核，作为对督学工作考评的重要依据。

在各类先进评选表彰过程中，责任区督学推荐的先进典型具有“一票肯定”的优先权；基层学校推荐拟表彰的先进单位、先进个人等典型，必须先经责任区督学审核，责任区督学不予认可的实行“一票否决”。近几年来，先后有责任区督学推荐的200多项教育教学成果受到市政府的表彰奖励，有4所学校因存在违规办学行为被责任区督学取消了评优资格。在赋予督学权力的同时，我们还对督学的工作业绩和责任区学校的工作业绩实行捆绑评价，一并纳入上级部门对学校和责任区督学个人年度工作的考核内容。只要学校出现违规行为被通报批评，责任区督学要承担连带责任，仅2007至2008学年度，因学校违规承担连带责任而被全市通报批评的责任区督学就有10人。

立体化、全方位、过程性的督导长效机制的建立，使各种违规办学行为得到有效遏制，按教育规律办学、落实教学常规、打造优质高效课堂成为广大中小学的自觉行动。据针对2000多名学生家长进行的问卷调查显示，认为学生学习负担合理和基本合理的达到96.3%；小学高年级学生作业量每天不超过1小时的比例由过去的33.6%提高到99.6%，初中生作业量每天不超过1.5小时的比例由过去的31%提高到93%；感觉到职业倦怠的教师由过去的40.6%减少为12.6%；师生关系满意率由过去的53%提高到96%。督导长效机制的建立还进一步密切了教育督导部门与基层学校的联系，督导人员的自身素质在深入学校的过程中也得到了锻炼和提升，一大批督学调研报告为教育行政部门做出科学决策提供了重要的第一手资料。

《人民教育》2009年第23期

全面构建教育公共服务体系

教育一直是社会高度关注、反映强烈的民生热点问题之一。其形成原因固然很多，但我们认为，这与教育主管部门还没有很好地适应新的时代要求，在履行公共服务职能方面存在若干错位、越位、不到位的现象有直接关系。

近几年来，我们从转变、拓展部门职能入手，着力构建教育公共服务体系，取得了初步成效。2008年和2009年，山东省委、省政府两度组织地市科学发展综合考核群众满意度调查，其中我市人民群众对教育的满意度两度名列全市各行业首位。最近潍坊市教育局也成为全市唯一获得省委、省政府表彰的“人民满意的公务员集体”的党政部门。

从重点关注教育内部事务，转变到以社会需求为导向

受传统教育体制的影响，教育资源条块分割，由此出现了资源与需求严重脱节的尴尬局面。将多样化的社会需求与各级各类教育资源供给紧密衔接起来，为供需双方搭建沟通交流的平台，使之既方便群众需求，又增强学校办学的针对性，从而提高教育资源的使用效益，成为教育部门的迫切任务。

一是统筹市域内各级各类教育资源，为盘活存量资源、开展便民惠民服务提供机制保障。市教育局通过市政府建立驻潍高校联席会议制度，在市教育局组建高等教育办公室，将市域内省属、市属、县属15所高校统筹协调起来；通过与劳动、卫生等部门合作，实现了对全市中等学校和社会力量办学机构的政策信息共享；通过对市、区两级社会力量办学管理机构实行集中办公，实现了社会培训机构管理与服务一体化；通过“购买服务”，将市域内的心理咨询专家与家庭教育专家资源进行整合。

将分散和游离于市教育局管辖范围以外的教育资源实现全面统筹后，我们先后建立了涵盖市域内所有高校、中职学校、技工学校30万名在校生的“潍坊市大中专学生专业信息资源库”，建立了包括全市360多家培训机构在内的“社会培训机构信息资源库”，建立了由市内外高校和中小学200多名优秀教师组成的“家庭教育、心理咨询与疏导专家资源库”。我们将这些资源在网上全部公开，为社会各界全面了解教育供给情况，为教育部门有效地组织教育资源、开展个性化教育服务提供了保障。

二是统筹教育局机关服务职能，组建教育惠民服务中心，与群众面对面开展沟通服务。我们将社会关心、群众关注的服务事项，从局机关8个科室和3个直属单位中抽取剥离出来，集中20余名工作人员组建了教育惠民服务中心，设立了校企合作、社会培训、家庭教育与心理疏导、校友资源开发、学生资助救助等9个分中心。中心实行集中办公，设立了6部热线电话、13台网上交流电脑和一些面对面交流场所，并将惠民服务中心的联络方式通过当地主要媒体常年向社会公布。教育惠民服务中心实行一个窗口面向社会，一站式服务到位。我们向社会承诺，只要群众关注的教育问题、群众需要的服务事项，都可以在惠民服务中心得到满意的答复和解决。

2009年以来，教育惠民服务中心已直接办理服务事项4788件，网上查询突破64万人次，群众关心关注的大批热点、难点问题得到及时解决。这些措施不仅较好地关注了群众利益，保障了群众对教育的知情权、表达权、监督权、参与权，而且已经成为推进教育改革的直接动力。现在看来，如果没有教育惠民服务中心，许多群众关注的问题就难以得到及时发现、疏导和解决，即使发现了也不会有现在这样的激情、动力去全力解决。每天一份来自惠民服务中心的群众关注动态，时刻警示我们进一步办好人民满意的教育。

从直接参与学校管理，转变到行业监管、制度保障

教育局真正懂教育的高端专家并不多，但却拥有对校长的任用权、对学校的评价权、对学生的招录权。如何保证行政权力不被滥用，确保以上“三权”真正掌握在最懂教育、最关心学校的人手里，真正将办学导向教育规

律，已经成为办好每一所学校、让人民满意的关键所在。为此，我们主要采取了以下四条措施。

一是进行校长职级制、任期制、考选制改革探索，坚持依靠专家办学。潍坊市委、市政府于2004年做出决定，取消中小学校长的行政级别，中小学校长全部由组织部门划归教育行政部门管理，实行职级制和任期制。这种校长“去行政化”的改革，实现了教育部门事权与人事权的统一，党政官员不再来争校长的位子，校长也不用纠缠于各种社会关系，可以一门心思办学。应当说，潍坊这些年之所以能够形成实现素质教育与提高教育质量双赢的局面，实现课程、课堂育人模式的深刻变革，主要得益于校长职级制的全面推行。

随着校长职级制的实施，我们又在思考另一个问题，就是教育部门掌握校长任免权是必要的，但实际上还没有摆脱“人治”的状态。因为如果遇上了一个不懂教育的局长，事情可能变得更糟。为此，我们又与人事、财政部门共同出台了《深化校长职级制改革的意见》，改变由教育部门一家直接任命校长的做法，对新任校长全部实行考选制，由教育部门、教育专家和学校教师代表，共同组成选聘委员会来确定校长人选，着力构建校长队伍专业化发展机制。在从根本上理顺政校关系、促进学校依据章程和发展规划依法自主办学上，已经取得了重要突破。目前，我们正在两个区探索教育部门与学校进行契约化管理的改革。

二是探索建立学生和家长参与学校管理、监督与评价的制度与机制。从某种意义上说，现在中小学学生、家长与学校、教师的关系，跟计划经济时期顾客与商店、服务员之间的关系差不多。如果不把权力还给“顾客”，服务态度和服务质量就不会有根本性提高，教育的被动局面就不会有根本性转变。为此，我们从2009年起，将学生和家长对学校和教师的满意度情况作为考核评价的重要内容。让家长和学生的意见能够影响到校长、教师的去留进退，这样就没人再敢拿家长和学生的利益开玩笑了，久治不愈的不平等对待学生甚至侵害学生利益的现象大幅度减少。

三是改革中考制度，从源头上保障中小学全面实施素质教育。从2005年起我们在全市全面推行了中考改革，主要包括：允许学生自主选择参加一次或两次考试，以最好的一次作为录取成绩；学科考试成绩全部实行等级表达，分数和名次退出中考；学生文化课以外的各种个性特长和表现全部作为综合素质成绩，与语数英三门主要学科的成绩等值对待纳入录取；由高中学校确定各自的录取标准，在教育局监督下自主录取。

这样的中考改革，将学生从对分数的膜拜中解放出来，发展个性特长成为主动追求，学校呈现出生动活泼的育人局面，大批学生找到了成长的自信与快乐。中考改革不但没有影响教育质量，相反，从完全经历中考改革的两届高中毕业生的升学情况看，我们在全省的领先优势不断扩大。

中考改革让我们深深体会到，只要我们教育部门把自己应该办的事情办好，坚持正确的人才选拔方向，学校和教师就具有无穷的创造活力，课程、课堂变革的深度与广度往往会超出我们的想象。

四是创建督学责任区制度，实施对区域内各级各类学校和教育机构的行业监管全覆盖。过去，我们教育部门在履行管理与服务职能上存在着关注好学校多，关注公办学校多，轻视民办学校，对薄弱学校和偏远学校几乎无人问津的现象。为了实现公共管理与服务资源的均衡配置，我们将全市4000余所学校和办学机构划分为3个市级督学责任区、16个县级督学责任区和195个校级督学责任区，将市、县两级教育部门的业务人员、教研员聘请为督学。每个责任区包括10所左右的学校，由两名督学负责，督学对学校的规范办学、安全稳定、教育教学管理等进行经常性随访督导。这为确保所有学校不发生大的问题，确保重大教育决策部署的贯彻落实和教育教学质量的大面积提高提供了重要保障。同时，也为教育部门工作人员始终不脱离学校、不脱离教育实际，增强工作的针对性、时效性提供了制度保障。

从“因人设事”，转变为“因事用人”

在新的形势下，教育主管部门面临的任务艰巨而繁重。但一个部门的人手不过几十人，而且层次也有限。为有效解决这一矛盾，确保加快发展、深化改革的各项目标任务得到顺利推进，年年都有新提高、新突破，我们在广泛排查梳理问题的基础上，每年都将事关全局的热点、难点问题确立为重点工作项目，并努力将项目管理转化为盘活全社会专家资源、调动各方面积极性参与支持教育改革发展的推动机制。主要措施包括四个方面。

一是制订项目计划书。每个项目都要在年初明确所要解决的主要问题，明确问题解决的标志性成果，以及完成的时限、措施和进度安排等。

二是落实组织领导责任。每个项目都由局领导牵头，机关和直属单位人员全部参与，组成项目团队，把项目作为年度工作重点，全力进行攻关破解，项目成果作为年度考核的主要依据。

三是赋予团队组阁权。由于项目所要解决的问题单纯依靠某个科室、单位自身的力量是无法破解的，所以我们要求每个项目都要实行专家引领，打破科室、单位、部门、行业、区域界限聘请人员。

四是赋予经费支配权。将机关经费与项目捆绑在一起，由各个项目的分管领导和主管科室直接支配，用于聘请专家、购买服务、解决问题，科室其他活动不再给予经费支持。

2009 年我们共确立了 56 个重点项目，仅聘请的各方面专家就达到 300 多人。项目管理让机关人员人人参与重点工作，天天都做最重要的事情，营造了浓厚的干事创业、学习成长的部门工作氛围，为确保各项改革强力推进、各级各类教育健康发展提供了有力的保障。

教育部门是全社会教育资源的拥有者和调控人，既可能是行业系统工作的发动机、助推器，也可能成为深化教育改革的绊脚石，教育上的许多热点、难点问题往往可以追因到教育部门身上。因此，办好人民满意的教育，首先应从正确履行部门职能入手，这就是我们最为深刻的体会。

《中国教育报》2010 年 1 月 18 日

以制度创新为保障，区域推进课程改革

山东省潍坊市坚持以办人民满意的教育为目标，以深化基础教育课程改革为载体，大力开展制度创新，着力创造适合每个孩子健康成长的教育。自2001年被确定为全国基础教育课程改革实验区、2003年被教育部确定为全国中考改革试点市以来，我们初步探索形成了区域推进素质教育的运行机制：一是遵循学生认知规律，改善课堂生态，实现学生学习的轻负担、高质量；二是遵循学生成长规律，增强课程选择性，激发每个学生成长的内在动力；三是遵循管理规律，科学配置权力资源，让利益相关者参与管理监督，为全面实施素质教育保驾护航。

区域推进课程改革，创设可选择的学校课程体系

课程是学生赖以发展的主要载体，高质量的教育必须有高质量的课程作保证。高水平的课程区域推进是教育均衡发展的主要载体，落实教育质量的均衡发展必须抓好高水平的课程均衡化。

课程区域推进的基本要求和基本思路

所谓学校课程体系，是指国家课程、地方课程经过校本化、生本化改造后重建的新课程与学校自己开发的校本课程、选修课程融为一体的课程结构系列，包括课程目标、内容、方法、实施、管理与评价的整个系统。课程区域推进的基本要求是所有学校（不分类别、不管条件如何）都必须做到课程方案（包括总方案和分门别类的子方案）、课程改革（或开发）计划、教学设计（备课活动和教学案）、课程实施、管理与评价五落实。课程区域推进

的基本思路是先分类指导改革，再区域推进改革，然后通过评优树先、激励评价制度、督学责任区制度和督导评价制度，保障改革的区域推进。

国家、地方课程改革的实施

根据课程区域推进的要求和思路，我们首先做的是国家课程和地方课程的校本化、生本化改造。在课程区域推进中我们主要抓了三方面工作。

第一，横向整合国家课程（小学主要是科学、品德与生活、品德与社会，初中主要是物理、化学、生物和政治、历史、地理）与地方课程（主要是安全教育和环保教育），删减重复内容，融合交叉内容，同时进行增补、重组和整合，由此减少了课程内容的21%，减轻了学生的课业负担，为学生提供了更多的独立思考、自主创新的空间。

第二，探索学科教学规律，回归学科教学本质。例如，语文教学以“海量阅读”和体验感悟为着力点，推行语文“主题学习”改革，用“教材只是个例子”的思想作为指导，用不多于三分之一的课时教学课文精篇，用三分之一以上的课时进行课内大阅读，用三分之一左右的课时进行教学写作；每学期设7～8个主题，每个主题设一个单元，每个单元配以8～16万字的课内大阅读资料。这一改革经过几年的探索后日臻完善，已经显现出强大的生命力。语文教学的成功改革引发了文科各学科的革命性变革，英语、政治、历史等学科相继变革教学结构，重组教学资源，探索能够体现本学科特色的改革之路。

第三，课程内容与方法的生活化改革。我们逐一梳理与生活资源和社会资源对接的学科知识点，组织学生在生活中搜集相关资源，使这些资源进入课程，实现生活资源、社会资源与教学内容的对接。其做法多种多样，可以布置与新知识相关的“前置实践作业”，使学生在学习新知识前预先体验感悟；也可以把相关资源选编成册，与课本内容同步进入课堂。同时，课程实施过程生活化。我们建立了大课堂观，让室内课堂不再是学生学习的唯一场所，使学生得以走出教室学习学科内容，如小学写作课紧密结合生活、生产活动进行，涌现出“看（观察）作文”“种（种植）作文”“养（饲养）作文”和“访作文”等系列改革，使学生写作前先体验、感悟生活，从根本上解决了学生习作“无病呻吟”的问题。

活动课程和选修课程的开发

我们以“励志修身”“体验感悟”“实践探究”等内容为主题，开发了560多种校本课程，充分满足了学生学习的个性化需求，打造了以参与、体验、感悟为特色的校本课程体系。目前，潍坊市有90%以上的中小学开发了10门以上的校本选修课程，其中近三分之一的中小学开发的校本选修课程接近30门。

首先，开发励志修身类课程。我们在潍坊市中小学开发了以让学生“发现一位心目中崇拜的英雄，确立一条激励向上的人生格言，练就至少一项受益终生的体育项目，培养至少一种愉悦身心的艺术爱好，拥有至少一个服务社会的社区岗位”等为内容的“五个一”成长课程。目前，潍坊市所有学校都开设了此类课程，已有52%的中小学达到“五个一示范校”的标准。从2007年起，我们在潍坊市所有初中开设了12课时的“人生规划与职业指导”课程，指导学生正确认识自我，选择适合自己的人生道路，把初中毕业生升入职业高中的情况作为评价学校和教师的重要内容，从根本上转变了学校师生及家长的择业观，使全市中等职业学校招生两年提高了30%，占整个高中段招生总数的55%。同时，我们还开发了“朝阳读书”课程，为不同年龄的学生提供系列必读和选读书目；先后请200多位著名作家、文化工作者与学生面对面互动交流；开展“读书之星”等系列评选活动，让学生在多读书、读好书中营造自己的精神家园。此外，我们还开发了“千名名家进校园”课程，把民间知名艺人、非物质文化遗产代表性传承人、潍坊百名文化名人等请进校园，用身边的人、身边的事教育引导学生，让学生从身边的成功人士的成长经历中吸取成长的动力。

其次，开发活动体验类课程。我们在潍坊市所有中小学开设了“阳光60分”活动课程，让学生自主开发包括体操类、舞蹈类、趣味游戏类等六大类近百种活动，在上午、下午两个30分钟的大课间，做到了人人有项目。另外，我们还开发了社区服务课程，各中小学分别成立了志愿者服务队和若干特色小队，组织中小学生利用双休日、节假日“走进社区，服务社会，感悟人生，成就未来”。我们还大力开展社团课程建设。全市中小学都开展了学生社团活动，充分挖掘中国传统节日教育资源，赋予每个节日独特的教育功能。潍坊市 91% 以上的学校开发了体育节、艺术节、读书节、风筝节等课程，实现了学生活动的系列化、经常化。

最后，开发实践探究类课程。针对大部分中小学受资金、设施等条件制约，无法全面开展创新活动项目的问题，从 2001 年开始，潍坊市、县两级财政投资 2.5 亿多元，在市区和各县市建设了 9 处总占地面积达 1550 亩、设施比较齐全的创新实践基地。在此基础上，我们开发了兴趣实验、无土栽培、智能机器人、细胞组织培养、安全救护等 11 大类、210 多种综合实践课程，规定所有初中学生必须到实践基地进行为期一周的学习，完成 24 ~ 30 个自主实践项目。从 2005 年起，综合实践课程又开始向小学高年级延伸，每年有 500 批次 10 多万名小学生在创新实践基地接受实践教育。这种集中资源、集中时间段开设创新实践课程的方式，强化了实践环节，让学生切身感受到了创新实践的喜悦。

调整教学关系，区域推进课堂改革

课堂区域推进的意义、基本要求和基本策略

落实新课改、推进新课改的主渠道、主战场在课堂。以教师讲、学生听为主要形式的传统教学模式，是造成学生课业负担过重、学习质量和学习效率不高的主要根源。2004 年，我们曾对初中、高中学生进行样本为 1895 人的随机问卷调查，结果发现，在数学、物理、化学等学科的教学中，有 30% 以上的学生通过自学就能基本掌握书本中的知识和方法，有近 20% 的学生听不懂教师的讲解，有 76% 的学生对教师过多的讲解不满意。美国学者爱德加 · 戴尔提出的“学习金字塔”理论告诉我们：当人们一次性学习知识时，单靠“阅读”大约可记住 10%；单靠“听”大约可记住 20%；但通过“说”能记住 70%，通过“做”能记住 90%。因此，推进新课改，落实“三维目标”，必须从改变“教师讲、学生听”为主要方式的课堂教学做起。

课堂改革的基本要求是，按照新课改提倡的“自主、探究、合作”的

要求，从本地实际出发，借鉴国内最先进的教学模式，构建自主互助学习型课堂，即教师通过学生独立自学、交流互助、全班讨论、巩固提升等基本环节，把学习的主动权还给学生，把课堂的时空还给学生，把学生思维权、动手权、观察权、体验感悟权、创新权还给学生。

课堂区域推进的基本思路是典型示范、抓点带面、分类指导、分层推进、评价引领、督导保障、持续跟进。潍坊市教育局和各县市区教育局连续四年把课堂改革作为教育系统的一号工程和重大项目，坚持常抓不懈，上级抓下级，一级抓一级，每级都做到目标明确、职责到位，首先做到不留一个空白乡镇，最后发展到不留一个空白学校。同时，我们制定了课堂达标标准和四年达标规划，从学校、乡镇到县市区每年都根据发展规划从实际出发制定自己的年度目标，并作为上级督导评价的目标。

课堂区域推进的主要成果

课堂均衡推进取得了特别明显的成效，到2009年底，全市实现了课堂改革不留一个空白学校，其中85%的学校已按标准验收达标。

概括起来讲，新型课堂努力实现了四个改变：

变教师讲为主为学生学为主；

变学生听为主为学生“说和做”为主；

变学生个体封闭学习为互动交流开放学习；

变教师的讲堂为学生的学堂，使教师成为课堂主持人。

新课堂较好地遵循了教学规律，有效地把新课程提出的“三维目标”落到了实处：

保证了每个学生都找到属于自己的学习起点；

保证了每个学生都能解决属于自己的学习问题；

保证了每个学生在分享他人问题和成果的同时生发新的智慧；

保证了每个学生都能获得充分的情感体验和不断增长的自信，使学习成为学生喜欢的事情。

推进课堂改革不仅达到了“减负增效”的目的，使学生的课外负担明显减轻，教师的教学质量显著提升，而且更有价值的是，它使教师和学生的生命状态发生了根本性变化，学校面貌为之一新，课程改革的“三维目标”得到了有效落实。

首先，改变了学生的生命状态，提升了学生的生命质量。以30所不同类型中小学的1260名不同年级、不同类型的学生为样本的调查显示，推进课堂改革的效果体现在以下几个方面。

第一，课外作业量明显减少。小学中低年级基本不留书面课外作业；语文、数学、外语三科每天的作业时间，小学高年级不超过1小时的达99.6%，比改革初提高了66%，初中不超过1.5小时的达93%，比改革初提高了62%，如图1所示；其他学科基本都不留课外书面作业。

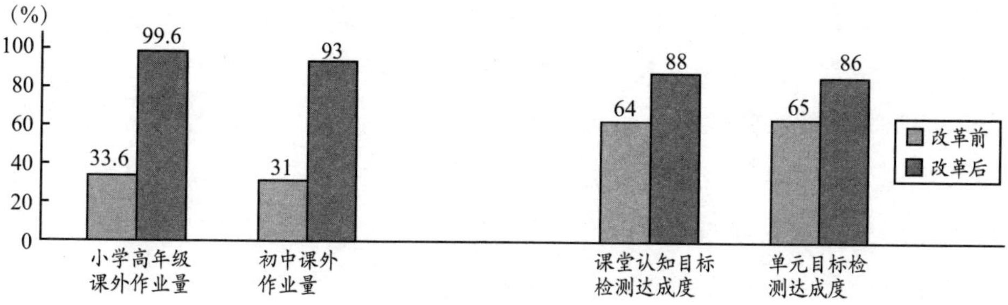

图1　课堂改革前后课外作业量与成绩变化

第二，教学成绩和能力水平显著提升。如图1所示，改革后的课堂认知目标检测达成度为88%，比改革初提高了24%；改革后的单元目标检测达成度为86%，比改革初提高了21%。如下页图2所示，课堂上能够积极有效地交流、表达、争论的学生达83%，比改革初提高了76%；课外能积极主动收集、整理信息（图书、网络、报刊、访谈、调查等）的达68%，比改革初提高了56%。

第三，情感、态度、价值观目标得到有效落实。如下页图2所示，课堂上能多次提问、质疑的学生达89%，比改革初提高了62%；自信感强或自信心明显增强的学生占84%，比改革初提高了46%；对学科学习有兴趣的学生达86%，比改革初提高了31%；对新型课堂满意和基本满意的学生达92%，比改革前提高了48%。

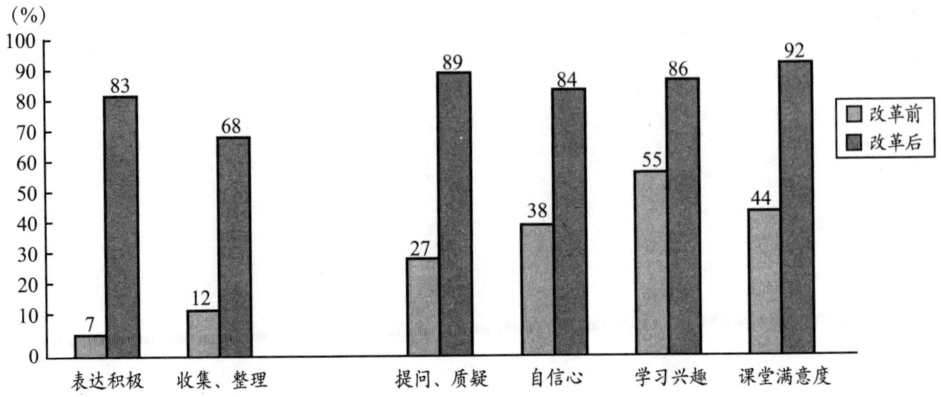

图2 课堂改革前后学生能力、情感的变化

其次，改变了教师的职业态度，师生关系更加和谐。充满生命活力和智慧生成的课堂，既改变了教师的学生观，也驱走了部分教师的职业倦怠感；随时面对学生挑战的课堂，极大地激发了教师专业发展的动力和热情。有的老教师说“新课堂让我重新找回了做教师的感觉”；有的新教师说“课堂改革使我看到了做教师的价值”；有的中年教师说“学生的潜力怎么估计也不会过高，每节课上学生都会给你若干精彩，每节课都会从学生那里获得新的东西”。图3所示是对不同层面的300名教师进行抽样调查的统计结果。

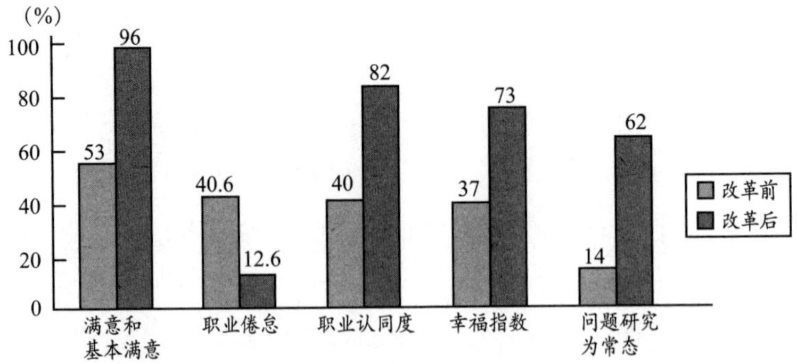

图3 课堂改革前后教师职业态度和行为方式的变化

由图3可以看出：改革后对现行师生关系满意和基本满意的教师比例达96%，比改革初提高了43%；产生职业倦怠的教师比例大幅降低（工作无热情、态度不积极、不进取、无追求），现为12.6%，比改革初降低了28%；

职业认同度（有兴趣、有自豪感，感到能实现自我、成就自我）达到 4 以上（认同度分为 1~5）的教师占 82%，比改革初提高了 42%；幸福指数达到 7 以上（幸福指数分为 1～10）的教师达 73%，比改革初提高了 36%；基于问题研究已成为工作常态的教师达 62%，比改革初提高了 48%。

最后，在严格规范办学行为的情况下，确保了教学质量的不断提高。从 2002 年实施课程改革起，我们就严格规范并落实了初中、小学上学时间的规定，学生早上 7:00 前不准到校，8:00 前不准上课；下午放学时间不晚于社会下班时间；非住宿生严禁到校上晚自习；全面落实学生、教师双休日制度。从 2008 年起，我们又严格规范高中学校作息时间，所有中小学生在校学习时间比过去减少了四分之一左右，教育教学质量不但未受到影响，反而年年都有提高。

科学配置行政资源，围绕素质教育开展制度创新

实施素质教育，推进课程改革，是一场教学方式、学习方式的深刻变革。由此涉及的政校关系、教与学关系、管理与评价关系的调整与重构，不会自发产生，必须依靠制度创新强力推进，才能形成全员参与变革的工作新格局。为此，我们坚持以学生的成长需求为导向，科学配置教育主管部门的权力资源，重点实施行业监管、制度保障，确保教育部门所拥有的对学校的评价权、对校长的任用权、对学生的招录权、对教师的激励权等全面导向素质教育，为推进课程改革保驾护航。

改革校长选拔任用制度，让教育家办学

从 2004 年起，我们开始推行校长职级制，取消学校的行政级别，全市 935 个有行政级别的校长的档案由组织人事部门移交教育部门管理，校长任命全部由教育部门归口管理，实行职级制和任期制，确保让懂教育的人办教育，阻断了传统的由行政官员担任中小学校长的路径。作为对校长职级制的深化和完善，2009 年我们又改变了由教育部门一家直接任命校长的做法，对新任校长全部实行遴选制，由教育部门、教育专家和学校教师代表共同组

成选聘委员会来确定校长人选。这种校长“去行政化”的改革带来的最大变化是，校长不再纠缠于各种社会关系不能自拔，可以心无旁骛地办学。从2001年开始，每学期第一天，潍坊市、县两级教育局局长以及有关教研人员深入学校听课已经成为“铁律”，再加上日常不间断的听课、评课甚至兼课，教育行政部门已经牢牢把握教育教学改革的主动权。应当说，潍坊市这些年之所以能够形成实现素质教育与提高教育质量的双赢局面，与校长一心一意研究教学，聚精会神抓好育人密切相关。

改革招生考试制度，让“指挥棒”促进素质教育

实施素质教育之所以举步维艰，根源在于教育部门唯分数是举的人才选拔和评价方式。我们从2004年起在全市全面推行了以“多次考试、等级表达、综合评价、诚信推荐、多元录取、社会参与”为主要内容的中考改革。这一改革主要包括四个转变。一是考试次数由一次变为两次，初二学生可自愿参加政治、历史、地理、生物的考试，如果对某门学科的考试成绩不满意，可以到初三毕业时再考一次，选择最好成绩作为毕业和升学的依据。二是考试成绩由分数表达变为等级呈现，改变以升学考试科目分数简单相加作为唯一录取标准的做法，将语文、数学、英语等9门学科的考试成绩依据正态分布规律，分别转化为A、B、C、D、E五个等级。学业水平考试成绩用等级表达、名次概念退出中考后，总分掩盖下的优势被张扬出来。2005年，潍坊城区有48.8%的考生至少有一门学科获得了A等，一大批学生受到了成功激励，从分分必争的极端追求中解放了出来。三是将用学科成绩无法呈现的各方面表现，作为学生的综合素质进行评价认定并纳入录取考核内容。进行综合素质评价的内容包括道德素养、学习能力、交流与合作、运动与健康、审美与表现、创新意识与实践能力六大领域的日常表现和标志性成果。所谓标志性成果，是指能够反映考生综合素质发展状况的各项实证性材料。确有某方面才能，但无标志性成果或者难以形成标志性成果的学生，可参加“能力展示”。综合素质认定结果与语文、数学、英语学科成绩等值对待，作为高中招生录取的重要依据。此外，普通高中招生逐渐加大对特殊才能学生的推荐录取力度。初中学校的“偏才”“怪才”，如果在某些学科或某方面有

特殊才能，经初中学校推荐、公示后，再由特殊人才招生专家组进行面试或测试，结合初中学校推荐意见和学生成长档案择优录取，从而促进了特殊学生的衔接培养。四是下放招生权力，将过去由教育行政部门统一划线录取的做法，改为在教育部门监督下，由各高中学校自主、多元录取，促使高中学校走个性化发展之路。实行高中学校自主招生后，高中学校着眼于学校发展的优势和个性，各自形成了不同的录取标准（如表1所示），充分体现了学校发展的多元化追求。

表1　高中制定的个性化录取标准（2007）

科目	录取标准			
	潍坊七中	潍坊中学		
语数英综	平均3B1C	平均3B1C	平均2B2C	平均2B2C
理化	单科为C 且两科平均BC	平均2B	平均1B1C	平均1B1C
政史地生	平均1B3C	平均3B1C	平均2B2C	平均3B1C

我们的中考改革，将学生从对分数的极端追求中解放出来，使学生课业负担明显减轻，大部分学生找到了成长的自信与快乐，学校呈现出生动活泼的育人局面。实践表明，只要教育部门用好考试这一“指挥棒”，学校素质教育就会纲举目张，呈现出惊人的创造活力。

转变教研部门职能，让教学指挥权切实掌握在课改专家手中

以应试教育为取向的教学育人方式，不仅严重影响和制约了创新人才的培养，而且让为数众多的教师陷入职业倦怠之中。究其根源，与长期形成的以应试为取向的教学研究机制密切相关。为确保教研部门切实转变到素质教育轨道，担负起课程改革组织者、引领者和行动研究者的使命，我们对教研员实行了选聘制、任期制，打破终身制，用制度保证教研队伍始终是课改领域的先行者。我们先后面向全国公开招考高水平教研员20名、副院长4名，

建立了“基于问题解决，致力创新共享”的以校为本、校院一体的新机制，每年面向学校和一线教师征集教育教学中的突出问题，从中筛选出最突出的、最有共性的问题进行立项，开展重大教育教学问题行动研究，采用公开招标的方法由学校认领攻关，创新成果全市共享。其中，破解微观问题的命名为“金点子成功创新案例奖”，破解重大问题的命名为“创新奖”，推广成绩突出者命名为“教育教学管理方法创新燎原奖”，特别优秀的表彰为“潍坊市政府教学成果奖”。

我们还开展了以“培训券”为主要内容的师训机制改革，让培训提高基于每个教师的自身发展需要，成为广大教师喜闻乐见的主动追求。我们采用“市场准入”的办法，先后引进了6家教师培训机构，各培训机构精心制订“菜单”供学员选择。市教育局给教师发放“培训券”，让全市教师自主选择培训机构、自主选择培训内容、自主选择培训形式和时间。市教育局根据各培训机构累积的“培训券”和“满意度”测评结果发放培训经费，大大提高了教师参加培训的积极性和针对性。

改革监督评价制度，让利益相关者参与到办学育人中来

学生和家长是最关心学校、最希望学校办好的群体，也是最能感知学校办学状况的利益主体，但他们却对学校和教师的办学育人情况没有监督权、评价权，成为最容易受到伤害的群体。为此，我们将学生和家长对学校和教师的满意度情况纳入考核评价的重要内容，让家长和学生的意见能够影响到校长、教师的去留。“久治不愈”的不平等对待学生甚至侵害学生利益的现象大幅度减少。

办好每一所学校是教育管理部门最重要的职责，但受传统体制影响，教育管理部门和学校之间职责不清、管办难分，导致教育管理部门在对学校的管理和指导上存在很大的随意性，不作为甚至乱作为的情况时有发生，成为全面实施素质教育的突出障碍。为切实履行好教育管理部门对所有学校的行业监管责任，促进学校依法自主办学，我们将全市4000余所学校和办学机构划分为214个督学责任区，将市、县两级教育管理部门的业务人员、教研员聘请为督学，每个责任区由两名督学负责，依法对学校的规范办学、安全

稳定、教育教学管理等进行经常性随访督导，确保重大教育决策的贯彻落实和教育教学质量的大面积提高。同时，我们将原来由教育管理部门直接组织对学校办学水平进行评估，改为委托中介评估机构独立进行，让学校自主选择评估的项目和时限，放手让学校特色办学、多样化发展。我们对普通高中学校开展的“规范办学行为、课程设置、课程实施、教育质量、办学特色”五项重点督导评估，就是采用这样的办法，并将评估结果在当地媒体公布，依靠社会参与和监督，彻底改变了以升学率为唯一标准评价学校的做法，促进了高中学校全面走上实施素质教育的轨道。

改革部门工作运行机制，聚集全社会教育资源，破解热点、难点问题

要创办人民满意的教育、营造良好的素质教育环境，必须转变部门职能。为此，我们着力实现两个转变：一是部门工作从大权独揽转变到以学生健康成长为本，重点实施行业监管、制度保障，让利益相关者参与管理与评价；二是部门工作从重点关注教育系统内部事务转变到以社会需求为导向，统筹各类教育资源，全面开展便民、惠民服务。为实现这两大转变，我们推行了项目管理策略。对社会有需求但单纯依靠部门自身干不了、干不好的事项，全部确立为重点工作项目，实行跨科室、跨部门、跨行业、跨地域聘请专家，逐一组建项目团队购买服务，聚集全社会的资源攻关破解。项目管理主要包括四个环节：一是项目立项，由各项目组制订“项目计划书”，主要内容包括要解决的问题、达成的目标、标志性成果、保障措施、参与人员、完成时间，由局办公会审定确立；二是督查点评，建立完善的月调度、半年督查机制；三是展示考核，年终逐一对项目达成度进行展示考核；四是提供经费保障，实施项目预算单列制度，“钱随事走”，每个项目都单独编制经费预算，主要用于聘请专家、外出学习、调查研究等，项目主管拥有经费支配权。经过近几年的探索，项目管理已经成为全局工作最主要、最有力的抓手和推动力量，实现了由局部创新、个体创新到全员创新、群体创新的转变。

《中国教育学刊》2010 年第 11 期

推进教育公平：靠投入，更要靠改革

山东省潍坊市是全国最早提出教育均衡发展的地区之一，2002年《人民教育》曾发表长篇通讯，介绍我市所辖寿光市推动教育均衡发展的经验。也就是从那时起，推动教育公平，就成为我们最重要的价值追求。

潍坊有916万人口，是山东省较为发达的地级市。潍坊连续三届市委、市政府都把教育作为全市重点提升的三大亮点之一，通过大刀阔斧地推进教育综合改革，有效破除了制约教育公平和素质教育实施的体制机制性障碍，努力办好人民满意的教育。在省委、省政府开展的群众满意度调查中，潍坊市人民群众对中小学教育的满意度连续4年名列第一。潍坊市教育局也成为全市唯一获得省委、省政府表彰的“人民满意的公务员集体”的党政部门。取得这样的成绩，得益于我们紧紧围绕六大核心要素、综合推进基础教育“六化”改革的举措。

政府督导公开化

2010年我市“两会”期间，我接到了临朐县委书记刘建国的电话，他焦急地催问我教育督导成绩公告什么时候可以见报。因为这一年，地处沂蒙山区的临朐县终于摆脱了督导成绩全市倒数的尴尬局面，进入前三名，很想在“两会”代表委员面前展示一下。全市“两会”期间，县市区党委、政府一把手催问督导成绩的事几乎年年都会发生。

在潍坊，为什么党政主要领导对督导结果这么看重？这主要得益于我们从2001年建立起的对县市区政府的教育综合督导评估制度。

每年“两会”期间，我们都会将各县市区的近百项督导评估成绩全部在《潍坊日报》上公布，公开接受全市人民监督，将教育工作由党政内部的考核，变为谁都无法回避的社会监督，促使各级党委、政府主动为教育办实事、办大事、办好事。

大家都知道这样一个普遍现象，就是财政收入越高，预算内教育支出占财政总支出的比例往往越低。但在潍坊却是一个例外。潍坊财政收入在山东省 17 个市中名列第 4，但预算内教育投入占财政总支出的比例却连续 7 年位居全省第一，年年超过 25%，2011 年达到了 26.91%，高出全省近 7 个百分点。其他方面，如社会关注的教师队伍建设、校舍安全工程等问题都在督导的强力推动下得到了较好的解决。

从 2007 年开始，潍坊市委、市政府每年决定办 10 件民生大事、实事，并将其写入《政府工作报告》，公开向社会承诺。6 年来我们依靠公开督导，共解决了 12 项事关教育均衡的重大问题。

比如，2009 年我市实施了“农村小学每校新进一名英语教师计划”，当年即引进了应届英语专业毕业的大学生教师 636 名，并将每个人的名字及所去学校逐一在报纸上公布，从此 30 万农村小学生告别了“哑巴英语”“土话英语”。又如 2011 年实施的“心理健康教师配备计划”，为初中以上学校配备了 549 名专职心理健康教育教师，开齐了心理健康教育课程。

我们还把支持民办学校、吸引社会资金进入教育作为督导内容。2007 年以来，我们由市县两级财政为民办中小学教师支出 7.3 亿元的工资福利，吸引了 125.4 亿元的社会资金投入教育，全市义务教育阶段的民办学校发展到 48 所，提供优质学位 6.1 万个。较好地实现了“公办不择校，择校找民校”的理想局面。

实践表明，刚性督导加公开监督，就是我们落实教育优先发展、均衡发展最重要的保障力量。关键是督导结果要经得住社会的检验。

学校办学专家化

校长是影响办学的决定性因素。办好每一所学校关键靠校长。我们潍坊市从 2004 年全部取消中小学校长行政级别，校长的任命、管理全部由市县两级教育部门负责，实行职级制管理。

这项改革，把校长从大量无关的会议、活动中解放出来，校长可以专心致志地深入课堂、深入教师中研究教学。2008 年我们曾做过统计，全市中学校长听课平均达到 156 节，最多可达 298 节，学校以教学为中心的地位得到了切实保障。

取消中小学校长的行政级别，8 年来彻底杜绝了不热爱教育的人为获得“官位”而抢占校长岗位的现象。

对于校长的管理不再套用行政干部的管理办法，实施任期制和延长任职年龄，特别优秀的校长可以干到 65 岁，而不用担心 50 多岁壮志未酬就被一刀切下去，较好地吸引了优秀人才加入校长队伍。目前全市已建立起 868 人的校长后备人才库；去年以来，全市各县市区教育局有 13 位业务局长通过笔试、面试进入校长后备人才库，其中 5 位已当上校长。不当局长当校长蔚然成风。

实行校长职级制，取消校长行政级别，校长流动的制度障碍被彻底打破。以前，中小学校长只能单向流动：从级别低的学校到级别高的学校；从农村学校到城区学校；从薄弱学校到优质学校。这与均衡发展的价值追求是完全背离的。现在，我们的政策鼓励优秀校长由城区学校向农村学校流动、由优质学校向薄弱学校流动，从 2005 年至今，全市已有 469 名校长实现了“逆向”流动。

为了充分放大校长职级制的成果，让专家型校长成为推进教育均衡的主导力量，我们组建了 346 个学校发展共同体，涵盖了全市 1316 所中小学，显著提高了均衡发展水平。

教师聘任校本化

潍坊作为全国中小学教师职称改革的三个试点市之一，率先进行了中小学教师职称改革试点。主要做法是：学校自主制定竞聘方案，一校一策，经全体教职工大会讨论，达到 85% 以上通过率后即可自主实施。我们主管部门只管原则、管程序。学校的事情学校说了算，教师的事情教师商量着办。

广大中小学教师的工作积极性、主动性和创造性被充分激发出来，教师争相上课、争当班主任蔚然成风。过去人事、教育部门评职称带来的弊端一扫而光。

我们还通过增加农村学校、薄弱学校中高级教师岗位设置的比例，吸引教师从优质学校向薄弱学校、从城区学校向农村学校流动。昌邑市教育局局长张亦明对此就深有感触："过去当局长，难在优秀教师争相进城挡不住，现在完全变了，今年我们就有 44 名市区优秀教师通过主动申请，到农村学校支教。"2010 年至今，全市有 1.54 万名教师参加了城乡交流活动。

家庭教育普及化

当今时代，家庭对孩子成长过度关注，这种关注如果建立在懂教育的基础上，对教育就会起到巨大的推进作用，否则就很容易变成孩子成长的巨大灾难。普遍提高家长素质，成为当务之急。

于是我们采取市场机制，从中国家庭教育学会引入一个专家团队，成立了家庭教育指导中心，教育部门负责组织家长，专业团队负责整合专家资源开展培训、开发家庭教育教材，家长自愿参训、自愿购买。建立了这样一个机制后，从 2006 年至今，全国有 100 多位知名家教专家到潍坊举办了 2500 多场报告会，每位家长每年接受了不少于 8 课时的家教常识课程，惠及 180 多万个家庭。"百万家长进课堂，重新学习做家长"活动，不仅全面优化了百万学生的成长环境，而且大大提升了农民素质。现在，每年都有 40 多万农村学生家长自愿购买家庭教育书籍来阅读，成为新农村建设的巨大动力。

办学行为规范化

现在，如果有人来问我："你的幸福在哪里？"我会骄傲地告诉他："它不在全市高考成绩连续 10 年全省第一，也不在教育的优先发展得到了全面落实，而在每天早上看到我们的孩子可以迎着朝阳轻轻松松上学去。

因为，为了让每一个孩子都能睡足觉，为了让全市百万学生和家长不再起早贪黑，能够过上正常人的生活，我们付出了10多年的不懈努力。

我们整合8个科室、3个直属单位的相关服务职能，成立了潍坊市教育惠民服务中心，将全市中小学全面置于社会监督之下。我们向社会郑重承诺：“只要涉及教育方面的需求，均可在教育惠民服务中心得到满意的答复和解决。”我们每年支出60余万元在当地发行量最大的《潍坊晚报》和听众最多的广播电台《行风在线》栏目做广告，做到了家喻户晓，搭建起全面快捷地汇民情、解民忧的工作平台，部门工作实现了以社会需求为导向、以群众满意为核心。

近3年来，教育惠民服务中心共答复教育咨询3万多件、发布利民信息1.1万条、为民办实事20万件，网络访问量达到140多万次，受理群众投诉6800多件。长期以来群众反映强烈的中小学加班加点、学生课业负担过重、乱收费、有偿家教、乱征订和摊派教辅资料等问题全部得到有效解决。我可以负责任地说，现在潍坊中小学已完全按国家规定开全了课程，完全按国家规定严格作息时间，违规办学几乎成为不可能的事情。

考试评价人本化

在中小学办学行为上，我们之所以能够规范得了、落实得好，关键在于我们放手推动了基础教育的综合改革，不仅有专家办学、均衡发展的质量保证，更核心的是，加大了考试招生制度改革，让考试录取评价适合每个学生成长的需要。

2004年我们就开始进行中考改革，变一次考试为学生自主选择的一次、二次或三次考试，学生以自己满意的一次作为中考成绩，改变了一考定终身造成的压力和焦虑；变学科分数为等级表达，把众多学生从“分分必争”和“对分数的极端追求”中解放出来，从根本上减轻了课业负担；变教育部门按分划线录取为高中学校自主录取、推荐录取、特长录取等，拓宽了学生成才的渠道。特别是，我们把不能用纸笔表达的综合素质评价纳入录取，使发展个性、培养特长、生动活泼地成长，成为学生、家长、学校和教师的共同追求。

中考改革让全市中小学都可以放手大胆地推进课程课堂改革，全市有90%以上的中小学开发了10门以上校本选修课程，中小学“自主互助学习型”课堂遍及城乡。

今年4月份，香港中学校长会第三次组团到潍坊考察中小学课程课堂改革。他们每次到潍坊都是自费，一待就是一周。潍坊究竟是什么让他们如此着迷？他们的会长阮邦耀先生曾亲口对我说：“你们的学生都动起来了，学生的学习主动性非常强。”

我一直在思考，什么才是最公平的教育。让每一个学生都动起来，让我们的教育适合每一个孩子成长的需要，这不就是最公平的教育吗？

推进教育公平，要靠投入，更要靠改革。我们坚信，只要认真贯彻落实党的十八大精神，大力推进教育综合改革，我们就没有解决不了的热点问题，就一定能够办出更好、更公平的教育。

（2012年11月，教育部为贯彻落实党的十八大精神、推进九年制义务教育均衡发展，在全国选择了上海市、山西省晋中市、山东省潍坊市、浙江省嘉善县、大连市龙岗区、成都市青羊区6个地方组成报告团，深入全国7个省和教育部机关进行巡回报告。本篇是报告时的演讲。）

以综合改革的理念推进中考改革

2016年教育部印发《关于进一步推进高中阶段学校考试招生制度改革的指导意见》，标志着我国基础教育课程改革进入了依靠制度引领和保障的新阶段。在全国各地认真贯彻落实教育部决策部署，全面推进中考改革的新形势下，作为连续10余年直接参与和具体推动潍坊中考改革的亲历者，我有责任和义务就山东省潍坊市的中考改革成果进行必要的梳理与反思，以为各地顺利推进中考改革提供些许启发与借鉴。

优化教育生态应该从哪里突破?

在介绍中考改革前，我想首先回答，我们为什么要着力推进包括中考改革在内的基础教育领域综合改革。因为只有回答清楚了为什么、方向是什么这样一些有关基本价值追求的问题，我们才能确保中考改革始终沿着正确方向顺利推进。只见树木不见森林、单兵突进式地就改革论改革，往往是不少地方中考改革难以推进的症结所在。

潍坊教育曾经面临的问题和全国其他地方的情况都差不多。潍坊也和许多地方一样一直有着改善教育生态的强烈意愿，2001年潍坊被确定为全国基础教育课程改革实验区。在推进课程改革的过程中，一开始我们也是注重行政推进，在全市确立了100多所由学校牵头的课改研究所展开研究，试图通过学校的改革带动全市的改革。但是一两年之后我们越来越突出地感受到，一些瓶颈问题依靠学校是很难突破的，特别是像高中考试招生这类问题不解决，学校课改是难以深入下去的。这些困扰素质教育实施的热点、难点问题之所以长期难以解决，其根源往往在于我们政府和教育部门本身，如果不及时做好政策方面的调整，我们的课改是无法取得良好成效的。

在这样的背景下，潍坊走上了以课程改革为核心、以问题为导向、持续深化基础教育综合改革的道路。我们在国家和山东省的大力支持下，2003年又主动承担了国家中考改革试点的任务，着力解决好教育教学指挥棒问题，与此同时推进了校长职级制改革。我们发现，课程改革必须和专家办学结合起来，因为课程改革的很多权力是下放给学校的，根据学校实际情况给每一位学生提供适合的教育，是新课改的基本要求。在这样的情况下，校长如果不是教育专家，甚至是教育外行的话，在学校推进课程改革就势必阻力重重。所以，在潍坊市委、市政府的支持和推动下，潍坊市率先取消中小学校长行政级别，将他们全部归口教育行政部门来管理、任命，为课改顺利推进提供有力的组织保障。令人欣慰的是，这项改革在山东省政府的强力推进下，目前已成为惠及全省的重大改革事项。

在推进课改的过程中我们又发现，教师才是改革的重要力量和关键所在，如何有效调动广大教师的积极性、主动性是无法回避的突出问题。特别是在教师职称评定方面，学校几乎没有自主权，因此学校没有太多办法来激励教师。2008 年，潍坊又有幸成为国家中小学教师职称改革的三个试点市之一。在国家和省市相关部门的支持下，我们把教师职称改革的许多权力下放给学校，让教师职称这一最重要的教师激励资源在学校发挥应有的功效。

在推进改革过程中我们还发现，虽然直接影响和制约中小学课改的很多制度性障碍已基本扫清了，但我们的学生还是无法真正放松下来，做自己喜欢的事情。比如，学生初中毕业了，还是要千方百计地上普通高中，为日后升大学做准备，而不是根据自己的志趣选择上职业学校。职业教育制度不改革，中职学生继续深造提升的制度体系不建立，仍然是制约全面深化中小学课改无法逾越的突出障碍。在教育部的支持下，2012 年潍坊又成为了省部共建职业教育创新发展试验区，致力于构建基础教育和职业教育、高等教育协调发展的体系。潍坊的学生读完中职后，不仅可以升专科，有一部分也可以升本科，初步构建起人才成长的立交桥。

以课程改革为核心、以问题为导向，持续推进综合改革，历经十几年艰苦努力，整个潍坊的教育生态发生了一系列积极而深刻的变化，初步形成了“评价引领、专家办学、社会参与、督导保障”的基础教育治理体系，全市百万中小学生的成长生态发生了历史性的改善和提升，整体形成了“轻负担、高质量、社会认可、群众满意”的良好教育局面。

第一，轻负担。潍坊的中小学已完全按国家和山东省的规定，规范了学生的在校时间和学习时间，比较彻底地消除了加班加点、“靠拼豁”等极端应试倾向。有两个数据可以说明：一是教育部基础教育课程教材发展中心在2010年和2012年到潍坊做大规模测试，样本量每次覆盖300多所中小学，测试结果显示，潍坊市小学生、初中生的学业水平明显高于全国被测试地区的平均水平，而课业负担、学习压力、睡眠问题等都显著低于全国被测试地区的水平。二是山东省教育厅从2012年开始每年也对小学、初中、高中三个学段学生的学业负担情况进行访谈抽测，连续几年的数据都表明，潍坊也是全省17个地市中课业负担最轻的。

第二，课堂质量显著提升。课堂是不是学生自主学习的课堂，课程改革的三维目标，尤其是过程和方法、情感态度价值观这些过去容易忽视的目标是否在课堂中得到了充分的体现，是衡量区域教育质量的一个极其重要的维度。潍坊市以减少教师的讲、增加学生的说和做作为课堂改革的基本取向，从2004年起，潍坊市一直推行自主互助学习型课堂改革，努力让每一个学生都在课堂中获得改善和提升，实现课堂生态的根本性变化。新课程改革大幅度地改善了师生关系。

第三，课程的开发和落实有了切实保障。潍坊市超过90%的学校能够开发大量独具特色的校本课程，学生学习的选择性得到了很好的提升；国家课程能够开齐、开足，全市所有学校的课程安排全部在网络上公开，并接受全社会的监督。

潍坊市的素质教育改革成果得到了社会的充分认可，国家和山东省委、省政府也多次给予充分的肯定。2014年，山东省政府在潍坊市专门召开了基础教育综合改革现场会议，全面总结推广了我们的经验和做法。潍坊市的教育实践表明，深入推进包括中考改革在内的基础教育综合改革，全面实施课程改革，全面优化学生成长环境的理想目标是完全可以实现的。关键在于实施改革的每一个环节都要目标坚定，不忘初心。

潍坊中考改革的主要内容和成效

第一，多次考试。实行多次考试，就是允许我们的学生根据自己的学习程度，从初一开始就有选择地同初三毕业生一起参加升高中的部分学科考试，而且以自己最满意、最好的一次成绩作为中考录取时的成绩。多次考试解决了很多问题，其中有两个最为突出：一是打破了“一考定终身”带来的焦虑和压力，让发挥失常的学生获得补救的机会，可以更好地保障公平；二是让学有余力的学生有了自主发展的空间与可能，如果学生某个学科的成绩提前达到中考的最高等级，就意味着他不需要再参加毕业时的考试，而可以放手干自己喜欢的事情了。我们提供二次、三次考试，并不意味着每个学生都会选择进行二次或者三次考试，从潍坊这么多年的实践来看，选择二次考试的学生只占 10%～15%，真正能在二次、三次考试中提高成绩的学生也不会超过一半。但正是因为提供了二次、三次考试的机会，给学生带来了安全感，对减轻学生考试焦虑与考试压力的作用，是我们难以想象的。

第二，等级表达。将学科成绩的百分制表达变为 A、B、C、D、E 五个等级表达，也是潍坊中考改革的一个重要举措。这至少解决了三个方面的问题：一是将学生从分分必争中解放出来。划分了五个等级之后，我们的初中学生完全没必要再为了多考几分去拼命学习，因为这几分可能都在同一个等级，尤其对达到 A 等的学生而言，已没有极端追求的意义。二是等级表达将总分掩盖下的学生各方面的优势充分彰显出来。过去中考成绩用分数表达，每个学生按总分数排名。这样的排名让大部分学生倍感挫败。现在每个学科的成绩都采用等级表达的方式，不仅名次概念退出中考，而且大部分学生都找到了自己的优势所在。即使有些学生可能总体表现不是特别优秀，但依然可以在某个学科或者某个方面获得 A 等。据统计，现在每年参加中考的学生中，超过 70% 以上的学生至少获得过一个 A 等，这是对学生自信心的培养和保护，也是按分数排名次无法实现的。三是等级表达保证了所有课程都能够开齐上足、有效实施。因为每一个学科都是一个单独评价的维度，这就促使所有学校开全所有规定的科目，否则就无法向学生和家长交代。

第三，综合评价。综合素质评价由初中学校来进行，评价结果直接与高中录取硬挂钩，这是潍坊的综合素质评价改革与其他地方最大的不同。在高中招生录取时，学生的综合素质评价和语文、数学、英语三个主要学科的权重是等同的，没有区别。将学生的综合素质评价权下放给初中后，学校就有了加强教育管理、落实立德树人的有力抓手。从学生一入学开始，学校就把他们的各个方面带动起来，进行等级评定，把权利再下放给每一个班级，一个班级一个方案，这样做其实也是对整个初中育人方式变革的强有力的推动。针对学生怎么培养，学校制定了各种各样的评价细则，教师、家长和学生在每个班级也体现了自己的价值和理念，在培养什么样的人以及怎样培养等问题上，终于达成了广泛的共识。评价方案的制定过程真正变成了转变教育观念的过程，变成了改革人才培养方式的过程，变成了构建“自主互助学习型课堂”的过程，整个初中的变化是极其显著的。

第四，多元录取。多元录取的核心做法是把录取权下放给高中学校。主要有三种录取方式：综合录取、推荐录取和特长录取。以综合录取为例，各个高中学校自己制定录取方案，接受社会监督，然后再组织实施，教育局成为规则的制定者和实施的监督者。我们的基本要求是分三组进行录取，语文、数学、英语和综合素质是第一组，物理、化学和体育是第二组，政治、历史、地理、生物和实验操作是第三组。各个学校在录取时，可以根据各自学校的办学特色和追求，确定不同的录取顺序。这三个组合录取，加上推荐录取、特长录取，初步实现了高中招生录取方式尽可能适合每一个学生健康成长的需要，确保了将深化课程改革所关注的立德树人、全面发展、创新精神、实践能力、健康第一等方面落到实处，为中小学全面实施素质教育提供了根本性的制度保障。毋庸置疑，与过去简单的划定分数线录取相比，多元录取确实给教育部门、学校和老师都增添了不少“麻烦”，但没有我们的“麻烦”，怎么会形成生动活泼的育人局面呢？

关于中考改革的几点体会和感受

第一，改革越彻底越平稳。潍坊的中考改革应该说是大幅度地改变了传统的考试录取方式，十多年来一直得到社会各界和人民群众的广泛认可和支持。一个有着 900 多万人口的地市持续推进中考改革十几年，几乎没有接到过不良的投诉举报，确实令人深思。为什么曾经让我们这些具体组织者担惊受怕、提心吊胆的改革，在众多的利益相关者那里却表现得那么波澜不惊？原因究竟在哪里？记得我们当时在潍坊市区成功推进中考改革后，时任教育局局长的李希贵说了一句话："改革越彻底，就越平稳，群众是最拥护支持改革的。"这可以说是对我们改革的最好诠释。改革是否彻底取决于是否利于每一个学生的健康成长，只要"怎么考试、怎么评价、怎么录取"是遵循着有利于学生成长的原则；只要"谁来参与、谁来承办"是遵循着公平公正地对待每一个学生的原则；只要我们全心全意为学生好，老百姓怎么会不拥护和支持呢？

第二，让利益相关者充分参与进来。改革本质上就是利益关系的调整，所以改革成败的另一个关键因素，就在于能否让所有的利益相关者理解改革、支持改革。中考改革的真正利益相关者，主要不是我们教育主管部门，而是初中和高中学校，特别是学生、教师、校长、家长。只有让他们真正成为改革的主体，真正担当起相应的责任与义务，真正成为改革的参与者、支持者、推动者，将其内化为自己的意愿、自己的追求、自己的利益来共同推动，这样一场关乎每个人利益调整的改革，才有成功的可能。有些地方在改革过程中遇到障碍难以推进，问题也往往出在颠倒了改革者与被改革者的关系，把我们的学校、教师都看成被改革者，而不是致力于简政放权、让他们这些利益相关者都参与到人才培养方式、评价方式、选拔方式的变革中来，没有让他们在参与中了解改革、认识改革、支持改革。谁是改革者，谁是被改革者，对这个基本问题的不同认识可能是导致改革成功与否的关键。

第三，试点先行，持续完善。在过去十多年的时间里，潍坊的教育改革一刻也没停止过，始终在不断地追问和探索。如前面提到的综合素质评价，从最初试点时的加 5 分，到扩大试点时同等条件下作为优先录取的参考，再到后来高中录取时将其与主要学科硬挂钩，直到最后才形成初中评定、高中直接采用的办法，到 2014 年才真正在全市形成了稳定的制度体系。这期间，我们几乎年年都在调整，每一次调整，都是基于问题试点先行，然后才逐步推开的。其他方面如将体育、实验操作等纳入中考的举措，也都严格遵循了试点先行，从认识到实践、再从实践到认识、不断修订完善的改革路线。任何一蹴而就的、简单化的、不愿打持久战的想法和做法，都是不利于改革顺利推进的。

第四，要优化部门组织结构。我们不能将中考改革简单地看作单纯的考试招生改革，它本质上是人才培养方式的变革，是为了推进课程改革、推进素质教育而进行的改革，是为了转变学生的学习方式而进行的改革。只有这样来看待中考改革，才能把它的真正价值释放出来，让所有的利益相关者，特别是学校、教师、学生和家长都获得改革的成就感，才有利于形成改革的最大公约数。这就需要我们教育主管部门，将中考改革置于基础教育综合改革的全局中来进行谋划和推动，而不是仅仅局限于基础教育管理和招生部门。所以潍坊市每年都将中考列为重点工作项目，坚持以中考改革为重要抓手，打破部门的界限，将有利于问题解决的各方面专家和改革的直接利益相关者统统纳入这个项目中来，大家一起发现问题、研究问题、解决问题。关键是我们教育主管部门要建立起适应深化改革不断发现问题、解决问题的长效机制，从部门自身改起，坚持久久为功，就没有什么改革是不能成功的。

（2016年12月，教育部举办了中考改革培训会议，这次培训会议其实也是一次全国推动中考改革的部署会议，会后我应邀到多个省做报告，培训和推进中考改革工作。本篇是我在培训会议上所做专题报告的主要内容。）

第五辑

生活无处不教育
——人人都是改革者

教育从本质上说就是研究人的成长，研究如何成就每一个人，让每个人更幸福、更有成效地生活和工作。如果我们能将健康生活之道搞清楚，也就能从更高远的层面上把握住教育的本质和人的成长规律了。生活和社会是教育的源泉，生活无处不教育，社会才是大课堂，以教育的视角来对待生活，在生活中体验和感悟教育的价值，对于我们不断增强深化教育改革的使命感，准确把握改革的方向和重点，坚定改革的信心和决心，具有不可替代的重要作用。

同时，我还坚信，生活中自己经常遇到的困惑，其他人也同样会遇到，如何才能防止和避免大家被这同一块石头绊倒，并不是一件容易做到的事情。于是，从十几年前起，我就将工作和生活中遇到的每一个困难和问题、收获的每一份启发与感动，都作为研究教育和成长的对象，努力寻求有效破解的方法和规律。有趣的是，当这样一种追问和梳理成为不可或缺的生活方式之后，我突然发现，自己的内心强大起来了，不仅没有了不平，没有了抱怨，不再回避自己所遇到的问题和困难，而且总会不自觉地将这些问题和困难转化为一个个不断历练和提升自我的机遇；不仅不再纠结于日常的琐细，人变得轻松亮丽起来，而且能够坚持“做事是为了更好地做人”这一理念，改革事业也变得更加富有成效。这样看来，改变世界首先要从变革自我做起，只要自我修养到位了，事业有成、生活幸福只是迟早的事。这也许就是厚德载物、修齐治平的道理所在吧。下面这组文章，就是我在日常工作生活中，因为受到某些事情的触动有感而发形成的点滴感悟，虽然大都成稿于10余年前的2002年至2006年间，但以此形成的生活方式与思维方式，惠及的绝不仅仅是当时，对我以后的工作也提供了坚强有力的思想认识基础，以及敢于在教育综合改革之路上直面各种问题与挑战的勇气与力量。

教育，把心叫醒

老师，请善待学生的求知欲

近来因教育孩子常联想到我自己的求学生涯，联想到我的老师以及身为人师的意义和价值。

我的小学时光是在“文革”中度过的。记忆中基本没有学到什么知识，甚至连拼音都是上了初中后才补的课。从农村转学去城里上中学的第一天，正赶上学校举行隆重的数学竞赛颁奖大会。第一次经历那么大场面的我，心里涌动着一股激流。看着上台领奖的同学，我暗暗发誓：一定要学好数学，将来也要上台拿奖。

当时，数理化人才格外吃香，因为国家建设急需的正是各个方面的技术人才。因此，社会上流传甚广的一句话是：“学好数理化，走遍天下都不怕。”那时陈景润、杨乐、张广厚等大数学家都是我们崇拜的英雄，学校的高音喇叭整天宣传的都是他们的事迹。在这样的环境中，我也做着当数学家的梦，但是令我真正爱上数学的，还是我的数学老师——高新娥。

我的数学基础太差，不会的东西实在太多，因此我经常找高老师请教。高老师总是耐心地给我辅导，并且从不厌烦。时间长了，也许是因为我找老师的次数太多、太勤，也许是我请教的问题过于简单，以致坐在高老师办公桌对面的那位老师都开始不耐烦了。有一次，在我问完问题还未离开办公室的时候，她竟脱口而出：“这学生怎么啦，哪来这么些问题？”闻听此言，我羞愧地匆忙离去。今天我已记不清高老师的确切回答，但朦胧中记得高老师对我是赞赏的。

此后，虽然在很长一段时间里我不敢再到教师办公室提问，但对高老师的感激和敬重之情却更加激发了我对数学的兴趣。功夫不负有心人，我的勤奋终于有了收获。数学的成功给了我莫大的鼓舞，其他学科也接连取得了突破。

虽然后来我的数学家之梦没有实现，但这段美好的数学情结，以及对高老师的感激之情，至今令我难以忘怀。特别是随着年岁的增长，这段经历就越发珍贵起来。高老师和我的这段经历，对今天的教师如何激发、善待和保护学生的求知欲，以及如何善待学生的偏科现象，应当有所启迪。

我想说：老师，千万要善待您的学生。您的一言一行、一颦一笑，在学生眼里可都是天大的事情。成就一个学生要付出很多，但毁掉一个学生的，也许就是您不经意中的一句话。

把心叫醒：你尽职尽责了吗

一个偶然的机会，翻到桌上压着的任志东小朋友及其家长的两封来信，很受感动。

事情的起因是这样的。前一段时间，我们市教育局曾开展了一个“志愿家教助学”活动，任志东小朋友是我的一个助学对象。我和任志东小朋友及他的家人只见过一面，对他的帮助和指导仅限于偶尔写封信或寄一点学习材料。就是这点微不足道的举动，却引发了他们一家人对教育孩子的重视。有一件小事令我至今难以平静。任志东小朋友家里因为贫穷没有装电话，他却并没有意识到这个情况。可能就是因为我为了便于联系在信中跟他要了电话号码，结果他的家长竟因这一句话而购买了移动电话。每当想起这件事，我总有一种负罪感，它不断告诫我今后说话要多站在对方的角度去想一想，同时也时刻提醒我不要忘记，老百姓太拿我们这些教育官员当回事儿了。这不，从与任志东小朋友家长的电话交谈中我进一步了解到，人家又是听了我的建议，为了不影响孩子的学习，到了晚上孩子学习的时间，他们都不再看电视了。

由此我深深地感受到，我们这些教育官员在老百姓心目中的地位有多么重要。我们只是随口说出的只言片语，在学生家长眼里可能却代表着育人的真理，被当作教育孩子的依据。从这个角度来看，我们的职位可真算得上一个高度敏感的职位了。处在这样一个位置上的人，如果不能从与之相应的高度来增长自己的学识、修养自己的品行，真正把自己培养成一个把握了教育规律的专家型人才，而仅仅满足于应付一般的行政事务，就是对老百姓极端的不负责任。

这件事带给我的另一个启发是，作为一名教育官员、国家的公务员，在为民服务上是不应当有边界的。教育的功能是培养适应社会需要的有用之才，是促进人的社会化进程。因此，在育人的工作上也是没有边界的，只要是有利于人才成长的事情，不论是学校中的还是社会上的，都应当成为我们研究和思考的范围。比如，当众多学生家长由于缺乏最基本的教育常识，在教育孩子的问题上遇到了诸多困惑的时候，我们就应当主动担负起培养和教育家长的责任；当孩子因贫困而面临失学的时候，我们就要想方设法动员社会力量帮助他们渡过难关。因为公务员不仅是人民的公仆，替服务对象排忧解难是公务员应尽的责任，更为关键的是，我们都是拥有公共资源的人，即使手头没有现成的力量可以支配，也完全有能力激活社会上潜在的能量。就拿家庭教育来说，我们许多学校可能缺少这方面的经验，但家长们有；我们中小学可能缺少这方面的专家，但高校有；我们本地也许没有，但全国有。近几年我们就是基于这样的一个思路，将成功的家长、全国的专家、高校的力量都动员起来为潍坊的家长服务，不仅开通了家教服务热线，还让全市的中小学家长足不出户就能受到家教常识的普及教育，并开始在所有中小学开办家庭教育系列讲座与课程，受到了学生家长的普遍欢迎。像这样的事情，如果我们仍把视野局限在学校内部，不考虑学校外部的事情，看似也是尽到了自己的责任，但实际上却是远远不够的。

我想，美国西点军校学员章程中的一个规定也许更能说明这个道理。他们规定：每个学员无论在什么时候，无论在什么地方，无论穿军装与否，也无论是在执行警卫、值勤等公务还是在进行私人活动之时，都有责任履行自己的职责和义务。这种履行必须出于发自内心的责任感，而不是为了获得奖赏或其他。他们认为，没有责任感的军官是不合格的军官；领导就意味着责任。孔子曰："居处恭，执事敬，与人忠。"面对自己的职位，我们应当把心叫醒，时刻问问自己："你尽职尽责了吗？"

教育的成功在于研究成功人生

前段时间到一所学校就学生的非智力因素培养问题搞调研，这所学校的校长的一些想法和做法非常好，对我们研究如何培养学生的成功人生很有借鉴价值。他认为，我们的教育成功与否，要以我们培养的学生将来能否获得幸福和成功的人生来衡量。要培养学生走向成功，研究历史上成功人士的人生无疑是一个很好的办法。为此，这所学校向老师们推荐了几本介绍幸福人生、成功人生的书，并人手一本，让老师通过研究成功人生来转变教育观念、改进教育方法、优化教育内容，培养学生成功人士所具备的一些基本素质，特别是非智力因素的特质。

国内外研究资料表明，一个人的成功有20%与智力因素相关，80%与非智力因素相关。而在信心、意志、习惯、兴趣、性格等主要非智力因素中，习惯又占有重要位置。我国著名教育家叶圣陶先生说："什么是教育？简单一句话，就是要养成习惯。"古今中外的成功者都具有兴趣广泛、自信心强、善于交往、习惯良好等共同的品质。正如美国心理学家威廉·詹姆士所说："播下一个行动，收获一种习惯；播下一种习惯，收获一种性格；播下一种性格，收获一种命运。"兴趣是学生最好的老师，自信是学生成功的基石，交往是学生成功的手段，习惯决定孩子的命运。

在现实中，人们成年后所取得的成绩往往与中小学时的表现不那么一致，学习拔尖的学生到了社会上未必优秀，而许多看似学习不那么优秀的学生在社会上却能表现不凡。这说明我们学校所教的东西，往往并不全都是将一个人导向成功的必备内容，可能一个人在社会上最需要的东西，为我们的教育所忽略了。这忽略的内容正是积极生活、正确做人方面的教育。

教育从根本上来讲，是成就人的事业，其目的是让人成长为社会需要的又合乎自身发展要求的幸福的人、成功的人。这就要求我们教育者首先要研究和懂得人生走向成功的路径，并努力实践自己的成功人生，否则就很难带领孩子走上成功的道路。因此，从这个意义上讲，要真正把握教育的真谛，实施对学生最具终身意义的教育，教育者或者说高明的教育者，应当把成功人生作为自己学习和研究的重要课题，并逐步给学生上好这门"人生课"。

我想，这也就是陶行知先生所提倡的“生活即教育、社会即学校”的意义所在。

应当说，“人生课”的缺失、生活与学习的脱节，是应试教育带来的最大缺失。在高考的压力下，我们的老师被迫变成了一些地方和学校急功近利的工具，只研究学科教学和考试，无暇顾及学生其他方面的发展，更谈不上做学生的“人生导师”。从这个视角看，研究提升人生的教育，是当前教育改革的期盼，也是培养全面发展的人所必需的内容。因此，在这方面下番功夫，对己、对人，对教育、对社会都是极具吸引力和极有价值的一件事情。教育主管部门应当潜心地加以梳理，并将此作为打造教育核心竞争力的关键措施，组成专门队伍进行系统研究，并力争将“成功人生教育”引入各校的校本课程，以此作为提高教育质量的一个新的生长点。

教育的功能在于激励

清代教育家颜元曾说:“教子十过，不如奖子一长。”随着现代教育理念的普及，好孩子是夸出来的道理已为越来越多的人所接受。那么作为一个单位、一个组织，甚至一个社会，要引导人们向善，激励人们上进，又何尝不需要这样的理念呢?

2005 年“国家科技进步奖”一等奖的获得者是邓中翰。因为他在多媒体芯片领域取得了重大成绩，他的母校美国加州大学伯克利分校为他颁发了“青年领袖者奖”。这确实让人感到意外。一个毕业之后离开母校数年的学子事业上有了成就，母校仍不忘及时送上温馨的祝福，这对每一个就读于该校的学生来说，该是多么大的激励！据报道，加州大学伯克利分校每年都要举行“杰出校友奖”颁奖仪式，用以鼓励那些在科研、人文、商业等领域取得重大成就、推动社会发展的学子，另外还在校内为教师设立了“终身成就奖”“杰出教授奖”等奖项。

到西方考察过教育的人会发现：他们的校园里有不少雕塑，教学楼走廊的墙壁上也悬挂着不少人物照。但这些照片不是什么世界名人，而是本校优秀教师或学生的肖像，或是杰出校友、捐助者的肖像。置身其中，让人周身涌动着一股股被感动、被震撼、被激励的热流。

对比他们的学校，我们不少学校是否欠缺了点什么呢？

当然，含蓄内敛、不事张扬，是我们民族的文化传统，但在谦虚谨慎、戒骄戒躁的同时，是不是更应当顺应人的天性呢？因为“人类本质中最殷切的需求就是渴望被肯定”（威廉·詹姆士）。渴望被尊重、渴望被激励毕竟是每一个人的强烈愿望。著名管理学大师彼得·德鲁克说过：“充分发挥人的长处，才是组织存在的唯一目的。”以培养人、塑造人为目的的教育组织，不是更应当拿起表扬的武器，把人的长处悉数挖掘出来吗？

只有善于激励人的长处，人才才能不断涌现，事业才能蒸蒸日上，这也是我们潍坊市的教育出成绩、出经验、出人才的重要原因。为了激发整个教育系统的创造活力，近几年市政府设立了“教学成果奖”，专门用于奖励每年做出突出成绩的教育工作者。市教育局设立了“教育教学管理方法创新燎原奖”，推广方方面面的成功经验；评选“金点子成功创新案例奖”，鼓励和肯定教师每一个有效解决问题的好办法；对教师在教学实践中形成体系的教学方法，以教师个人名字予以命名并表彰，甚至资助其出版专著、著书立说；对社会上热心从事教育研究并取得显著成果的人士，包括外地对潍坊教育提供人才智力支持做出突出贡献的人，也专门设立了“春华奖”，等等。只要是对教育事业发展有利的事，只要是为教育事业发展做出较大贡献的人，我们都要设法予以肯定，予以激励。许多教师就是在这样不断被激励的情境中成为了不平凡的人，许多不起眼的日常小事也是在这样的氛围中被做成了一个又一个成功的故事。

所以，我们不要吝啬，要拿起表扬的武器，去赞美学生的每一点进步，去肯定教师的每一点成绩，去宣扬每一个为教育做出贡献的人。这也许不需要花什么钱，但得到的回报却往往是花钱也买不来的个人与群体的发展与成功。

成功学子：教师心底的深层动力

俗话说：“男儿有泪不轻弹。”何况自己已是步入中年的人了，经历了世间太多的酸甜苦辣，已是一脸沧桑。一篇文章、一个故事就可以轻易地催我泪下的情况是很少出现的，但近日阅读《刘默涵：让灵魂永远站立》一文，却令我难以自抑，泪流满面。

刘默涵出身贫寒，父亲在她 12 岁那年就去世了，母亲又常年卧病在床，可她不仅没有被生活的压力击垮，还以优异的成绩考上了北京大学。她让我感动的，不仅仅在于在本应在父母身边撒娇的年龄，她却以柔弱之躯承担起了自食其力、供妹妹上学和贴补家用的责任；也不仅仅在于她创立了以自己名字命名的助学基金——“默涵助学金”，帮助了众多贫困家庭的孩子，主要还在于她的成长经历再一次给我们教师一个伟大与崇高的理由，让我们寻求到了一个可以不断激发成就感与自豪感的力量源泉——来自成功学子的巨大精神力量。

刘默涵上初中时，曾因交不起学费而被迫中途辍学。提到复学后的初中班主任丁老师时，她心中满怀感激：“如果不是遇到了丁老师，当时已经厌学的我根本考不上大学，更重要的是，我很可能仍然在仇恨和怨怼中挣扎。”刘默涵说她一辈子都不会忘记丁老师那改变了她人生的一句话：“这个世界上比你苦的人有很多，你永远都不是最苦的那一个；但是通过努力，你可以做最幸福的那一个。”一句话可以影响一个人的一辈子，这正是教师的力量与幸福。

我想，看过这篇文章而感到最幸福、最感动的无疑是这位丁老师了。是成功的刘默涵让丁老师的人生价值得到了放大与提升。在教育战线，像丁老师这样的好老师，可以说有千千万万；因为一个好老师，因为老师的一句话或者一件事而改变一生的学生数不胜数，但能够像丁老师这样可以亲耳听到自己学生满含感激的话语的，恐怕就寥寥无几了。所以，我们在为丁老师感到庆幸的同时，就不能不为太多太多像丁老师这样的好老师着想。美国心理学家马斯洛认为，自我价值实现的需要，是人的最高需要。对教师而言，可能没有什么能比得上曾因自己的存在而让学生拥有了成功幸福的人生更令人激动与自豪的了，可能没有什么能比得上来自学生的赞美更让人收获成就感、更让人意气风发的了。特别是在物质生活条件显著改善而又有许多教师出现职业倦怠的情况下，来自学子的情感，应当说就是教师克服倦怠、献身教育的深层动力所在。

其实，几乎每个学子都或多或少地珍藏着这样一些令人感动的故事，他们的感恩之心如窖藏美酒，随着阅历的不断丰富会愈加香浓。我也曾因无处表达初中数学老师改变我人生的感激之情而专门写过一篇感恩文章，以抒胸臆。只是我们的社会，特别是许多学校缺少这样的意识与制度，没有为学生们提供一些可以倾诉衷肠的机会与场所。所以，学校应当给自己的学子们创造形式多样的机会，让他们去感动老师，去感动自己，去引领同学，去激发老师。来自学生的感言，来自校友的感激，理应胜过其他的说教。

为孩子搭建“人生金字塔”

最近，涌现出不少有关“举办私塾”的报道，特别是哈尔滨市一个从未迈进学校大门的14岁女孩辛蕴甜的故事，在全国引起了轰动。这个完全接受家庭教育的“现代私塾”毕业生，在父母的教授下学完了小学到高中的全部课程，以560分的高考成绩被黑龙江大学录取。

“私塾女孩”考上大学，给我们的教育带来哪些反思？

这件事引起了人们对于高考制度的反思。当今高考制度的最大弊端，是以一次考试的分数进行选拔，即“一考定终身”。一个接受正规学校教育的学生在进入大学之前，从小学到高中要经过漫长12年的学习时间。但是，“一考定终身”的模式，使这12年的寒窗苦读变得不那么重要了，只要在最后一考中发挥良好，就可能考上好的大学。这就出现了一个奇怪的现象——一个人并不需要经过12年按部就班的学习，也不需要学习正规学校所开设的所有课程，尤其是美术、音乐、思品、体育、综合实践活动，以及学校组织的各种教育活动，只要针对高考科目做目标性的训练，有限地掌握这几门课的内容，就有一举中第的可能。很显然，这种以提高考试成绩为最大目标的教学计划是实用的，但却是狭窄的、功利的，更是不科学的。我们不能肯定辛蕴甜小姑娘就是这样一个偏科的学生，但她毫无疑问是“一考定终身”制度下的幸运儿，也是对当今高考制度的莫大讽刺。

这件事给人的启示是多方面的。下大气力深化高考制度的改革、革除当今高考制度的一些弊端，不能不说是我国教育改革的当务之急，但更重要的是，要明确我们应树立怎样的“学生观”“发展观”，办什么样的教育。

“私塾女孩”考上大学，不仅反映了当今高考制度存在的问题，也折射出当今社会对孩子发展的认识存在误区，人们普遍把分数当成了衡量学生学习质量的唯一标准，而不看学生其他方面的发展，把学生当成了“分数人”。新兴的“现代私塾”和“私塾式”教育培养出的很可能是一个个情感、幸福、同伴、品德、情趣严重缺失的“分数人”，考试的“机器人”，而我们学校教育所培养的应是社会所需要的全面发展的“社会人”，具有可持续发展的具有巨大发展潜力的“潜能人”。

著名企业家李嘉诚在演讲中曾这样诠释成功：“人生是一个很大、很复杂和常变的课题，我们用分析、运算、逻辑等理性智商（IQ）解决诸多问题；用理解力和自我控制的情绪智商（EQ）去面对问题；用追求卓越、价值及激发自强的心灵智商（SQ）去超越问题。”李嘉诚认为IQ、EQ、SQ皆重要，“学术专业的知识，使我们有能力驰骋于社会各行各业中；对自己及他人环境的了解，能发挥人与人之间的同情心，加强家庭、学校、机构的团队精神；慎思明辨的心灵能力驱使我们对意义和价值的追求，促动创造精神，把经验转化成智慧，在顺境和逆境之中从容前进。”

我们的学校教育应培养什么样的人呢？那就是这种“3Q”人才，即具有较高理性智商（IQ）、情绪智商（EQ）和心灵智商（SQ）的人。要使一个人在成长过程中获得较高的“3Q”，我们中小学教育就要对学生进行“3Q”方面的教育，为孩子将来的发展打下宽厚、坚实的基础，构建最稳固的“人生金字塔”。

金字塔的四棱锥结构可以说是几何图形中最稳固的结构了。金字塔的底面积与高度成正比——底面积是金字塔的基础，基础面越宽大、越牢固，其自然发展的高度就越高，反之就越低。基础教育阶段就好似孩子“人生金字塔”的底面积，需要全面发展、夯实基础。孩子完整的发展除了智能的发展外，还应包括认知、情感和意志等方面的发展，要让孩子学会做人、学会生存、学习合作、学会学习、学会创新，让孩子走入社会、实现“社会化”，让孩子在集体中培养责任感、荣誉感，在同伴中分享成长的幸福和快乐等。只有将孩子这个“人生金字塔”的底面积搭建得宽厚、坚实，他将来的人生高度才会很高很高。

看来，测量“人生金字塔”的底面积，仅用一把测量线性长度的“高考标尺”是无法测量出来的，也是可笑和蹩脚的；那种“现代私塾”或“私塾式”教育培养出来的人，很可能是一些“高跷人”，这些人虽然一时间给人以鹤立鸡群的感觉，但在人生的道路上很可能因缺少全面、坚实的教育而走不稳、走不远。

美国见闻

在许多人看来，学校教育似乎就只是学校自己的事，与家长的关系不大，与社会更没有多少关联。但这一观念在美国却遭遇了强烈的冲撞。

2006 年春，我到美国考察基础教育，考察的第一所学校是洛杉矶美诺高中。一进校长办公室，便有一位女士迎上来热情接待我们，并让大家品尝摆满桌子的各种糕点与饮料。另有一位长者向我们介绍学校情况。在长者介绍时，这位女士还时不时地插话补充。看样子她并不是我们所理解的学校招待人员。仔细询问后，结果满座皆惊。原来她不是学校员工，而是学生家长，而且她的丈夫曾因乳腺癌相关研究还获得过诺贝尔奖，用来招待我们的食物也都是她精心制作的。那位介绍情况的长者不是什么校领导，也不是在职人员，而是学校返聘的一名退休教师。他们是代表学校专门陪同我们考察的，是今天活动的主角，而陪同他们站在一边一言未发的，才是学校真正的校长。

他们两个人怎么成了今天活动的主角了呢？一问才知，原来他们都是学校“家长教师协会”的成员。

在美国，几乎所有的中小学都有这样一个颇具影响力的协会。学校组织学生参加的几乎所有需要经费支持的活动，都由这个协会负责从学生家长中筹措，而且每个家长也都有为学校服务的义务。如果家长没有时间到学校做义工，那也要在家中帮助学校或教师做一些力所能及的事情。我们随后访问的千橡小学校长也讲到，经常到学校帮助工作的家长达到一半以上。“家长教师协会”的作用不仅是帮助学校开展活动，还参与教学，也参与对学校的评价。

仔细想来，这些“家长教师协会”的主要功能可能不是筹资，因为作为经济全球领先的大国的学校，决不至于连组织学生活动的经费都拿不出，毕竟与生均五六千美元的支出相比，活动经费绝对是一个不起眼的小数字。他们这样做的主要用意可能是要以此唤起家长对学校教育的关注与重视，督促学校教育适应社会对人才培养的需要。相比之下，我们现在以禁止学校乱收费为名，不准学校接受社会与家长的捐助，这种做法丧失的恐怕不止是弥补办学经费严重不足的筹资渠道，更杜绝了广大学生家长对教育的热情与言路，这才是我们真正应该忧虑的。

当然，美国的家长们之所以愿意为学校捐资，还有一个非常重要的原因 —— 他们的付出绝不可能被滥用。

洛杉矶市的千橡小学坐落在富人社区，条件优越，经费充足，每年学校的生均经费可以达到 6000 多美元。从校长的热情和重视程度看，我们受到的礼遇应该是高规格的。但令人不解的是，我们考察了接近一个下午的时间，曾两度进出校长接待室，又是听介绍又是座谈交流，学校竟没有提供哪怕是一杯水的招待。难道一个拥有 700 人规模、每年 400 多万美元办学经费的学校，至于连一杯水的招待费都拿不出来吗？如果不是亲眼所见，我还真是不敢相信。在交流中得知，原来他们的校长无权自行支配办学经费。该校的办学经费主要来自所在社区的居民的财产税，经费的 85% 左右用于支付教师工资，15% 左右由学区负责支配，用于校舍维护、学校日常办公及教科书提供等。学校可以自行支配的经费一年只有 7500 美元，但怎么支配却要由 6 个教师和 6 个家长组成的委员会协商确定，并报学区批准。

感受到了热情背后的“冷遇”，就不容我不联想到我们的学校。就生均经费而言，我们可能尚不及人家的十分之一甚至是几十分之一，但就招待经费而言，能比他们少的恐怕全国也找不出一家。中美两国的文化习俗固然有着巨大差异，但在我国经济尚不发达、教育经费极度紧张的现实情况下，究竟怎样才能确保不滥用我们本已少得可怜的教育经费，美国的做法无疑提供了很好的例子与参考。

深度参与学校事务的“家长教师协会”带给我另外一个思考：目前我们

中小学普遍开办的“家长学校”是否在方向上存在一些偏差呢？家长难道仅仅是学校的教育对象吗？当然，就整体而言，我们有相当一批家长的素质有待提高，但家长在学校中的角色不应是被呼来唤去的被教育者。在教育格局的分配上，我们没有把家长摆到与学校同等的社会地位上，没有把家长与学校作为同等重要的社会教育资源来对待。缺少家长的广泛参与和监督，可能正是造成我们许多学校师生关系不平等、违规办学甚至腐败现象频出的重要症结所在。由此看来，我们的“家长学校”真该换名了。

在纽约市，我们访问的是原马丁·路德·金学校，这所原本拥有1500名学生的高中在近年来推行的“小学校化”运动中，已被分割为5所学校。向导将我们带入这所装有安检系统、戒备森严的学校后，又是安排我们听课，又是参观各种场馆设施，而且滔滔不绝地向我们介绍他们的教育哲学，讲解推行“小学校化”运动对于营造亲情浓厚、互助合作的校园文化的价值，等等。我心想，这次可算是遇到了一位有自己教育理念的校长了，应当与她好好聊一聊。但对话一经展开，我们才知道又看走了眼。她竟然不是学校的人，而是纽约律师资源中心的一个律师。他们的办公场所就设在这所学校里。资源中心在这里办公的只有3个人，负责纽约市政府资助的面向中小学的法律援助项目，联系着全市的律师并与100多所中小学开展教育合作，实行律师与学生配对、每周见一次面的策略。她提到，纽约市律师协会有个明确要求：每个律师每年需要做足25～30小时的社会公益工作，社区服务也记入工作时间。有了这样的项目，又有这样的规定，教育哲学出自一个律师之口也就不足为怪了。

这次邀请我们访美的“公民教育中心”不是政府机构，而是一个民间组织。这个组织成立于20世纪60年代，起因是对公民素质状况感到担忧，发誓要提高公民素质。该组织得到了联邦政府的资助，其影响不仅遍布美国各州，还与60多个国家和地区开展了公民教育合作。它在美国的每一个州都派有1～2名协调员，通过游说两会议员和政要，唤起他们对公民教育的关注与支持，引导和帮助学校卓有成效地开展公民素质教育。

一个城市乃至一个国家有这么一些协会、中心为教育呐喊助威，教育优先发展、全社会尊师重教就不再仅仅是一句口号了。

艺体教育奠基学生的幸福人生

星期日上午，友人约我到体育馆参加了一个由市羽毛球协会组织的比赛。据介绍，参加这次活动的二三十人都是协会的会员。这些人来自社会各个行业，在每个周二、周四的夜晚和周六、周日的上午均会聚在一起打球。他们虽然都是业余选手，但仍然打得热火朝天、异常精彩。看着他们乐此不疲、其乐融融的活动情景，羡慕、赞叹之情油然而生。许多人虽已过了不惑之年，但依然身强力壮、活力四射，周身散发着年轻人的朝气。这说明，经常性的体育活动不仅能强身健体，更能滋养人的精神，提升人的生活质量、生命质量。

现在，社会上有许多这样的艺体活动的群众组织。这些组织帮助许多人培养和发展了兴趣、爱好与特长，使许多人的生活变得更充实、更幸福。

一种稳定而持久的艺术或体育爱好，对于保证一个人维持好身体、好心情，成为和谐、健康的人，成为可持续发展的人，是十分重要的。而适时地加入某个兴趣组织，对于发展这种爱好、克服自身惰性或许是不可缺少的选择。

由此我想到了我们的艺体教育。应当说，我们学校进行艺体教育的实质和核心，就是要培养孩子对艺术、体育的情趣，为他们的幸福人生奠定基础，而决不单单是为了搞竞技。这也许就是日本为什么将体育课称为保健课的原因所在。把艺体教育应试化、竞技化，是当前基础教育的一个误区，也是学校不重视艺体教育的原因所在。艺体教育的着力点应是培养学生艺术、体育方面的兴趣、爱好与特长，为今后在各自的工作岗位上有个好心情、好身体奠基，为获得充实的生活、幸福的人生奠基。

由此，我们作为教育工作者，应该把事业拓宽，走入社会，在生动的社会生活中更好地把握教育的实质。

给孩子真正需要的

孩子成长中的问题是美丽的

孩子是家庭的希望和动力，孩子成长中不断出现的问题也就自然成了左右家庭幸福的重要因素，许多家长常常被这些问题搞得焦头烂额、惊慌失措，甚至影响到正常的工作和生活。难道孩子们的问题本身真的有这么严重吗？作为家长，对此究竟应当持一种什么样的态度才是最为有益的呢？我想，要探讨这个问题，最重要的就是要树立正确的问题观。

孩子的成长都是伴随着问题一路走来的，没有问题的孩子事实上是不存在的，这是由人的成长规律所决定的。孔子曾说："吾十有五而志于学，三十而立，四十而不惑，五十而知天命，六十而耳顺，七十而从心所欲，不逾矩。"像他那么伟大的圣人，也只是到了15岁的时候才知道学习的重要性，到了70岁的时候才修养到完全按自己的心愿做事而不致出格的境界，更何况正处在对未知世界充满好奇、精力旺盛的成长中的青少年呢。人的成长是有阶段性的，在孩子身上出现这样那样的一些问题、不足、缺点甚至错误，都是难免的，是具有经常性与普遍性的。如果说有什么不同的话，只是你的问题出在这方面，他的问题出在那方面；你在此时，他在彼时；你的轻点，他的重点罢了。可能有许多家长曾看过美国喜剧片《成长中的烦恼》，这部剧表现的不都是孩子们令人捧腹的恶作剧吗？同时它也说明，问题正是成长的必然，是人的社会化的需要，没有这样一些问题的出现和解决，孩子就无法顺利地步入成人世界。所以，作为成年人，我们应当以积极的心态接纳这些问题的出现，包容孩子们的种种问题与不足。只有这样，才能为实施有效的教育活动奠定良好的情感基础。著名教育家霍懋征的座右铭是"没有爱就没有教育”，在她的眼中，“没有不可教育或教育不好的学生”。正是凭着这种高尚、神圣的情感，她在 60 多年的教学生涯中，竟没有体罚过一个学生，没为一个学生动过气、发过怒，并创造出没有一个学生掉队的奇迹。

对孩子的缺点与不足，我们之所以要持这样一种态度，不仅在于出现问题是不可避免的，更重要的是，正是这样或那样的问题，为孩子的提高带来了良好的机遇。我们不是经常讲“失败是成功之母”“艰难困苦，玉汝于成”吗？因为任何一种学习都没有从自己的失败中得来来得真切。比如，现在许多孩子甚至家长都谈“考”色变，视考试为畏途。殊不知，测试的真正目的正是为了发现问题、解决问题。发现的问题越多，解决的问题也就越多，提高进步得才会越快。最近有一个电视片《状元》，主题是北大、清华学子谈学习经验，从中可以发现：他们几乎都有建立错题本的习惯，都在研究错题上下了很大功夫，绝不重复犯相同的错误，哪怕一个字词都不放过。闻过则喜，善于不断从自身寻找问题，善于不断从错误和失败中学习，应当说就是他们不断超越自我、达到极致的奥秘所在。前一段时间在中央电视台《开心词典》节目中，有个选手表现得非常出色，但有一个题目他是求助现场观众才答对的。当时他说了这样一句令人感动而又耐人寻味的话：“为什么这么多人都会，而我却不会呢？”所以，问题本身并不是问题，关键是如何对待问题，能否把问题转化为成长进步的机遇和动力，那才是最重要的。

与孩子交流是教育的基础

前几日在与几个事业上颇有一番成就的人进行交谈时，谈起了对孩子的教育。他们有的讲，由于自己过于威严，孩子在自己面前总是有些畏惧，不敢主动、放松地与自己交谈，什么都不愿与自己讲；还有的说，自己和孩子总是谈不到一块儿来，等等。对此我深有体会，这可以说也是让我与父亲深感压抑和痛苦的原因。由于小时候父亲管教颇为严厉，我见了他就如老鼠见了猫一样害怕，以致现在到了不惑之年，虽然对父亲满怀尊敬之情，可一见他的面就无从开口，只得缄默不语，使我们的生活质量和生命质量也大打折扣。为此，我下决心在我与孩子身上改变这种状况。

事实上，但凡留意我们就会发现，几乎每个有成就的孩子、身心健康的孩子，都有一个宽松的家庭环境，都能够与父母平等地交流。因为只有在信任和自由的环境中，人才会产生创造的激情，才会有不断追求的欲望；只有在安全的无拘无束的状态下，才会对生活充满向往和兴趣。这不仅是人们提高生活质量、生命质量的需要，更是提升自我、不断进步的需要。当家长不能与孩子打成一片，不能与孩子保持平等友爱的关系时，想要与孩子进行顺利的交流就是不可能的事情。让孩子感到安全、自由才是教育的前提。

在当前很多家庭中，家长与孩子的交流问题是一个非常突出的问题，不知有多少家庭因为交流上存在障碍而演绎出了很多不幸的故事。家长要做好对孩子的教育，必须与孩子建立顺畅的交流渠道。这首先要求家长处理好与孩子的关系，这就是“好的亲子关系胜过很多教育”的道理。处理好与孩子的关系的前提是与孩子平等相待，与孩子成为朋友，这样交流起来方能顺畅，教育便自然形成了。可见，与孩子交流是教育的基础。

家长要想与孩子进行很好的沟通和交流，重要的是转变观念。转变思想观念，就是把孩子当“人”看待，平等相待；把孩子当作朋友，相互尊重。家长还要在家庭中努力营造一种“倾听的气氛”，要善于耐心倾听孩子的诉说，对孩子每天所讲的内容表示关注，这样孩子才会感到被尊重。家长无论多忙，都应多留意孩子的一举一动，并尽量抽时间与之讨论，交谈时要多听孩子的意见，避开所谓的“冲突”。面对孩子对一些问题的看法和处理方式，家长应尽量充当“顾问角色”，给孩子建议而不是命令。孩子犯了错误不要急于提出批评，而应帮助他们把事情弄明白。在与孩子交流中，对一些自己不便当面说的话，以及孩子不愿听或拒绝听的话，可采取写信的方式。等孩子平静下来后，再将信拿给他看，他就更容易把家长说的道理听进去，也更有利于问题的解决。

把思维过程还给孩子

星期六下午，孩子放学后对我说：“下周我们就要学习二元一次方程了，您和我提前预习一下吧！”

自从孩子上了初中以后，我怕孩子的数学跟不上，采取了“快半拍”的学习方法，也就是说，比学校的教学进度提前一个单元带着孩子预先学习。可是，一个学期下来，收效甚微。我对此进行了深刻的反思。我发现，为了给孩子节省时间，自己往往讲得太多、太细，只知道一个劲儿地灌输，使得孩子自己动脑思考的机会太少，慢慢形成了一种依赖和惰性。孩子头脑中没有问题意识，就只能被动地接受。意识到这点后，我决定采取一种新的方法来和孩子学习。我对孩子说：“从今以后，我们改变一下学习方式。以前是我教你，今后由你来当老师，我当你的学生。如果哪里不明白，你提出问题，然后我们一起来研究探讨，怎么样？”

孩子一听，很为难地说：“我又没有学过，怎么当你的老师？”我说：“你现在是中学生了，已经具备较强的自学能力了。历史上有好多仅有小学或初中文凭的科学家，就是靠自学成才的，我国数学家华罗庚就是这样。你现在已经可以不依赖老师教了，自己学习完全没问题。”“那好，我试一试。”孩子还是有点信心不足。我说：“不用试，你一定能行。你的老师怎么教你，你怎么教我就行了。”

孩子听了很高兴，立即开始“备课”。我看她一边认真地学习教材，一边查阅一些辅导资料，观看我给她买的数学光盘，然后整理出“教案”。

星期天下午，她开始给我“上课”了。

课“讲”得还算可以，把“什么是二元一次方程”“什么是二元一次方程组”等一些基本的知识都讲明白了。但是，当我这个“学生”一提出分析性的如“二元一次方程和一元一次方程有哪些不同？”“能不能说，两个二元一次方程就叫二元一次方程组？”等问题时，她就卡壳了。

这节课讲完后，我首先肯定了孩子第一次讲课很成功，然后针对问题给她提了点建议：“今后在你‘备课’和‘讲课’的时候，要注意带着问题去备、去讲，每节课你至少要向我提出 5 个问题，至少要提出 2 个你自己不明白的问题来和我共同研究探讨，怎么样？”孩子欣然接受。

从这以后，她俨然成了一名真正的老师，每周都认认真真地给我“上课”，对她不明白的问题，我以提问的方式和她一起探究。一段时间后，我发现孩子学习变主动了，更令人高兴的是，她学会了怎样提出问题、思考问题和探究问题，数学成绩也有了一个较大幅度的提高。

这样做的好处是，孩子的学习态度和学习方式发生了改变，真正学会了学习。这些收获会让她受益终生，其价值也是单纯提高成绩所无法衡量的。

这件事对我的触动很大。为什么孩子在单位时间里的学习效率会产生如此大的差别？原因固然有很多，但是，孩子在学习过程中是被动接受还是主动思考，应当是问题的关键。放眼生活我们就会发现，身边那些善于自学的人之所以能够取得突出的成绩，就在于他们自学的过程完全是一种主动求知、主动动脑思考的过程。与被动听来的知识相比，通过自己主动获取，特别是克服重重困难才弄明白的知识，肯定会给人留下更深刻的印象，也让人记得更为扎实。因此，学习上养成主动求知、主动探索未知领域的习惯是非常重要的，因为在这个过程中，我们不仅得到了知识，更获得了思维能力的提高和思维方式的优化，而这恰恰是攻克难关、完成复杂任务应具备的最重要的素质。这种能力，无论对于在学校学习书本知识，还是对于将来立足社会干事创业，都是十分重要的能力。如果说我今天在工作上也做出了点儿成绩的话，也要得益于自己在初中阶段对数学的痴迷和自学，以及由此养成的勤于学习、善于钻研的习惯。

所以，在我们试图给孩子的学习提供帮助的时候，一定不要代替孩子思考，而要把思维的过程还给孩子。

父母是孩子最好的老师

随着阅历的不断增加，我越发强烈地感受到，自己的成长在很大程度上得益于父亲的影响。发生在父子之间的那些故事，深深地影响着我的教育信念，也影响了我对家庭教育在孩子成长中价值与作用的理解，成了我主管全市教育后不遗余力地在百万学生家长中普及家庭教育的重要根源。

小时候，我最盼望的事就是父亲回家。父亲长年在离家十几里的公社工作，一年回不了几次家。每次回来我们家都像过节一样，不仅有好饭吃，而且在饭后一家人聚到炕头上的时候，母亲总会想办法炒一点花生，或弄些糖果帮我们“打馋虫”。这是父亲不在家时我们连想都不敢想的事。在浓浓的亲情中，一家人听父亲讲他工作上的事情，讲他人生奋斗的历程。

父亲只上了不到三年学，还是分两次进行的，第二次求学时，他已经20岁了。而恰是因为这不到三年的学习经历，让父亲成了村里少数几个能写会算的人物之一，从一个农民变成了乡统计员、公社统计员，又成了社办工业主任，最后到县农具厂做了厂长。父亲在兄弟六人中最出色，也是整个家族的主心骨。在我的记忆中，父亲反复讲的就是事业，就是奋斗，就是要不屈不挠地干出点儿样子来。

父亲给我印象最深的，是1974年发大洪水时的一件事。那年夏天，诸城潍河发生了几十年不遇的大洪水。当时情况十分危急，洪水已经涌入了村里不少人家，我家也是岌岌可危。当天，父亲正巧到邻近村庄办事，顺便回家看看，没想到刚进家门，就接到了工厂被洪水围困的电话。他二话没说，连已做好的午饭都没来得及吃，就冒着倾盆大雨匆忙赶回了十几里外的工厂。当时已10岁的我，在惊恐之余，真是为父亲的安危捏了一把汗。后来得知，平时用不了2个小时的路，父亲竟在泥泞中跋涉了4个多小时。父亲讲，幸亏那天及时赶到，迅速组织起全厂工人，赶在洪水淹没厂房前抢运出了全部设备和物资，才最大限度地减少了国家的财产损失。这件事虽然已经过去30多年了，但无论是在做学生还是参加工作乃至担负一定的领导职务后，只要是遇到个人利益与集体利益相冲突，或是遇到急难险重的任务时，我都会想到父亲的担当。父亲对事业的执着追求和强烈的责任感，对我的人生观、价值观甚至理想信念的影响都是不可低估的。

我的家庭是标准的慈母严父型家庭。母亲宽厚仁爱、任劳任怨、无怨无悔，父亲则是不怒而威。他虽然从来没有动过我们一根手指，但却是一位十分有威严的家长，在原则问题上毫不含糊。记得1981年，我初中毕业考入诸城师范学校，应当说给父母争了光。在家人的赞许声中，自己也有点飘飘然起来。当时虽然学校提供伙食，但很多和我一样考学成功的同学，总会吃到家里托人带来的这样或那样好吃的东西，有一次我看到同学吃家里人送来的糖火烧，简直羡慕得不得了，但回家的时候因害怕父亲批评我搞特殊又不敢直接开口要，就请一位同在师范学校读书的叔叔捎信给母亲，让她给我烙几个糖火烧带过来。当时，我觉得这没什么大不了，因为在同学中我家的条件还算不错，父亲刚从县办企业厂长的位置上退下来，姐姐、哥哥也都有了正式工作，做几个糖火烧不算什么。但万万没有想到，我满含期待等来的不仅是两手空空的叔叔，还有父亲不留情面的训斥。当时我羞愧难当，从此断了搞点儿特殊的任何念想。我读师范时正是长身体的时候，喜欢活动，运动量大，吃得也多，又喜欢买书，因此家里每月给的 5 元生活补助费往往不够用。有一次我向姐姐借了 5 元钱，之后再借的时候便吃了“闭门羹”。后来我辗转知道，姐姐之所以不再借钱给我，也是因为父亲的特别交代。

现在自己也早已做了父亲，每每想起父亲对自己的良苦用心，心头总会涌动起阵阵酸楚。教育，确实是一门学问、一门艺术，特别是在物质生活条件显著改善甚至极大丰富的时代，如何培养孩子自立、自强、自主的精神和能力，真正是对每个父母教育智慧的考验。

每个家庭都需要一个高度

回家过春节，听老人聊家常是一项最主要的内容。家常中提及最多的往往是这家兴旺、那家败落的话题。而每每聊到一些家庭的后辈继承了父辈乃至祖辈的不良品质时，老人总要感慨一番。如，有的家庭从老一辈起就嗜酒如命，到了现在他们的子孙还是天天烂醉如泥，以致穷困潦倒；有的家庭从老一辈起就不和睦，时到如今也不见后辈相敬如宾的迹象；有的家庭上一辈人就没有赡养老人的传统，到如今两代人之间也仍是形同路人，等等。是什么力量在牵引着众多家庭陷入恶性循环的怪圈呢？我想，应当是家庭文化，是家庭传统在耳濡目染中潜移默化地铸就了家庭成员的思维模式、性格特征和处世准则。

说到这里，我不由得联想到我自己的成长环境。我的祖辈与父辈几乎没有识字的，到了我们这一辈，虽然中小学时代大都在“文革”中度过，但恢复高考后却有四五个堂兄弟都考学出来了，成了轰动全村的大事。难道是我们天生聪明吗？当然不是，因为只有我们自己最清楚学习的艰辛。我们之所以敢于挑战自我，是因为我们心中都有一个偶像——我们的堂兄，一个被天天挂在父辈嘴边，在“文革”前率先考上名牌大学，却并不比别人聪明多少的老兄。正是他那些勤奋刻苦的感人故事，为我们营造了良好的家庭氛围，提供了奋斗不止的精神动力和力量源泉。

记得余秋雨先生曾说过：“其实，中国古代显赫之家一代代修续家谱也是为了前后之间互相灌溉、互相滋润，你看在家谱中呈现出来的那个清晰有序的时间过程是那么有力，使前代为后代而自律，使后代为前代而自强，真可谓生生不息。”是啊！为了前后之间的相互灌溉、相互滋润，我们每一个人都要自律自强，努力成为承前启后的旗帜；每一个渴望提升的家庭，请不要抛弃家庭的历史，在代代相传的长河中，总有一些值得我们自豪的故事。因为这是一个家族的自信，代表着一个家族所能达到的高度。没有高度引领的生活，又怎么能实现一代又一代的超越呢？

给孩子一个坡度

上周老师给孩子布置了一份数学卷子，难度很大，大部分试题孩子做不出来。她愁眉不展，甚至流露出对学习的厌烦情绪。

为什么会这样呢？根本原因就在于她对整张试卷一筹莫展，从而对自己的学习能力产生了怀疑。可见，如果练习题设置得太难，就容易使学生丧失学习的乐趣，感受不到战胜困难的成功愉悦，容易产生挫败感和厌学情绪。平时孩子的数学在班上属于比较优秀的，可属于优秀的学生都被这张试卷难成了这个样子，那么中下游的学生是个什么状况也就可想而知了。

这件事引起了我对一个问题的深入思考：我们测试孩子的目的是什么？

苏联著名教育家苏霍姆林斯基这样说过：“绝不能让分数成为儿童的镣铐，来束缚住儿童的思维。”“教育的明智，就在于使每一个人在他的天赋所及的一切领域中最充分地表现自己。人的充分表现，既是社会的幸福，也是个人的幸福。”“有一样东西是任何教学大纲和教科书、任何教学方法和教学方式都没有做出规定的，这就是儿童的幸福和精神生活。”

我们的教育是全面发展的教育，学校教育方方面面、大大小小的事情，不应仅关注学生的知识层面，更应关注孩子的精神世界。一份作业试题的内容设计、难易程度等看起来似乎是一件小事，其实它的教育内涵是很丰富的。我们说要落实新课程的“三维目标”，就要在这样一个个的教育细节中去抓，特别是孩子情感、态度和价值观的落实。

其实，学生平时的作业和阶段性测试，不同于选拔性质的考试，其目标不仅仅在于检测学生所掌握的知识是否达到了教学目标与要求，还在于培养学生的学习兴趣、树立学生的自信心等方面。因此，老师在布置作业和设置测试时，必须考虑到孩子的承受力，要讲究试题设计的科学性。有研究表明，作为中学的阶段性测试，试卷易、中、难三个级别的比例控制在 6∶3∶1 或 7∶2∶1 的范围较合适。有难有易，难易适中，学生只要正常参与学习进程，基本上就能完成所规定的各项学习任务，从而获得较为满意的成绩。这样的测试才能有效地检验教学成果，进而激发学习兴趣、树立学习信心，把教学引向良性循环、不断发展的方向。

当然，老师的主观愿望都是好的，都希望学生尽快掌握更多的知识，特别是有一定难度的知识。但是，学习犹如爬山，当山路过于陡峭，沿途又缺少美丽的风景时，人们就会望而生畏，失去了爬山的兴致；当山的坡度适中，又有迷人的景色时，还有谁会不来攀登这座山峰呢？

学会欣赏别人

孩子最近调了座位，和全班学习最好的同学同桌。老师的用意可能是想让人家好学生带一带我们孩子，特别是提升一下她的思维能力，但带来的另外一个问题是，孩子的自信心受到了影响。学同样的内容，人家很轻松就学会了，而她却不能；周围的同学总是找孩子的同桌请教问题，使孩子不能专心致志地学习；可能因为早已学会了的缘故，同桌上课时总是流露出厌学的情绪，也影响了孩子的心态。分析孩子的这些感受和情绪，就会发现这里面存在一个如何看待自己、如何看待比自己好的同学这样一个基本问题。

其实，这是每一个人都会遇到的问题。天外有天，人外有人。面对强者的风光与从容，有的人嫉妒，有的人羡慕，而有的人则由衷地欣赏。嫉妒，容易使人产生自怜、怨恨、不满等负面情绪，甚至产生破坏、伤害等过激行为，严重影响人的心理健康、自我发展和人际关系；而欣赏，则能够激发自己上进，在认同和肯定他人的同时，自身也获得了激励和提高。因此，对那些比自己优秀的人，我们要乐于接近，学会欣赏，要把别人的优秀转化为提升自己的动力，而不要打乱了自己的阵脚，迷失了自我。那么如何才能恰当地加以把握呢?

首先是学会欣赏别人。别人的强是有原因的，我们看到的往往是别人风光的一面，看不到别人背后所付出的艰辛和努力，看不到别人通过艰辛和努力而形成的科学的办事方法和思维方式。不经努力就想要好成绩是不可能的，古今中外莫不如此。而在努力程度相同的情况下，效果的差别往往源于方法的不同。这就是为什么我们要设法跟自己所在领域里最优秀的人士一起工作的重要原因。与强者同行，能够学习到人家的思维方法和学习方法，从而充实自己、完善自我。比如我同李希贵局长共事，就从他身上学到了许多良好的工作方法和学习方法：随身带一个小本子，随时随地把一些想法和待办的事项记录下来及时处理；对自己该做的事从不推诿，什么时间做什么事，全都主动乐观地接受下来；做完必做之事，再做自己喜欢的学问，做到干工作与做学问两不误；对工作和生活中的点滴探索和感悟，都及时整理并提炼。从这个意义上讲，我们应当乐于看到并感激别人的成绩与进步，因为他人的进步不仅可以开阔自己的视野，学到更好的方法，还能为自己找到差距、明确方向。只要我们能以这样一种态度对待强者，那么，强者对于自己而言就不再是压力，而是激励自己向前的动力，是加快提升自己脚步的大好机遇。

其次是提高自信心。在和别人做比较时，不要只拿着自己的短处和别人的长处比，要善于发现自己的优点，肯定自己的价值，获得内心的平衡。在比较时，要多和自己的过去比，只要今天的自己比昨天的自己有进步，就是值得高兴的事。

再次是从多维的角度做比较。别人强并不表明自己一定弱，因为强者在某一方面出类拔萃，并不意味着在其他方面也都名列前茅。人与人的差别是相对的，而不是绝对的。人生的价值体现在多个方面，比如你也许才气平平，不像某人那样才华出众，但你心地善良、心胸开阔，同学、同事都乐于和你接触，这不也是自我价值的一种体现吗？因此，遇到比自己强的人万万不可全盘否定自我，就此认为自己一无是处。由于每个人的基础状况、学习生活环境、身体智力情况都不一样，所以成绩上出现差异是很自然的。对于学生而言，只要在保证身体健康的前提下，把时间和精力多多用在学习上，坚持完成每一天的学习任务，就是成功的，心情就应当是愉快的、满意的。古语有云："勤学如春起之苗，不见其增，日有所长。"学习是过程性的，学习结果是在持续不断的过程中形成的。只要过程是坚实的，无论什么样的结果，对自己而言都是最好的。如果看不到这些不同，看不到自己的优势和进步，甚至脱离了自己的实际，只是简单地比名次，并以此作为评价自己的唯一尺度，那就等于把自己的生活交给了别人，不断拿别人的进步惩罚自己。

所以，对待那些优秀的人，我们应持欣赏和学习的态度。只有这样我们才会拥有海洋一样容纳百川的胸襟，点燃"乘长风破万里浪"的激情，增加"绝知此事要躬行"的理智。

保成绩更要保健康

孩子上了初中后，学业负担较重，总觉得时间不够用，搞得身心疲惫，身体状况也不太好。怎么处理好过多的课业与有限的时间之间的矛盾，是摆在我们面前十分突出也必须解决的问题。

究竟能否找到一个既使学生身心愉快，又使学习成绩得到提高的办法和路子呢？任何只考虑一方面不顾及另一方面的做法，都是有害的。如果我们只看学业成绩，把学生的身心搞垮了，使其成为身体弱不禁风、心理不堪一击的"病夫"，自然谈不上学业的进步。同样，如果我们只考虑学生的身心健康而不顾及学业成绩，他们就可能变成四肢发达、头脑简单的愚人。所以说，学习和健康都不能丢。但权衡一下，两者孰轻孰重？显然，身心健康是第一位的，是孩子发展之本。如果没有了健康，其他也就无从谈起了。有人做过这样一个形象的比喻：健康好比数字 1，知识、事业、家庭、地位、钱财都是数字 0，有了 1，后面的 0 才会体现出价值和意义，0 越多就越富有；没有了 1，就一切归 0。这个比喻既形象又深刻。它生动地告诉我们这样一条真理：不管做什么事情，首先要保证身心健康这个前提。

就我自己孩子的情况而言，怎样才能在保证身心健康的前提下搞好学习呢？我为她设计了如下解决方法。

首先，要保证充足的睡眠，每天的睡眠时间不能少于 9 个小时，否则高质量、高效率的学习就不会发生。学习任务再重，作业再多，也要遵循这个规律，否则就要受到处罚。

其次，要在规定时间内争取学习质量和学习效率的最大化。也就是说，要学会科学地安排学习任务和学习时间，弄清楚哪些事是最重要的、必须做的，哪些事是不那么重要的、可以尽力而为的。否则，什么都想争一流，会导致精力分散，就什么也达不到一流。具体可分为几个层面：一是所有学科都要力争在课堂上解决问题；二是要将课后的主要精力花在主要学科上，回忆、做作业、预习、整理错题本等环节都要认真落实到位；三是其他学科的巩固，每天不能超过半小时。这样才能做到统筹兼顾，重点突出。

再次，既然身心健康排在第一位，是前提和保证，那就要制定保证身心健康的措施。具体来讲，除了每天在校的课间活动外，每天晚自习中间必须进行 20 分钟的锻炼和休息，锻炼至少要保证 10 分钟。另外，要利用好周日进行调节。这一天如果调整得好，将对下周的学习效果起到至关重要的作用。那么如何让周日过得既快乐又有意义呢？一是充分休整，二是兼顾学习。就周六晚至周日晚这段时间而言，必须完成的硬任务就是 3 个小时的英语辅导、2 个小时的物理辅导和课外书面作业。在周末这段可自主支配的 12～14 个小时的时间里，除去最紧张的 5 个小时辅导和 5 个小时完成作业的时间，剩余的 2～4 个小时，应绝对禁止学习，纯粹用于放松和娱乐。

最后，要切实解决专心的问题，也就是在什么时候就做什么事，决不考虑其他。一次只做一件事，也是提高效率、减轻压力的良方，如果满脑子里总装着这事和那事，那就什么也做不好，还会加重心理负担。只要坚持专心致志做事，每做完一件就会获得成功、愉快、轻松的体验，就会提高学习效率和生活质量，就会活出人生的幸福与精彩来。

抵达人生的大安详

心底无私天地宽

曾有一段时间，对仕途考虑太多，常常把自己搞得身心疲惫。由于心存想法，工作中就放不开手脚，瞻前顾后，左顾右盼；思考问题就不能从事理的角度出发，而是掺进了一些杂念，使本来很简单的问题变得复杂。这不仅影响了工作效率，还使自己变得畏首畏尾，工作上缺少了坦率和大气。

有一次，针对这一问题李希贵局长与我进行了详谈。他指出，我太在意别人的看法，做事过于谨小慎微，这样会限制自己的发展。他提到，克林顿曾给小布什提出了三条建议，其中之一就是做自己认为正确的事。

局长的话，犹如醍醐灌顶。很长一段时间里，我在潜意识中总想让所有人都说自己好。事实上，这是以牺牲自我为代价的蠢事，只会让自己变得唯唯诺诺，进而失去自我。

一个人如果对眼前的名利看得太重，陷入斤斤计较、患得患失的泥潭而不能自拔，必然会影响长远和根本的发展。这就是有人活得洒脱而有人活得局促的原因所在。所以，能否处理好干事创业与个人名利的关系，能否真正从心灵深处摆脱名利的束缚，是判定一个人是否成熟、可否持续发展的最主要、最核心的标准。老子说："天之道，利而不害；人之道，为而不争。"曾国藩也说："尽其所可知者，于己，性也；听其不可知者，于天，命也。"采取"为而不争"与"尽性知命"的态度来对待人生，可以让一个人活得更智慧、更洒脱。现在想来，自己如果能够更早、更深刻地认识到这一点的话，就会在工作和生活中有更多的收获。深刻理解到了这一点后，心里感到无比轻松和愉悦，解除了心灵的枷锁，如同获得了新生。

陶铸同志说得好："心底无私天地宽。"一个人要想不为名利所累，就应该排除私心杂念，不去追名逐利；就应该为人公正，襟怀坦荡，光明磊落，一身正气。这样才会在工作和生活中从容自在，无所不适，达到一种淡泊名利、超脱世俗和功名利禄的精神境界。

无私方能无畏。为此，有必要对自己今后的思想生活做个约定：不要把名利作为自己人生的奋斗目标，而要把干事创业、实现自身价值作为人生的出发点，安心做好分内之事；只论工作事业，不计个人名利，一切用成绩和人格来说话。这是方向问题、原则问题，必须谨记并践行之。

无数历史事实告诉我们：身败名裂的必是那些蝇营狗苟、钩心斗角之流；而青史留名的必是那些事业至上、视名利为浮云的人。

志当存高远

人生在世，特别是年轻人，鲜有不想成就一番事业，鲜有不想过上幸福生活的，但经历了一番生活的打拼后，目标远大、活力四射者少，不思进取、碌碌无为者众；乐观自信、大气洒脱者少，举轻若重、患得患失者众。究竟是什么原因使许多原本素质能力差不多的年轻人，最终却生活出了不同的人生境界呢？最近看了几个名人的人生感言，很受启发。

一是《光明日报》曾刊载一篇介绍国家最高科技奖获得者王选事迹的文章——《王选：远见、洞察力与大学基础》，里面谈到今天的成功是如何取得时，王选说："我能取得今天的成绩，和在关键时刻能想得比别人早一点有很大关系。我曾谈到过自己很多的不足，但也有一个优点，就是有一些远见和洞察力。有了远见，就不会受潮流的影响，不急功近利；有了远见，就不会被暂时的发表论文、评职称这些事左右。"他还说，"就我个人来说，远见和洞察力主要是靠大量的工作实践、大量的阅读文献，加上经常的思考获得的，也与坚实的基础课训练给予我的学习能力有关。"

二是著名企业家柳传志曾在一个电视访谈节目中提到，一个人的目标是否高远，决定着这个人是否有素养。你有了高远的目标，就会做诚信的事，就会做长久的事，就不会追求短期行为。

三是现在青年人所熟知的微软公司原副总裁、谷歌公司现任全球副总裁李开复。他写的几封《给中国大学生的信》以及一手创办的“开复学生网”，已经成为青年学子中知名的“品牌”。当有学生问他，你的人生目标是什么时，李开复是这么回答的：“人生只有一次，我认为最重要的就是要有最大的影响力，能够帮助自己、帮助家庭、帮助国家、帮助世界、帮助后人，能够让他们的日子过得更好、更有效率，能够给他们带来幸福和快乐。”他说，回答这个问题丝毫不需要思考，因为他从大学二年级起就把“影响力”作为自己的人生目标。

四是马克思。1835 年马克思在中学毕业论文《青年在选择职业时的考虑》中就明确地确立了自己一生的选择与抱负：“在选择职业时，我们应该遵循的主要指针是人类的幸福和我们自身的完善。”“人只有为同时代人的完美，为他们的幸福而工作，自己才能达到完美。”“如果我们选择了最能为人类幸福而工作的职业，那么，重担就不能把我们压倒。”“那时我们所享受的就不是可怜的、有限的、自私的乐趣，我们的幸福将属于千百万人，我们的事业虽然会悄然无声地存在，却会永远发挥作用。”只有“那些为大多数人带来幸福的人”，才会被称为“高尚的人”“最幸福的人”“最伟大的人物”，并成为“人人敬仰的典范”。即使在国际共产主义运动处于低潮的时候，马克思在英国广播公司网上评选“千年伟人”时的得票仍然高居榜首。

的确是这样，杰出人物与平庸之辈最根本的差别，在于有无人生目标，特别是高远的人生目标。著名成功学大师卡耐基曾对世界上一万人做过调查，发现只有 3% 的人能明确自己的目标，10 年后他们都在各自的领域取得了相当大的成功。

为什么人生目标会有这么神奇的作用呢？我想，道理正如王选先生和柳传志先生所讲的那样，高远的人生目标可以使人壮志凌云、不急功近利、不追求短期行为；可以使人胸怀宽广，不斤斤计较于患得患失的生活琐细。这就是成熟。正如余秋雨先生在《东坡突围》一文中所说：“成熟是一种明亮而不刺眼的光辉，一种圆润而不腻耳的音响，一种再不需要对别人察言观色的从容，一种终于停止向周围申诉求告的大气，一种不理会哄闹的微笑，一种洗刷了偏激的淡漠，一种无须声张的厚实，一种并不陡峭的高度。”经历了苦难洗礼的苏东坡，清纯而空灵，淡泊而静定，摆脱了声名所累，其艺术才华终获蒸馏与升华，他的人生也因此而更加耀眼。

生活的动力来自情感

最近，中国人民大学公共管理学院和新浪教育频道联合搞了一次“2005年中国教师职业压力和心理健康调查”，结果显示：有82.2%的被调查教师感觉压力大，64.4%的教师对工作的满意度比较低。根据国内外最新的研究成果，当个体对工作的满意度比较低时，更有可能跳槽，其工作态度与热情也会大幅度下降。担负着培育民族栋梁与教育希望的人群，竟然处于这样一种生存状况，不能不引起人们的高度关切。

为什么在物质生活条件显著提高的情况下，还会出现这样一种现象呢？原因固然是多方面的，可能有竞争日益激烈的因素，也可能有管理评价的因素，等等。但我想，这是否与许多人忽视了精神层面的追求有着更大的关联呢？因为市场经济高速发展的现代社会太强调物质刺激的作用，就目前社会生活所呈现出的整体状态而言，已经很少有人愿意关注精神追求和理想信念问题了。马斯洛的需求层次理论讲，人的最高层次的需要就是自我实现的需要。在物质生活条件显著改善，人们不必再为衣食所忧、为生存奔波的情况下，一个人的内心世界如果缺少了长远的精神追求和坚定的理想信念做支撑，是无法抵挡市场经济形形色色的诱惑的。把生活完全交给了感觉，情绪就难免时常陷入矛盾与冲突的旋涡。应当说，这是一个带有普遍性的社会问题。

能够支撑一个人前行的长远的精神追求究竟来自哪里呢？大家可能都看过专题片《邓小平》，看过的人一定不会忘记他在片头的独白。他说：“我是中国人民的儿子，我深深地爱着我的祖国和人民。”邓小平一生三起三落，以70多岁的高龄再度出山领导改革开放，是什么力量支撑着他如此大的魄力？答案就是对祖国和人民深深的爱。

爱因斯坦在《我的信仰》一文中讲：“我们每个人在这个世界上都只作一个短暂的逗留，目的何在却无从所知。尽管有时自以为对此若有所感，但是不必深思，只要从日常生活中就可以明白：人是为别人而生存的——首先是为那样一些人，他们的喜悦和健康关系着我们自己的全部幸福；然后是为许多我们所不认识的人，他们的命运通过同情的纽带同我们密切结合在一起。”

从这些伟人的人生感悟中可以看出，人的精神动力是来自情感的，没有情感支撑就谈不上坚定的理想信念，就谈不上事业心和责任感以及对未来生活的孜孜以求。

之所以要以此特别说明情感是理想信念的源泉，是动力的源泉，更主要的还在于对于我们教育工作者来说，教师是一个最需要情感投入，也是最值得我们全身心去投入的职业。只要我们全身心投入其中，就必定会收获许多成就感和幸福感。

即使单从个人利益上讲，教师也是最值得我们去投入的职业。在我看来，教师这个职业的最大优势，不仅在于能够获得基本的生活保障，只要努力工作就不用为衣食所忧，还突出地表现在，我们在成就着事业的同时，也成就着自身、成就着无数家庭和孩子的幸福。因为，我们天天研究的，就是怎样使人成长得更健康、发展得更好、生活得更幸福。每个行业都有自身的优势，如果我们认识不到这个优势，不去认真地体味和感受这个职业带给我们的便利、幸福、纯真与安宁，全身心投入到事业中去，反而朝三暮四，甚至总想着捞点儿外快，且不说违背了职业道德和有关规定，关键还在于由此带来了焦虑与彷徨。乐趣和职业相悖，这是产生压力与倦怠的根源。

人们都说，教师是人类灵魂的工程师，是太阳底下最光辉的职业。大家之所以给予教师这样的盛誉，就在于这是一个需要爱心的职业。我们教育工作者担负着无数学生成人、成材的责任，许多人的命运、许多家庭的幸福与我们紧密相连。所以，我们在享受这个职业带来的社会地位与人格尊严的同时，必须真切地体会它的责任与义务。教育行业内有一句口头禅，叫“学校无小事，处处是教育”。的确如此。教师一句不经意的话，也许就会影响一个孩子的一生；学校一次有益的活动，也许就会成为一个孩子成长的动力。所以，当我们都立足于自己的岗位，回味自己之于他者的意义的时候；当我们把自己的幸福融入孩子的茁壮成长和替父母分忧的时候，幸福感就会油然而生。

就我个人而言，这几年就发生了许多令我感动和幸福的事情。比如，过去孩子们6点多就要到校，造成许多孩子、教师、家长睡不好、吃不好，根本谈不上什么学习效率。像这样的事情，作为主管部门，我们如果不设身处地去替孩子们想一想，将会给多少人带来不必要的痛苦？于是我们通过规范学校的办学行为，要求学生7:30前不准到校，使初中生、小学生终于过上了正常人的生活。

再比如，现在有许多家长对孩子成长中的问题束手无策，又不知向谁咨询，久而久之往往将小问题铸成了大错误。针对这一现象，潍坊市教育局专门设立了周末服务热线，聘请最好的老师在每周五晚上解答家长的问题，做到了为家长排忧解难。

所以，只要我们都立足自己的岗位职责，都来换位思考，真切地去体验他人的难处，并力所能及地去帮助他们，我们就能不断地净化自己的心灵，不断生发出坚定的理想信念，从而不断提升自己的价值、增强自己的幸福感。

我们每个人作为浩瀚社会中的一分子，也许无力去改变整个社会的现实和大的生存环境，但只要我们不断挖掘自身存在的意义与价值，满怀深情地投入自己的职业，做好自己的本职工作，生活就不会变得那么沉重，而环境也会因我们的热情和努力而变得更加美好。

心态决定你的幸福

朋友的孩子患了小恙，虽不能根除，却无大碍。这本一寻常家事，却成了孩子母亲的一块儿心病。一想到这件事，她总会心神不宁、暗自垂泪，久而久之不仅搞坏了自己的身体，而且影响了正常的家庭生活。真是得不偿失。

当不幸的事情发生在亲人身上，人人都会悲伤、痛苦。母亲看到孩子遭受这样那样的磨难，表现出担忧、焦虑甚至恐惧在所难免，但当事情本身不能改变的时候，却还是任凭不良情绪牵着鼻子走，才下眉头，又上心头，就不能不说是心智模式出现了问题。人的一生，是一场历经无数磨难的旅程，如何面对人生的磨难，取决于一个人的心智模式。

何谓心智模式呢？就是一个人在生活中不由自主形成的想问题和看事情的固定不变的态度和方式，或者叫性格特征，是由长期的思维习惯形成的。人们常常说习惯决定性格，性格决定命运。一个人的成功与否，多半都是由心态决定的。

在日常生活中怎样才能培育出不为困难和灾难所左右的心智模式呢？我想，至少应养成并坚守如下几种思维意识。

一是坦然面对人生的意识。生老病死是不可抗拒的自然规律，困难挫折是生活中每一个人都会遇到的。当灾难降临的时候，任何人都回避不了，只有坦然地面对它、承受它，才不会被灾难所压倒。

二是“不思八九，常想一二”的意识。于右任老先生家中挂着一副对联——“不思八九，常想一二”，横批是“如意”。说的是人生中经常会遇到困难和挫折，十件事就有八九件是不顺心的，只有一两件是顺心的。不去想那八九件不顺心的事情，只去想那一两件顺心的事情，你就会觉得生活很如意。为什么要只想这一两件好事呢？因为如意的、成功的事情能让人安心，给人信心和进取的力量，而不如意之事则常常令人灰心丧气。既然事情已经发生并且不可改变，为什么不去想想好的一面而偏要去想坏的一面呢？“自古雄才多磨难，从来纨绔少伟男。”生活中的很多成功人士，恰恰都是经历了很多痛苦与磨难的人。他们愈挫愈勇，原因可能就在于常思一二，心中充满美好，不给哀怨以任何空间，因为美好的心愿可以净化心灵。

三是坏事可以变为好事的意识。“祸兮福之所倚，福兮祸之所伏。”老子的这句话说的就是好事与坏事可以相互转化的道理。困难孕育着转机，坏事可以转化为好事。而能否将坏事转化为好事完全取决于人的态度。如果我们善于从坏事中探寻向好事转化的因素，吃一堑长一智，不断总结教训，那坏事就可以变为好事。“失败是成功之母”说的正是这个道理。所以，当遭遇不幸的时候，不应沮丧，而应考虑怎样才能使今后的路走得更好，如何才能不犯同样的错误。如果始终持有这样一种心态，生活中还有什么挫折可去哀怨的呢？还有什么困惑不能释怀呢？要带着感恩的心情去感谢生活带给我们的这一切，因为正是这些事情的存在，才使我们变得日益成熟而强大。

四是“幸亏没有更糟”的意识。当自己失去了鞋子时，如果能按“我虽然没有鞋子，但所幸还有脚”的思路去想，那心灵就会得到很大的安慰，就会培养起乐观向上的心态。

俄国大文学家列夫·托尔斯泰说：“大多数人都想改变这个世界，但却极少有人想改变自己。”灾难的发生大多是不以人的意志为转移的，当我们改变不了世界，就只有改变自己。西方有这么一句谚语：“同是一件事，想开了是天堂，想不开就是地狱。”一个人来到世界上，既然目的都是追求幸福，那就不要和生活中的不如意怄气，要学会改变自己去顺应生活，把自己塑造成幸福快乐的人。这样，人生就会像江水一样，虽然会流经弯弯曲曲的河道，却没有任何东西能够阻挡自己奔向远方。

近日从报纸上看到了一篇新闻特稿，报道了北京电视台纪录片编导叶丹阳身患绝症而乐观面对人生的感人事迹。记者采访时问她：“你是怎么做到把头脑中的痛苦驱逐出去的呢？这是一件很困难的事情。”她说：“你有痛苦是必然的，但是你没有必要把你的痛苦放大，你却可以把你的幸福放大。所以我的情绪一直很好。”她还说：“一开始，心里也是特别难受。可是我的难过不会停留太长时间，因为我不愿意把我的痛苦集中在这个事情上面，因为我越集中就会越绝望。”

“没必要把痛苦放大”“痛苦越集中就会越绝望”，说得多么有见地。生活中遭遇痛苦和不幸，谁都无法避免。但有的人崩溃，有的人却乐观对待，有时还会将祸转化为福，两者的差别就在于对待痛苦的态度。既然事情已经无法改变，那能够改变的就只有自己；当你对痛苦改变了态度，事情也往往随之改变。这样的生活常识，其实并不为许多人所掌握。正因为放不下痛苦甚至放大痛苦，许多人浪费了大量不该浪费的情感、精力和时间，也因此葬送了许多人的幸福和前程。

学会放大幸福而不要放大痛苦，是获得幸福生活的一种艺术。过去的事情就如同加了锁的储藏室，那里面有鲜花也有垃圾，聪明人打开储藏室拿出来的是鲜花，得到的是清香，带来的是愉悦；糊涂的人拿出的则是垃圾，熏得人痛苦不堪，叫苦不迭。其实，我们每个人都有这么一个储藏室，每个人的储藏室里的东西都差不多，不同的只是每个人取出来的东西不一样，而取出什么完全是由个人的态度决定的。要想天天有个好心情，就不要从记忆的储藏室中寻找痛苦的垃圾，而要多多取出鲜花，放大自己的幸福。这不需要付出什么，只要你改变一下生活态度即可。因此，很多时候，人是需要点儿阿 Q 精神的。

给刻苦努力一个理由

孩子上高中后，有一段时间在学习上变得不那么勤奋了。询问原因才知道，孩子在年级里的名次难有新突破，所以对学习有些厌倦了。其实，孩子厌学的主要原因是搞不清自己勤奋学习是为了什么，是心里缺少明确的追求目标，是缺少能够打动自己并使自己刻苦努力的理由。

在决定人生走向十分关键的高中阶段，孩子竟然呈现出这样的状态，作为家长的我难免紧张起来。

那么，孩子的动力应该是什么呢？在小学和初中阶段，动力可能来源于可以在他人面前炫耀的成绩，可能来源于想要成为家长和教师心目中的好孩子、好学生的心愿，等等。高中是孩子世界观、人生观和价值观开始形成的时期，仅仅靠这些已远远不能满足内心的需要了。农村的许多学生劲头十足，他们的动力也许来自“我是家庭的希望”的希冀，来自只有考上好大学才能摆脱贫穷，让父母过上幸福生活的认知。但对于城市里的学生，特别是家庭环境优越一点的孩子来说，如果没有强烈的求知欲驱动，又该到哪里找动力?

面对孩子的提问，我在家里的小黑板上认认真真地写下了“找动力”三个字，并陷入了沉思。

在翻阅资料、引经据典仍难以彻底解决问题的情况下，我开始追问自己:“我的人生追求是什么？动力来自哪里？”并由此联想到正在全市推行的家庭教育工作。

我为什么要热心推动全市大力开展家庭教育呢？2005 年春节期间，中央台一个电视节目谈到，有数据显示，现在重点大学里来自农村、来自弱势群体家庭的孩子，明显低于过去。分析原因，并不是农村孩子的智力比城市孩子低，而主要是两者家庭的文化背景存在巨大差异。但凡有点文化、懂点教育常识的家长，就可以让孩子少走许多弯路，但大多数农村家长却不能给孩子提供有效的家庭教育。

我来自农村，也有自己的孩子，怎能眼看着他们陷入恶性循环的怪圈呢？自己是分管这事儿的干部，怎能不动恻隐之心？怎能不自责？这就是为什么春节后上班的第一天，我们立即开会研究家庭教育的原因；这就是我们从 2005 年到现在做了大量针对学生、家长、教师等群体的问卷调查，排查问题、征集案例，实施亲子共成长工程，组织了一批又一批家庭教育报告会的动力所在。

还有一件令自己终生难忘的事。1994 年，我们到临朐县搞义务教育调研，期间我们到一位民办教师家里走访。这位已经工作了 8 年的教师，住在两间土坯房里，家里称得上家具的就只有一张小饭桌、三四个小马扎。房梁断了，中间用木棍顶着才不致坍塌下来。这样一个无病无灾的家庭，就因为他当民办教师，不但盖不起房子，反而欠了 1000 多元的债务。置身这样的情景，我们怎能漠然置之？怎能不为他们鼓与呼？同样是教师，凭什么让民办教师群体承受如此不公？就是带着这样一种激愤的心情，回来后我们连夜起草了调研报告，并迅速提交市政府，最终使问题得到了很好的解决。

看来，人生真正的动力只能来自对苍生的关注，来自改造社会的强烈愿望，来自强烈的社会责任感。联系到今天的教育，再看我们现在的学生，特别是城市里的学生，天天坐在书斋里，生活在优越的环境中，两耳不闻窗外事，又怎么能让他们满怀激情？怎么能让他们获得动力呢？

看来，我们的教育到了需要深刻变革的时候了。

一生做好一件事就了不起

观看中央电视台举办的乔羽作品演唱会，引起我很多思考。

乔羽是个词作家，他的《让我们荡起双桨》《我的祖国》《难忘今宵》《思念》《人说山西好风光》《心中的玫瑰》《牡丹之歌》《爱我中华》等许多脍炙人口的歌曲，多年来被广为传唱，可谓家喻户晓。这些歌曲的演唱者、作曲者都早已因它们名扬天下，而词作者乔羽却是在近些年才为人知晓。

整场晚会的演唱者几乎都是国内一流的歌唱家，观众席上也不乏当代著名的演艺界人士，足见乔羽在文艺界影响之大。

“乔羽是继李叔同、田汉、塞克、光未然之后，特别是中华人民共和国成立以来，我国歌词创作高峰的代表，是中国音乐文学界首推的歌词泰斗。”这是权威人士们在乔羽作品演唱会上做出的评价。

1955 年以前，乔羽创作过各类文学体裁的作品，但没有产生什么大的影响。1955 年他应邀为电影《祖国的花朵》的主题曲《让我们荡起双桨》创作了歌词，由此一举成名，随后请他来写歌词的电影导演络绎不绝。他意识到歌词创作是自己的优势，于是决定专攻歌词创作，并成为著名词作家。半个世纪以来，他创作了 1000 余首歌词，数量之多、质量之高，让人叹服。显然，在歌词创作领域，乔羽凭借自己独一无二的优势取得了独一无二的成功。

从乔羽身上，我们不难发现：一个人只要静下心来，坚持不懈地做一件事，就会把看似平常的小事做成一项大事业。为什么很多人都做不到这一点呢？问题在于，人们往往顶不住来自生活的太多诱惑，以至于迷失了自我。乔羽的成功又一次明白无误地给了我们这样一个启示：成功的关键不在于所做的事情的大小，而在于专心致志、坚持不懈的精神。只要我们认定一个目标干上 10 年、20 年，肯定会大有收获。从另一个角度讲，一个人走向成功，往往都要经历这样一个过程，即先把一些小事做好，做得非常成功，展现了自己的风采，而后才会有大事业让你去干；而眼高手低，只瞅大事业，不干小事情，最后只会落个“小事不愿做，大事没你做”“小事不愿做，大事做不了”的结局。

老子说：“知人者智，自知者明。”究竟怎样才能发现自己的优势呢？记得盖洛普咨询公司名誉董事长唐纳德·克利夫顿在《飞向成功》一书中曾讲述过一个很经典的故事：小兔子被送进了动物学校，它最喜欢跑步课，并且总能得第一；最不喜欢的则是游泳课，一上游泳课它就非常痛苦。但是兔爸爸和兔妈妈要求小兔子什么都学，不允许它放弃任何一门科目，小兔子只好每天垂头丧气地到学校上学。老师问它是不是在为游泳而烦恼，小兔子点点头，盼望得到老师的帮助。老师说，其实这个问题很好解决。你的跑步是强项，但是游泳是弱项，那你以后就不用上跑步课了，专心练习游泳就可以了……故事的结果是可想而知的。唐纳德·克利夫顿用这个寓言故事诠释了一个通俗的道理，那就是：不要在自己的弱项上浪费时间，而应尽可能发挥自己的长处。

要做到这一点，最重要的是发现自己的优势并为之努力。如何才能发现自己的优势呢？唐纳德告诉了我们很简单的方法：当你看到别人在做某件事时，你心里是否会产生一种痒痒的召唤感——“我也想做这事”？当你完成一件事时，是否会产生一种满足感或欣慰感？你在做某件事情时是否非常快，无师自通？当你做某类事情时，是否是行云流水般地一气呵成？如果你的答案是“是”，那么这就是你的优势。

成功者都有一个共同的特点，那就是能够做到扬长避短。每一个人都是一个独一无二的个体，都有其独特的优势和劣势，成功的关键就在于善于发现和发挥自己的优势。

过程比结果更重要

前些年，曾经有一段时间，我对世界观、人生观方面的事情关注不够，由此导致过于关注工作和生活中的一些琐事，搞不清工作的意义，身心感觉很疲惫。其实，人活得累，都是想法太多所致。比如，如果将在职考研和职务升迁这些功利性和竞争性都很强的事情作为追求目标，强迫自己去做一些并不情愿做的事，难免要产生厌倦情绪和疲惫感。

应当说，这是个很大的问题。想想自己过去之所以能保持强烈的工作欲望和干劲儿，在个人能力、水平、业绩上的进步较快，其实主要来自对人民、对事业的高度责任心和使命感，与追求的境界较高、目标较远是有直接关系的。这既是艰苦奋斗的力量源泉，也是摆脱庸俗的根本出路。一个人，特别是国家公务人员，如果没有较高的思想境界，就会沉湎于利益得失，就会陷入个人主义的泥潭不能自拔，就会在市场经济的环境下产生极度的不平衡，甚至走到邪路上去。

因此，对于在职考研、职务升迁这样的事，我们若能换个角度去思考，从更高的层面上去观照它们，就会有不同的感受。比如，不把在职考研当作晋升的阶梯，而是将考研学习的内容作为充实自我，积累理论、经验和智慧的宝库，那么这种读书就是主动的、积极的，而不是被动的、强迫的。如果能运用所学的教育规律来为工作服务，那就将学习和事业结合起来了。再比如职位升迁问题。如果我们不把它当作谋取个人利益的工具，而是作为自己奋斗历程中的一个特殊标识、一种奋斗过程的副产品，那就会减少许多因追求职位而带来的烦恼。所以，不管干什么工作，端正态度十分重要，设定一个超脱功利的理想与追求，才能真正使一个人免于烦恼、厌倦。

是以功利为目的还是以价值追求为目的，也是将庸者和智者、凡人与伟人区分开来的最重要的标志。只有去除了功利追求，才能使一个人真正静下心来，沉稳下来，专心致志地做成一些事情，这也就是许多成功人士心态平和、儒雅大气的道理所在。

所以，真正的追求，应当是学点东西，做点事情，而不应是其他。这个学与做的过程，本身就是一种享受，本身就是快乐有趣的。也可以说，应实现由追求某一结果，向追求实现过程的转变，追求过程的本身就是最重要的成果。现在想来，许多事之所以做不好，主要在于没有突破这个认识上的障碍。因此，应当确立“追求的过程就是成功，过程就是结果，而且是更重要的结果”的新观念。结果无非就是对过程的回顾，只是过程的一个时间上的继续而已。应当说，只看结果不重过程，是当下许多人不得解脱而困惑的一个最主要原因，也是许多事情做不到极致的根本原因。

搞好角色定位，主动驾驭生活

日常生活中我们常常会发现这样一种现象：有的人无论做什么事，始终都充满朝气与活力、热情高涨；而有的人却总是敷衍了事、得过且过，甚至满腹牢骚。无论如何，事情都免不了要做，日子都免不了要过，但不同的人却活出了两种截然不同的境界。

产生这种不同的原因可能有许多，但就其本质而言，主要在于他们对自己的角色认识是否到位。

生活在社会上的每一个人都扮演着多重角色，既有工作上的，也有家庭中的，而每个角色又有该角色应尽的不可替代的责任。这种不可替代性决定了有时候不管你喜欢不喜欢、愿意不愿意，都无从选择也无法逾越，必须由你来承担并解决。

不管你意识到还是没有意识到，如果你没有什么特殊的爱好与追求，这些角色所赋予的责任就决定着你生活的意义和价值。你的快乐、你的烦恼，皆由此而生。而快乐与烦恼的根源在于，你是主动应对还是被动应付。你主动应对，就等于选择了快乐；你被动应付，就等于选择了烦恼。如果在职场上你是一个普通的工作人员，那么听从上司的安排就是最基本的角色定位。如果你无视这一最基本的角色定位，对上司安排的日常工作持敷衍甚至藐视的态度，到头来得到的就只能是不愉快的结局。

这就好比作为家庭成员，承担家务就是你的分内之事。但如果你不认这个账，结果只能是要么家务被你搅得一团糟，要么你被家务搞得一团糟。相反，如果你自己在家庭中有一个准确的定位，对家务持积极主动的态度，那就会生活出一片轻松愉快的天地。观念一变，就会由被生活牵着走变为轻松地驾驭生活了。

在工作上，每天都有许多事情是我们必须要做的。但是对于许多人来说，做这些事情并非全是出于自觉自愿，这就导致了他们年年月月总被那么几件事纠缠着，既不知有何意义，也不去理性梳理，脑子里塞满了事，到头来搞得工作没有成效，身心还疲惫不堪。如果转换一下思路，给自己一个准确的定位，主动去驾驭每一天的工作，将每天必做之事认真愉快地做完，那就定会生出成就感，还能节省出许多时间去做自己喜欢的事。

是否搞好角色定位，是否主动驾驭生活，这也许就是事业成与不成的差别所在吧。

静稳，人生修养的重要一课

孩子刚入初中，学习的科目比小学增加了不少，太多的课程使她一时难以适应，有点无所适从。面对这么多学科，做作业、预习、复习不知从何做起，经常心烦意乱，甚至大发脾气。到了 10 月底，眼看着距期中考试只有 9 天的时间，面对七八门课程的复习，孩子一时间不知所措。

一天晚饭后，我和她就如何平静地面对繁杂的事情进行了讨论，让她明白了这样一个道理：一个人的一生要面对许许多多繁杂的事情，它们不以人的意志为转移。你越烦躁，事情就会变得越杂乱，你平静地对待，再难的问题也会迎刃而解。接着，我又帮她具体分析了各科应在什么时间、用多少时间来复习。一番交流后，孩子平息了烦躁的情绪，有计划地列出了各科的复习时间表，心平气和地投入复习。就这样，她慢慢学会了用一颗平静的心对待学习和生活中各种繁杂的事情。

一个人能够做到处事不乱、处事不惊，就是人们所说的“静稳”。它体现了一个人的修养，也是人生获得成功的一种重要品质，是每个孩子、每个人不可不上的一堂课。

平和、安静的心态，一直是我努力追求的。我曾经为音乐家滕矢初的恬静所折服，也为毛泽东、邓小平的沉稳而惊叹。读了詹姆斯 · E · 艾伦的《思考与人生》一书我才知道，杰出人物的平和、安静和沉稳，是建立在对世事人情规律的深刻把握之上的，是在对事理、对人性的终极思考与理解中形成的。

《思考与人生》中有一篇名为“平静”的文章这样说道：

心灵的平静是智慧美丽的珍宝，它来自于长期、耐心的自我控制。心灵的安宁意味着一种成熟的经历以及对于事物规律的不同寻常的了解。

一个人能够保持镇静的程度与他对自己的了解息息相关。人是一种思想不断变化的动物，了解自己，首先必须思考了解他人。当他对人、对己有了正确的理解，并越来越清楚事物内部存在的相互间的因果关系时，他就会停止大惊小怪、勃然大怒、忐忑不安或是悲伤忧愁，他会永远保持处变不惊、泰然处事的态度。

镇静的人知道如何控制自己，在与他人相处时能够适应他人，而别人反过来会尊重他的精神力量，并且会以他为楷模，依靠他的力量。一个人越是处变不惊，他的成就、影响力和号召力就越是巨大。即使是一个普通的商人，如果能够提高自我控制和保持沉着的能力，那他会发现自己的生意蒸蒸日上，因为人们一般都更愿意和一个沉着冷静的人做生意。

坚强、冷静的人总是受到人们的爱戴和尊敬。他像是烈日下一棵浓荫片片的树，或是暴风雨中抵挡风雨的岩石。“谁会不爱一个安静的心灵，一个温柔敦厚、不温不火的生命？”

无论是狂风暴雨还是艳阳高照，无论是沧桑巨变还是命运逆转，一切都没有关系，因为这样的人永远安静、沉着、待人友善。我们称之为“静稳”的可爱的性格是人生修养的最后一课，是生命盛开的鲜花，是灵魂成熟的果实。静稳和智慧一样宝贵，其价值胜于黄金。

…………

控制是力量，思想是优势，冷静是权力。请对你的心说：“平和、安静！”

一个成功的人，多是具有“静稳”品质的人。比如，毛泽东在党内斗争中曾受到过多次残酷打击，但他总是心平气和；面对民族危机、面对党和国家的危难，他泰然自若，临危不惧，力挽狂澜。与“静稳”品质相反的则是毫无节制的狂躁与暴烈，这种性格对于干事创业有百害而无一利。正如詹姆斯·E·艾伦所说的那样：“我们都曾结识过许多人，他们因为火暴激烈的性格使自己的生活变得一团糟。他们毁灭了一切真与美的事物，同时也葬送了自己平稳安宁的性格，并将坏影响四处传播。大多数人都因缺少自我控制破坏了自己的生活，损害了原有的幸福。”

人在生活的每一阶段都会遇到适应新环境、新角色、新岗位的问题，都会遇到各种各样繁杂的事。要实现由不适应到适应，要做到对各种繁杂的事情应对自如，就需要进行“静稳”的修炼。只有这样，我们的人生才会获得安宁，才会拥有幸福。

接纳休闲

中央电视台一位著名主持人前段时间因受睡眠障碍困扰病休近一年，复出后，他这样回答记者的采访："现在岁数大了，身体不好了，没有办法再拼了……现在就是一个干活的状态，以前是干事儿的状态，是干事业。什么叫干活？干活就是完成任务，养家糊口，就这么简单。我已经把身上的使命感、责任感都卸掉了，没有了，不要了，扛不动了。再扛还得去住院。"

一个多么睿智、多么令人崇敬的、生龙活虎的小伙子，在事业与体能的矛盾中，终因个性太强、压力太大而不得不退而求其次，令人看后悲从心生。所以，如何在保证身心健康的情况下做好工作，是每个想成就一番事业的人应当认真思考的一个问题。以透支生命来成就事业，精神可嘉，却不可取。早早败下阵来，本身就是对事业的重大损失。许多杰出人士因此英年早逝，不能不引起我们的警觉。

长期以来，人们似乎存在着一种普遍的看法，即只有无休止地加班加点地干工作才算是有意义，否则就是不务正业。其实这是一种偏见。如何才能让紧张的工作放松下来，让我们的生活富有节奏感呢？我想，最重要的就是要改变人们的错误认识。不可否认，就目前社会的整体状况看，对休闲娱乐持鄙视态度的大有人在，把维持人的可持续发展所必需的休闲娱乐活动视为不务正业、不学无术的大有人在，远不能从提高效率的角度、从创造美好生活的角度、从人的身心发展需要的角度、从健康生活的角度来对待。休闲是工作和生活的一种节奏，是调节工作和生活的一种润滑剂，可以缓解压力、舒缓心情，使人充满朝气和活力，从而提高工作效率和生活质量。可以这样说，不会休闲就不会生活，不会工作。

由此不能不联想到我们今天的教育，联想到怎样才能真正培养出全面发展、善于生活的一代新人。我们绝不能仅从功利的角度来对待孩子的个性发展与兴趣、爱好、特长的培养，因为它们不再仅是谋生的手段，而是充实人生、丰富人生的内在需求。记得"非典"时，我不得不停下好多工作，基本处于闲暇状态，这是我参加工作 20 多年来几乎没有过的。虽然未出力、没劳神，但并没有产生预料中的精力充沛的感觉，而是充满了疲惫和无聊感，感觉无事可做，无从寄托，这就是缺少高雅的兴趣和爱好所致。失去了高雅的兴趣和爱好所滋养的人生，必将面对心灵的荒芜，更谈不上事业上的真正成功。

机遇偏爱有准备的头脑

首先改变自己

最近在和几个年轻的同志谈心时，发现他们普遍存在一些自卑、自怜和愤愤不平的心理，要么因不被重视而郁闷，要么因不被重用而愤然，渴望得到摆脱现状的思路和方法。针对这种情况，我给他们讲了一个“国王的皮鞋”的故事，并与他们分享了我个人的成长历程和感悟。

故事是这样的：从前有一个国家的人没有皮鞋，走在路上必须忍受碎石扎脚的痛苦。有一个大臣下令把国王的所有房间全铺上牛皮，这样当国王踏在牛皮上时，双脚就会感觉非常舒服。于是，大臣下令在全国各地的马路上都铺上了牛皮，好让国王走到哪里都会感觉舒服。另一个大臣建议说，不要如此大费周折，只要用牛皮将国王的脚包起来，再用一根绳子绑上就可以了。从此，无论国王走到哪里，脚底下都会感觉很舒服。

这个故事告诉人们，如果你想改变世界，那就先试着改变自己；而要改变自己的脚下，总比填平整个地球容易得多。

无论是在工作上还是在生活中，几乎人人都曾有过被人忽视的经历。特别是年轻人和初入职的新人的感觉会更明显。我刚到教育局机关工作的时候也经历了这样的煎熬。在那些个无奈的日子里，我苦苦地思索过，也渐渐明白了：这是无法改变的现实，因为当时自己连个通知都不会写，凭什么得到别人的尊重？认识到了症结所在，我就毅然选择改变自己。除了回家吃饭睡觉外，我几乎都泡在办公室里。每天读书，读报纸，读杂志；研究文章，研究写作；写日记记录读书、工作、生活的感悟。功夫不负有心人，经过几年的埋头苦干，自己的写作水平、工作能力终于有了质的飞跃。

我的成长历程，就是一个不断改变自我的过程。这也让我明白了一个道理：一个人地位的高低，完全取决于自身的素质和能力，不能怨天尤人。有作为才能有地位，这是亘古不变的真理。在一个单位中如果觉得不如别人，那正说明自己需要加倍努力。不是人家瞧不起，而是自己还不行。这时候千万不要与人家比，尤其不能跟人家比待遇。否则，只会比得自己灰心丧气。要敢于承认自己不行，要在提高素质上下功夫，学会退而结网。

如果把自己与他人放在天平的两端，那么谁的砝码大，天平就向谁的那边倾斜。正如前面的童话告诉我们的那样，既然你无法改变别人，就首先改变自己。只有不断地为自己添加有分量的砝码，天平才会慢慢地向你倾斜。这也就是俗话说的："山不过来我过去。"只要你过去了，就有可能登上山顶，一览众山小。

勇敢地面对挑战

昨晚，孩子对我讲，班里下周竞选班干部，她想当副班长，但又怕竞争不上，不知如何是好。想干又缺乏信心，怎么办？就这个问题，我和女儿进行了细致的交谈，解开了她的心结。

当我们面对一件事时，如果有强烈的愿望，但又心生胆怯，说明这件事对自己是一个挑战，很值得去搏一搏。因为这正说明自己还欠缺这方面的能力，在这方面还需要锻炼，需要提高。如果就此放弃，可能就丧失了这方面锻炼的机会。越是自己觉得没把握，就越要主动试一下，这样才能增长这方面的知识，提高这方面的能力。人的能力不是天生就有的，都是经过后天的学习和磨炼才得到的，只有那些勇敢面对挑战、敢闯敢试的人，才可能不断地提升自我。

回顾自己参加工作20年走过的历程，可以说都是在不断挑战自我中走向进步的。从在学校做少先队、共青团工作，到在教育行政机关业务科室做管理工作，这是一次跨越，也是一种挑战。当时的我，连一般性的公文都不知道如何去写，处境非常艰难。面对这样的挑战，我没有退却，而是选择了苦练内功，一门心思把分管的特教搞上去，在实干中增长智慧、锻炼写作，把在生活、工作、读书中的每一点心得都记录下来，不断把工作中的经验写成材料；对报刊上的每一篇好文章都反复研究，直到弄懂为止。就这样专心致志地干了几年，不但特教工作创出了全国经验，自己的写作水平也上了一个大的台阶，不仅成了科里的业务骨干，还成了局里少数几个能写大材料的人。

在教育局机关这些年，我的岗位不断地调整，每一次调整对我而言都是一次挑战。从基教科专抓特教工作，到抓科里的全面工作——义务教育、高中教育、规范化学校，到担任办公室主任，抓住薄弱环节扭转办公室工作被动局面，再到担任督学，创立教育督导工作新机制，促成潍坊教育电视台与潍坊电视台的合作等。可以说，这几年我都是在挑战自我的过程中一步一步走过来的。

前些年自己一直处于中层位置，公开场合讲话的次数和经验并不多。走上局领导的位置以后，需要经常在公开场合讲话，有时还需要即兴讲话，对于我这个不善言辞、演讲能力不佳的人来说，更是一个不小的挑战。但我没有被困难吓倒，而是勇敢地去战胜它。为此，每次讲话前我都列提纲、写稿子，认真做好准备。由于讲话内容都是出自自己的思路和思考，所以讲起来比较从容，基本上没有出现紧张或语无伦次的情况，想表达的基本都能够表达出来。而今，在公开场合做即兴演讲我已经能够非常从容地应对了。对自己来讲，这不能不说是一个了不起的进步。有一句话说得好：“面对挑战，更能让你发现自己潜在的力量。”

事实上，成功者之所以能攀上别人达不到的高峰，也许并不在于他比你会干，而在于他比你敢干。人生就是一个不断迎接挑战的过程，成功就是勇于接受挑战的战果。世上从来就没有什么生而知之的先知先觉，不论是伟人还是平凡人，其水平、能力都只能来自实践的磨炼。路是走出来的。邓小平同志在谈到深圳经验的时候说：“深圳的重要经验就是敢闯。没有一点闯的精神，没有一点冒险的精神，没有一股气呀，劲呀，就走不出一条好路，走不出一条新路，就干不出新的事业。不冒风险，办什么事情都有百分之百的把握，万无一失，谁敢说这样的话？”我们看一看各行各业的成功人士，他们哪一个不是敢闯、敢试的典范呢？像我身边的李希贵同志，就是一个敢想敢干的人。事实上，我们的本领就是在干中学会的，就是在干中提高的。我们每个人几乎都有一些这样的体验，许多看起来很难的事情，只要我们真的大胆泼辣地去做，就远没有原来想象得那么难，因为我们的力量在做的过程中会不断地增强，我们不但不会为眼前的困难所困扰，反而会为我们表现出来的智慧所惊叹，为我们在不知不觉中生出的自信所折服。这就是“敢”字当头所带来的新境界。过于追求完美，患得患失，惧怕失败，才是我们这些平凡人总是做不好、难以成功的症结所在。

闯出个未来

参加毕业 20 年同学聚会，不禁心生感慨。20 年的打拼让同学们各有所成，特别是那些当年离开家乡外出创业的同学，更是大都在某一领域取得了一番成就。原本差不多的一群毛头小伙，缘何到了外地就纷纷超越了自我，而留在本地的却总体上显得逊色呢？原因固然很多，但我想最根本的原因还是环境。走出小天地，外面的世界为我们提供了充分发展的空间。

当年远走他乡的我们还不满 20 岁，只是一个个愣头愣脑的孩子。在陌生的环境里，人生地不熟，举目无亲，什么大事小事都要自己来料理，想要摆脱艰难境地，只能靠个人奋斗，什么屈都得吃，什么怨都得受，什么差事也都得干。可以说，在这个陌生的环境里，该体验的都体验了，该经历的都经历了，经受的锻炼和磨难要远远大于在家乡相对较安逸环境中生活的同学们。而正是多出的这些锻炼和磨砺，让人的能力、水平和见识在不知不觉中提高了、丰富了。

从一定意义上讲，很多时候，智慧并不是天生就有的，而是在压力下被榨出来的，是在艰苦的环境中抗争出来的，是在求生存中学来的。试想，如果我们也在家乡，在亲戚朋友的庇护下，能有今天的成就和体验吗？可能不会。在一个无忧无虑的状态中，那些生存、竞争、发展最需要的能力，可能就在亲戚朋友的帮助中丧失了；奋斗、抗争的意志，可能也在安全的家庭避风港中消退了。所以说，环境造就人，是非常有道理的。

不离开既有的安逸的环境，就难以提高，这也是一个自然法则。一个人经历的环境多了，可以吸收的东西也自然增多。一个人如果始终把自己圈在一个地域、一个单位，必然缺乏比较，必然难以吸收多种营养，这对自身的提高是极为不利的。因此，邓小平在谈到干部交流问题的时候就曾讲："相熟的人搞到一块太久了，语言听习惯了，对事物的感觉就迟钝了，考虑问题就马虎了。有新的语言、新的感觉，比较好。干部在这里待一待，在那里待一待，接触的面广一些，知识也多一点。"

所以，在竞争日益激烈的当今社会，有些年轻人总想固守在熟悉、安逸的环境中，不愿跳出原有环境接受新挑战，以为只有目前的环境才最有利于自己的发展，这其实是在丧失不断提升自我的空间与机遇，遏制自己发展的可能，难免落个事与愿违的结局；有些家长总希望把孩子留在身边，总想替孩子包办一切，以为只有这样才算是尽职尽责，实际上是在弱化孩子的生存能力与发展能力，是好心办坏事，让孩子丧失了独当一面、顶天立地、生存发展的可能。

该闯的年龄，还是出去闯一闯好。不经历风雨，怎能见彩虹？

将挫折、磨难化为提升自我的良机

小的时候常听老人们讲"吃亏是福"，但很长一段时间并不理解，后来随着年岁、阅历的增长，才慢慢品出些许滋味来。其实，所吃的亏、所遭受的挫折和磨难，都是对人生的赐予，都让人生变得更加有声有色。对降临人生的这些磨难做艺术化或哲学化的观照，将其变为丰富自己、激励自己的机会，这才是一个强者应持的人生态度。正如孟子所言："故天将降大任于斯人也，必先苦其心志，劳其筋骨，饿其体肤，空乏其身，行拂乱其所为，所以动心忍性，曾益其所不能。"

俗话说得好："失败是成功之母。""吃一堑长一智。"人生的许多知识和经验都是从挫折、失败中得来的，有些痛苦和失败是人生必须经历的，是不可避免、不可跨越的，虽然无奈却也是一种最佳选择，否则就实现不了新的提高和跨越。正如伊壁鸠鲁所言："我们认为许多痛苦优于快乐，因为当我们长期忍受痛苦之后，更大的快乐便随之而来。"恩格斯说："伟大的阶级，正如伟大的民族一样，无论从哪方面学习，都不如从自己所犯错误的后果中学习来得快。”是这样的，中国共产党就是在经历了“四一二”“七一五”反革命政变后才真正懂得了“枪杆子里面出政权”的道理。

挫折和磨难是激人奋起的力量源泉。坚忍不拔、宁折不屈、义无反顾的坚强意志，只能来自身处逆境、历尽屈辱后的大彻大悟。西伯拘而演《周易》、仲尼厄而作《春秋》，离开了巨大的痛苦和磨难，世界上许多伟大的成就将难以诞生。这也许就是“生于忧患，而死于安乐”的道理所在。

挫折和磨难也是成就功名的智慧来源。成就和磨难从来都是相辅相成、相对而生的，你不甘于平庸，也就等于选择了与狼共舞。所谓“魔高一尺，道高一丈”，就是这个道理。世上从来没有免费的午餐，所有称得上是成就的事情，都是在战胜了常人难以想象的曲折、困难后才取得的；所有称得上伟大的政治家，几乎都是在战胜强大对手的过程中成就了自我的。不但伟人们如此，就是我们这些平凡的人，如果离开了相互竞争的对立方，相信我们的许多工作也做不到那么完美，我们中的许多人也难以成为令人尊敬的人。因为，正是对立面的存在，才使我们拥有了更多的挫折和磨难；在痛苦的煎熬中，我们必须想得更多，看得更远，学会更多的生存智慧和驾驭复杂局势的能力，甚至从终极意义上来理解人生、把握人生。

而在日常的生活中，我们中的许多人却犯了这样一个致命的错误：总是诅咒我们的对手，庆幸自己没有遇到可怕的强敌，或因遇到了强敌而失魂落魄。这恰恰错了，我们应该为他们的存在而庆幸，为自己境遇的艰难而庆幸，因为这正是我们脱颖而出的机会。因此，还是让我们感谢敌人和对手吧，因为正是他们使我们变得卓越。

正如汪国真所说：“你要活得随意些，你就只能活得平凡些；你要活得辉煌些，你就只能活得痛苦些；你要活得长久些，你就只能活得简单些。”

不要让一粒沙子变成绊脚石

法国思想家伏尔泰曾说：“使人疲惫的不是远方的高山，而是鞋里的一粒沙子。”事实上真正让高山挡住去路的人是很少的，可被鞋中的一粒沙子弄得走不成路的人却不在少数。

我就有过一些这样的体验。比如，工作性质要求我必须经常出席会议并演讲，但每当这时，我总是满口的方言土语，讲话的品位大大降低。再如，还是因为普通话不过关，我在打字时就经常遇到一些小麻烦，每当打到“电、见，应、用，总、曾”等字时，总是因为分不清“d、j”“eng、ing、ong”的读音而浪费了很多时间，常常是这个不对换那个，很少一打就能打准确的。且不说大大降低了工作效率，关键是常常因此而干扰了思路，每每令我头痛不已。

对我而言，讲土话就是这样一粒搞得我苦不堪言的“鞋中的沙子”。虽然这只是小事，却使我苦恼了若干年。后来，在朋友的提示下，我在打字的时候，遇到易混字词都会将它们逐一记下来，然后贴在可以看见的地方，以便随时提醒。久而久之，这粒困扰自己多年的“沙子”就被清除掉了。由此我想，每当生活中反复出现同一类令人不快的事情时，那我们就要想一想，这会不会是鞋中的那一粒“沙子”呢？如果是的话，就要及时清除它，而不要让它变成阻碍我们前行的绊脚石。

下棋找高手

让我们在人生和事业上由弱小变强大的经验有许多，善于向高手学习、经常找高手较量，就是其中最重要的经验之一。自学成才的著名数学家华罗庚对此就推崇备至。他说：“下棋找高手，弄斧到班门。这是我一贯的主张。”李嘉诚同样把“跟有知识的朋友来往”作为自己成功的法宝。他认为，要求知，就要努力学到跟你行业有关的最好、最新的知识，多跟有知识的朋友，尤其是跟与你从事相关行业的朋友来往，那么，即便你今天不成功，明天还是要成功的。看看我们身边那些有成就的人，又有哪一个不是这样做的呢？

与优秀的人交往，你会变得更优秀。所谓“近朱者赤，近墨者黑”，讲的就是这个道理。如果我们整天跟一些平平庸庸、无所事事、碌碌无为的人在一起，就有被他们中和掉的危险；而与那些博学多闻、品格高尚、才华横溢的人交往，就会日有所增，月有所长，人生视野也会变得宽阔起来。正如比尔·盖茨所说：“与品格高尚的人生活在一起，你会感到自己也在其中受到了升华，自己的心灵也被他们照亮。”

做人做事都是一个道理。青岛海尔集团由小变大、由弱到强、从国内小厂成长为国际著名企业集团，其中一个重要的战略，就是下棋找高手。海尔集团首席执行官张瑞敏曾这样说：“我们说的下棋找高手，就是指不论我们怎么发展，我们永远不是世界第一，我们一定要找最好的做我们的学习榜样。”其实，下棋找高手也是一个治国安邦的法宝。改革开放几十年来，我们最值得汲取的经验，就是敞开了国门，使中国的发展融入世界发展的潮流之中，使我们学有榜样、赶有方向。从一定意义上讲，没有开放也就没有改革，闭关锁国是我们中华民族惨痛的历史教训。我们正是在这样的大彻大悟面前，才果断做出了加入世界贸易组织这样“明知山有虎，偏向虎山行”的决策。

下棋找高手的道理，说起来似乎人人都懂，但做起来怎么就成了强者的专利呢？我想，是因为我们许多人缺少一种胸怀。下棋找高手除了要有争创一流的强烈愿望和脚踏实地的实干精神外，更需要一个敢于追求真理的开放胸怀、一种不怕在强者面前暴露自己弱点的虚心学习的态度。如果不能从这样的胸怀和气度出发，就永远无法接近真正的高手，就永远达不到事业的顶峰。

人的差异在于业余时间

乔慧存，这个最初仅仅拥有中专学历的年轻人能一路走来，几经奋斗，最终被美国沃顿商学院 MBA 录取，其成功的奥秘何在？我想，在于他的勤奋好学和严于自律，在于他把别人看小说、打扑克、跳舞的时间都用在了学习上。他说：“我的动力和毅力来源于我的梦想——成功。我有成功的欲望，而且非常强烈，越强烈越想实现它。如果我去看琼瑶小说，我会很内疚，会觉得对不起父母，他们对我有那么多期待，而我却在这里看小说。”

从我自身的成长经历来看，我之所以能在教育领域深耕厚植，也是得益于勤奋，得益于坚强的毅力。上初中时，我不像其他孩子那么贪玩，很爱学习。因为我深知自己并不聪明，要想有所进步，就必须笨鸟先飞，就得比别人付出更多的时间和努力，把别人玩乐的时间都用在学习上。参加工作后，我仍然是这样做的。在教委工作的很长一段时间里，我不像其他人那样悠闲，夜晚和节假日基本上都是在办公室里度过的。

爱因斯坦说过这样一句话："人的差异在于业余时间。"是的，一个人在事业上能否做出点成绩，对业余时间的把握和运用确实起着至关重要的作用。在业余时间里能够持续不断地奋斗，这也是成功人士的共同规律。曾被美国《时代周刊》提名"全球50位数字英雄"的搜狐首席执行官张朝阳说："我就是平凡人，我没有发现自己与别人有什么大的不同。如果说有什么不同的话，那就是我每天除了平均7个小时睡觉外，其他时间都在工作和思考。"可见，要使自己有所成就，就必须牢牢地把握住业余时间，因为时间是人生最大的财富，时间利用率越高，自然收获也就越大，距离成功也就越近。

在这一方面，曾国藩的所作所为令人叹服。曾国藩曾跟随唐鉴学习义理之学，对自己的一言一行严加修饰，并立下"主敬、静坐、早起、读书不二、读史、谨言、养气、保身、日知其所亡、月无亡所能、作字、夜不出门"十二条日课。他还将一生所得归纳为四条准则以教育子弟：一曰慎独则心安；二曰主敬则身强；三曰求仁则人悦；四曰习劳则神钦。曾国藩一生功绩卓著、勤俭廉劳、修身律己，笔耕不辍，最终成为一代思想家、政治家，这与他几十年如一日持之以恒地奉行修身之道是分不开的。他那严谨的生活作风和几十年如一日的习惯，不能不让人为之惊叹。由此可见，一个人能否有所成就，关键在于有无坚持始终的恒心。

要善于利用领导资源

人的一生中，总会有那么几件令自己感动和自豪的事情。潍坊教育电视台通过与潍坊电视台合作，摆脱了濒临倒闭的困境，走向了健康发展之路，就是这样一件令我难以忘怀的探索。

起初，潍坊教育电视台在全国教育电视台中可以说是很有影响力的，但后期的运营却出现了问题，以致愈来愈艰难，入不敷出，资不抵债，濒临倒闭，成为一个多年来令人头痛的大难题。对于这样一个交不出去又办不下去的“烫手山芋”，我们是如何成功化解其困境的呢？后来经过反思，可以将其归功于成功开发领导资源。

应当说，面对不断累积的债务和五六十人饭碗不保的局面，教育局可谓想尽了各种可能的办法。之所以没有解决，除了时机不对之外，更主要的原因在于没有充分开发领导资源。有许多在基层单位看来很难的事情，到了上一级领导那里可能就没有那么难。因为领导往往拥有更多的信息、更充分的资源、更丰富的人脉和更多的经验与智慧。当某个问题真正引起了领导的重视和关注之时，他们就可以整合各方面的力量来解决。像教育电视台这件事，我们就是基于这样的道理予以解决的。当台领导把若干棘手的问题提交到分管部门后，在探讨了各种方案仍觉得难以解决的情况下，我们就去寻求主要领导的帮助，由主要领导去找市领导及有关方面沟通协调。在形成合作的初步意向的基础上，我们再运用部门优势去创造有利于促成合作的良好氛围。如果离开了教育主管部门这个强大的支撑，离开了全市教育系统和广电系统互惠合作的大背景，这件事是不会得到如此圆满的解决的。

这件事给我的一个重要启发是：当自己遇到了难以解决的问题时，就要去主动寻求领导的帮助与支持。领导不但可以帮忙出出主意，更可以帮助解决问题。善于开发领导资源，解决自身难以克服的困难，这不是自己无能的表现，而是领导必须履行的职责，是对领导负责任的重要体现。应当说，不善于开发领导资源，也正是有些人、有些单位工作陷入被动以至无力回天的重要原因所在。所以，自从经历了这件事，我在每次给下属安排完任务后，总是不忘说一句：“遇到困难找我。”

工作着并快乐着

有人把工作视为一种苦差事，每天只是被动地应付，不仅工作质量、工作效率大打折扣，身心还备受折磨。不能从工作中找到乐趣，确实是人生一大憾事。怎样才能对自己的工作欢喜起来呢？我个人的体会是：识、情、理，如此而已。

所谓“识”，就是要认识自己，从自己的实际出发，保持自己的特色，把工作做出自己的特点。要善于把岗位的价值和意义升华，从而感动自己，培育出做好这件事的强烈的情感、责任感、使命感，激发出工作动力来。

说到“情”，我想起邓小平同志对祖国和人民的情。他一生三起三落，动力是什么？他说：“我是中国人民的儿子，我深情地爱着我的祖国和人民。”没有感情，做什么都难以达到极致。

所谓“理”，就是要明白一个道理。工作就是要以研究者的心态、探索者的心态，不断去发现，去创造，找出工作、事物内在的规律性，把工作的过程变为学习的过程、提升自我的过程。在这个过程中，要习惯为自己的点滴进步而欢呼，进而更加自信地去追求、去创新。

爱迪生讲：“我一生中没有工作过一天，我天天都在玩我喜欢的事情。”歌德说：“一个真正具备大才能的人会在工作过程中得到最高境界的快乐。”爱因斯坦认为：“工作的最重要的动机是工作中的乐趣，是工作获得结果时的乐趣，以及对这个结果的社会价值的认识。”所以说，用一种什么样的心态来从事工作、迎接挑战是非常重要的事。如果一个人能够以一种学习的态度、经受锻炼的态度和快乐的态度来对待工作和事业，那么他不论手头做的是什么工作，都会收获丰硕的成果，都是成功的。因为在这个过程中，处处都是增长智慧的沃土，处处都是美丽的景点。抱着这种心态，工作就会变成一种乐趣。

机遇偏爱有准备的头脑

左宗棠爱写对联，而且写得很好。如：“身无半亩，心忧天下；读破万卷，神交古人。”“文章西汉两司马，经济南阳一卧龙。”据说他的出仕就与对联有关：一年春天，两江总督陶澍回乡省亲，途经醴陵，县公馆的一副欢迎他的对联让他怦然心动：“春殿语从容，廿载家山印心石在；大江流日夜，八州子弟翘首公归。”这副对联既表达了故乡人对陶澍的敬仰和欢迎之情，又巧妙地嵌入了道光帝亲赐“印心石屋”予陶澍之事，道出了陶澍一生最为得意的一段经历。走进公馆，迎面是一幅山水画，上题两句小诗：“一县好山为公立，两度绿水俟君清。”意思是醴陵县那傲然屹立的山峰，皆是仰载陶公一腔凛然正气而生。这位60多岁的封疆大臣不曾想到，在小小醴陵，居然寻得知己，当即提出要见见作者。一番交谈后，二人成为忘年交。后来左宗棠成为陶澍门下幕僚，得其真传，最终成为同治年间赫赫有名的“中兴名臣”。

很多人认为左宗棠的出仕，抓住了两江总督陶澍省亲这样一个机遇，是靠拍权贵的马屁才得到赏识的。其实，这个观点是有点偏颇的。

古往今来，人们都很看重机遇。我们也常常听到这样一些议论：“某某人的成功是因为机遇好。”其实我并不否认一个人的成功的确需要机遇，但不是说有了机遇就必定成功。机遇只是一种可能、一个条件。面对同样的机遇，不同的人可以有不同的表现，可以产生不同的结局。决定一个人能否成功的关键是能力和素质，提高了能力和素质，也就做好了抓住机遇的准备。左宗棠的才学便是他随时抓住机遇的一个准备。而那些没有真才实学的人，自然也就没有做好抓住机遇的准备，即使机遇来到他的面前，他也只会让机遇白白地溜走。

事实告诉我们，机遇是可贵的，但个人能力和素质的积累更可贵。因此，我们要去幻想，戒浮躁，不等待，凭扎实丰厚的积累去创造机遇、把握机遇。正如法国科学家路易斯·巴斯德所说：“机遇只偏爱那些有准备的头脑。”

细节决定成败

从小处着手才能做出大文章

美国成功学奠基人奥里森·马登说：“你希望到达事业的顶峰，就要从最底层做起。只要与自己的事业相关，任何事情都不能掉以轻心，要对所有细节了如指掌。这些东西是斯图尔特和约翰·阿斯特成功的秘诀——在自己所从事的事业中，他们精通所有细节。”

近来阅读李希贵的著作《教育艺术随想录》，颇有同感。这部曾在教育界产生很大影响的著述，竟没有一篇长篇大论，都是千字左右的小文章，一事一议；都不是大题目，而是在日常的学校管理、学生教育中常常遇到，但往往因一时难办而放弃，以至于久而久之熟视无睹的一些小事情。在许多人看来甚至不屑去做的小事情，他却不厌其烦地认真梳理，逐一研究解决，并从中升华出了极富规律性的智慧火花，升华出了颇具冲击力的教育改革思想。

由此看来，改革的“大思路”往往源于生活中的“小问题”；正确的理论只能来自于具体的实践，并在实践的检验中得到丰富和发展。从李希贵小题目作出大文章的成功经验中，我们再一次深切地理解了“天下大事必作于细”的道理。

任何一项事业，都是一个由无数细节和小问题组成的环环相扣的过程。每个细节都是整个过程链条上的重要一环，关系着整个事业的成与败。可见，细节不可忽视，小问题不小。这对于那些满腹经纶又不愿从事具体工作、研究具体问题的志大才疏者们，无疑具有很大的启迪作用。因此，关注生活细节，注意研究细小的问题，到实践中去、到群众中去，从具体做起、从点滴做起，应当成为每个有志者的行动纲领。

好习惯让你成功

近日读到陈安之《自己就是一座成功宝藏》一文对于习惯与成功的论述，特别是养成写日记的习惯这一点，我深有同感："要成功其实不难，只要重复简单的事情，养成习惯，如此而已。""成功者通常有写日记的习惯，日记记录当天的重要事情或成长学习心得，宛如一处反省的园地。世上的伟人几乎都有把想法记录下来的习惯，因此，你要学会有效地将思想和心得记录下来。""我以写传记、写历史的心态来写日记，不但可以记自己成长的经验，也希望与人分享经验，指导我如何克服恐惧，突破瓶颈，如何定下目标。""我认为一天记录一点点，这种心灵的成长是十分可观的。"

我相信，世上的伟人确实都有把自己的想法记录下来的习惯。著名教育家苏霍姆林斯基曾专门讲到写日记的作用。他希望老师们都能写教学日记，把每天的心得收藏起来。我现今养成的及时将工作和生活中的一些想法记录下来的习惯，也是李希贵局长介绍给我的办法。我在回想自己成长进步的过程中留意到，自己思想活跃、创造力强的时候，往往都是那些勇于思考、勤于记录的时候。

我想，记日记至少有如下好处：一是构筑向自己倾诉的渠道，有益于形成平和的心态；二是有益于增加成就感，不虚度光阴；三是有利于不断提醒自己、鞭策自己，不至于迷失于日常烦琐事务而偏离了奋斗目标；四是有利于集中精力把某件事情做得更加周详；五是有利于使思想始终保持在一种进取状态，防止懒惰倾向；六是有利于提升写作水平；七是有利于不断自我总结并教育和激励后人；八是有利于不断充实、丰富和完善对事物的认识理解能力。应当说，近几年来，我对人生意义、家庭责任和孩子教育等方面所取得的成绩，有很大一部分来自于写日记的习惯。

因此，我们不仅应该始终坚持写日记、记心得这种基本的生活态度和学习习惯，而且也要确保孩子学会和掌握这一生活、学习的诀窍。我坚信，如果孩子们能够真正养成这一习惯，必将大大提高生活、学习的质量和效益。

余秋雨先生在《收藏昨天》一文中这样说：

真希望世间能有更多的人珍视自己的每一步脚印，勤于记录，乐于重温，敢于自嘲，善于修正，让人生的前前后后能够互相灌溉，互相滋润……个人的生命也是一个前后互济的时间过程，如能留诸记忆，定会产生一种回荡激扬的动力循环，让人长久受益。一个人就像一个家族一样，是不是有身份、有信誉、有责任，就看是否能把完整的演变脉络认真留存。

我们也许已经开始后悔，未能把过去那些珍贵的生活片段保存下来。殊不知，多少年后，我们又会后悔今天。如果有一天，我们突然发现，投身再大的事业也不如把自己的人生当作一个事业，聆听再好的故事也不如把自己的人生当作一个故事，我们一定会动手动笔，做一点有意思的事情。不妨把这样的事情称之为“收藏人生的游戏”。让今天收藏昨天，让明天收藏今天……

我最合适什么？最做不得什么？容易上当的弯路总是出现在何处？最能诱惑我的陷阱大致是什么样的？……这一切，都是生命历程中特别重要的问题，却只能在自己以往的体验中慢慢爬剔。昨天已经过去又没有过去，经过一夜风干，它已成为一个深奥的课堂。这个课堂里没有其他学生，只有你，而你也没有其他更重要的课堂。

余秋雨先生的这篇文章，使我对日记意义的理解愈加深刻。每天把自己的足迹印在笔记本中，把自己的人生收藏起来，一有空闲就“盘点查看”“拿出来晾晾晒晒”，清点一下自己的生活，也就别有一番滋味在心头。刘燕敏在《清点生活》一文中这样写道：“将人们击垮的有时并不是那些看似灭顶之灾的挑战，而是一些微不足道的鸡毛蒜皮的小事。人们的大部分时间和精力都无休止地消耗在这些鸡毛蒜皮之中，最终让大部分人一生一事无成。生活要求人们不断地清点，看看忙忙碌碌之中，哪些是重要的，必要的，哪些是不重要的，或是无须费神去忙的。然后，果断地将那些无益的事情抛弃，不去理会。”

齐家、治国、平天下，必须从修身做起，这是提升生活智慧和保证生命质量的源泉。而记录每天生活的点滴，及时清点自己的生活，做到“吾日三省吾身”，则是修身的必备功课。这也是许多名门之后，往往更能有所成就的重要原因。因为他们比常人更早懂得了这些常识，而这些东西其实远远比课本知识更为重要，因为这些是人生智慧。

好习惯让人走向成功，这可以说是一条放之四海而皆准的真理。每天记录一下自己的所思、所想、所为，对自己的生活做一下清点，检讨一下自己，对于修身大有裨益。惟其如此，方能做到古人所说的“知明而行无过”。

每次只做一件事

近来，诸多繁杂事务搞得我不能专注地做事，常常做着这事想着那事，结果什么也做不好，什么也想不深。昨晚看到两篇文章——《给自己减压》和《每次只做一件事》，很受启发：“专心做一件事，把它做好，享受由此带来的满足感，然后再进行下一步。”“将你的注意力分成几部分，在你正在做的事情上投入必要的注意力。给自己足够的时间将其很好地完成，同时享受这个过程。”

每次只做一件事的道理，应当说自己早就懂得，但为什么在实际生活中却常常做不到呢？为什么不能心平气和地一件件地去做好呢？我想，主要问题出在自己的想法太多，出在对自己的人生定位、人生目标缺少一个坚定不移的认识，因而总感觉面前始终有好多事要做，无法从乱成一锅粥的事务中解脱出来。这样做的结果，往往是患得患失、心烦气躁，甚至生出许多无名之火。

要解决这一问题，首先必须做到心静。而要心静，则必须弄清楚自己稳定恒久的人生追求。只有明确了这样一个追求，自己的心态才能变得淡然，变得超脱，才会从烦恼中解脱出来，变得充满生机和活力。

其次不能急于求成，不能一心多用。我们每天都会面对许许多多的事情，要求我们必须完成而且必须有效地完成它们。因此，必须集中时间和精力，一心一意地去做，还要特别注意挑选最重要的任务首先完成。一心一意做事便于迅速地完成任务。我们越是集中时间、集中精力、集中资源，就越能够完成数量更多、内容更丰富的任务。那些能做成事，而且做成难事的人，其成功的秘诀就在于：每次只做一件事。因此，他们做事所花的时间会比其他人少得多。

把自己的目标写下来

1953 年，美国耶鲁大学对即将毕业的学生进行了一次有关人生目标的调查与研究。研究人员向参与调查的学生问了这样一个问题："你有人生目标吗？"对于这个问题，只有 10% 的学生确认了他们的目标。然后，研究人员又问了学生们第二个问题："如果你有目标，那么，你是否把自己的目标写下来了呢？"这次，总共只有 3% 的学生将目标写了下来。

20 年后，耶鲁大学的研究人员在世界各地追访了当年那些参与调查的学生。他们发现，当年明确把自己的人生目标写下来的人，无论在事业发展，还是生活水平上，都远远超过那些没有这样做的人。这 3% 的人所拥有的财富居然超过了其余 97% 的人的总和。这 3% 的人之所以成功，根本原因在于他们从工作一开始就怀有明确的目标。

在耶鲁大学的这个关于人生目标的研究项目里，那些没有把人生目标写在纸上的人这一生都在干什么呢？原来他们忙忙碌碌，一辈子都在直接或间接地、自觉或不自觉地帮助那 3% 有明确人生目标的人去实现奋斗目标。

这个故事给人这样一个启示：目标对于事业成功来说，是最强大、最恒久的内心支撑和动力源泉。有了明确的目标，就有了奋斗的方向，也就有了成功的可能。目标有大有小，有远有近。其中，远大理想只有和具体目标结合起来，才会转变为具体行动，才会形成充满激情与活力的现实人生，才能使现实生活充实而美满，不至陷入空想、挫折、焦虑之中。

前些年，自己曾认真地设计过未来一年要达到的具体目标，结果一年下来，所有的目标全都如期达到。这是一段美好的生活体验，也说明具体而明确的目标对于人生、对于生活是何等重要。

但今年以来，因为原有的目标都已实现，而新的长远目标和具体追求又尚未确定下来，所以生活就远没有之前几年那样充实而富有成效。这也许就是一个阶段结束、另一个新阶段开始前的一个必然过渡。它充满了思考，甚至还有几丝迷茫，但无论如何，它是进一步理清思路、矫正目标的阶段，是一个经过认真思考，并最终确定新目标的阶段。

把自己的目标写下来，就有了明确的奋斗方向，也就有了打开成功人生之门的钥匙。

列出明天的清单

我分管的几个科室是局机关的主要业务科室，业务繁忙，工作量大，一年到头几乎没有空闲的时候。特别是在中考、高考期间，更是忙得不可开交。最近新上任的几个科长见了我，总是叫苦连天。他们还没有全面熟悉科室的业务，而工作又不会等人，所以几位科长虽然整天忙得焦头烂额，却始终理不出个头绪来。

针对他们的苦衷，我把自己学到的一个妙招传授给他们。没过多久，他们一个个都夸奖这个方法好用，说正是这个方法让他们工作起来既从容又高效，工作变得忙而不乱，有条不紊。

我传授给他们的方法，是一个列工作清单的方法，也是这些年来自己在工作中一直运用并且受益匪浅的方法。多年来，列出工作清单已经成了我的一个习惯。认真思考以后，我总是将每件需要做的事写下来。而一旦明明白白地记在纸上，这些事就成了我必须专心致志去完成的任务。我常常告诫自己，好脑筋不如烂笔头，要让工作自然有序，就应及时地把该做的事情记下来。假如你不把要做的事情写下来，即使是你最想做的事，也可能会被无限拖延，最终不了了之。

列出工作清单这个方法很简单，但成效却很好，它使得工作更有计划性、时间安排得也更科学与合理，能够大大提高工作效率。发明列出工作清单这个方法的是美国管理顾问先驱艾维·李，他率先把列清单这一方法正式运用于时间管理系统。

20 世纪初，美国伯利恒钢铁公司总裁查尔斯·施瓦布总是抱怨时间太少、工作做不完。他花掉大部分的时间应付细节，结果导致他根本就没时间去思考更重要的事。他向艾维·李请教该怎么做才能走出困境。

艾维·李把一张白纸递给施瓦布，说："在每天下班之前，列出一张清单，写上你明天要做的一些最重要事项，并且按其重要性编号。明天你根据清单从第一件事开始做，每做完一件，就在单子上划掉一项，接着再做下面一项，以此类推。如果你没有按照时间表完成每一件事，别担心，至少你在做重要性较低的事情以前，会把最重要的事情先做完。假如其中的任何一项没有当天做完，就重新将它写在明天的清单上。"

这位钢铁公司的总裁试过艾维·李建议的方法后，觉得很有效，就向同事大力推荐。在短短3个月的时间内，伯利恒钢铁公司员工的工作效率大大提高了。当施瓦布问艾维·李该付他多少钱时，艾维·李回答说："你认为我提出的构想值多少钱，就付我多少钱。"据说，施瓦布后来把一张面额25000美元的支票（在当时可算是一笔巨额款项）寄给艾维·李当做顾问费。

这个故事告诉我们，列清单的方法对于提高人们的工作效率有着多么大的意义。效率始于计划。有人说"一日之计在于昨晚"，这句话讲得非常精辟。一个人每天工作效率的高低，取决于前一天晚上是否已经对第二天的工作做好了规划。当我们形成每年、每月、每周、每日列出清单这样一个好习惯时，就不会瞎忙、胡忙、乱忙，忙得天昏地暗、心烦意乱，而能够做到心中有数、有条不紊、成竹在胸。每做完一件事都会感到成功、愉悦和轻松，生活和学习就会获得高效率，从而活出人生的幸福和精彩来。

给自己一个奖励

最近，我的一篇小文章在国家级报刊征文评选中获奖，心情很是激动，特别想与家人分享自己的喜悦，更渴望在欢乐的气氛中得到家人的夸奖。可是，由于家里没有热热闹闹庆祝喜事的习惯，这件事也就在平淡中过去了。由此想到，当一个人在生活中有了点滴进步的时候，一个适时的奖励和赞美是多么重要啊！

应当说，不能对自己的进步给以恰当的鼓励，是对自己的苛刻和冷漠，是生活质量不高的表现。我们往往习惯于把自己的生活搞得过于严谨、过于沉闷，但生活不总是一条直线，而是起伏跌宕、色彩斑斓的，既有愁事、烦事、难事，也有喜事、高兴事、得意事。为什么我们总是喜欢把所有事都搞得有板有眼，而不能充分张扬如意之事所带来的喜悦呢？

我从小在家庭中就没有受过这种快乐的熏陶，所以生活总显得沉闷与呆板，导致生活这根弦总是绷得太紧。如果自己的每一次进步都能获得奖励和庆祝，那么自己的发展肯定会更好。因为这种鼓励不仅可以使心情得到放松、精神得到振奋，还可以使每一次进步都化作下一次冲击更高目标的助推器，为取得更大的进步增加动力。

其实社会生活中的每一个人都渴望得到别人的赞赏，因为这是人的一种心理需求。因此我们每个人也都应该学会去赞赏别人。赞赏别人是做人的一种美德。这也提醒我，今后要善于发现同志们的进步，并及时地给予鼓励和庆贺，让大家工作得更有生气、更有情趣、更有干劲儿。

个体如是，国家亦如是。每逢诸如香港回归、申奥成功等国家层面的大事，都要举国欢庆，为的就是振奋大家的精神、纪念动人的时刻、展望未来的辉煌。在这一点上，无论修身、齐家还是治国，其实都是一个道理。

学会独处

澳大利亚的一位动物学家从亚马逊河流域带回两只猴子。一只壮硕无比，一只瘦小羸弱。动物学家把两只猴子分别关在两个笼子里，每日精心喂养，观察它们的生活习性。一年后，大猴子莫名其妙地死掉了。为了不中断研究，动物学家又让人从巴西带回来一只。这只比死掉的那只更大，可是不到半年又死了。为了弄清原因，他对两只猴子的尸体进行解剖，可是并未找到答案。于是他重返亚马逊河，对那里的猴子进行研究。

结果发现，凡是体大健壮的猴子交往能力都很强，其他猴子弄到食物时，它总能分享到一份；而且还好动，它们一有空闲不是在猴群中穿梭，就是与其他猴子追逐嬉闹。但这类猴子一旦被捉住，却很少能活过一年。而那些经常独自晒太阳和闭目养神的猴子则不同，由于它们不太合群，因此很少能分享到其他猴子的食物。虽然这类猴子长得都比较小，但被捉后却可以活下来。这位动物学家后来得出一个结论：对猴子而言，缺乏交往的生活是一种缺陷，而缺乏独处的生活则是一种灾难。

猴子的世界是这样，人的世界何尝不是如此！特别是动物学家关于“独处”的结论，又是何等耐人寻味。

仔细想来，独处是“板凳要坐十年冷”，是“面壁十年图破壁”；独处是耐得住寂寞的持守，是对意志的磨砺。同时，独处也是一种智慧。一个懂得独处艺术的人，不但能减少一些处世的矛盾，还能从宁静的环境中领略到人生的快乐，人也会变得成熟，浸润出独立的性格。

我曾在《大学时期要做的 50 件事》一书中看到这样的话语：“独处不是回避，而是一种信念的坚持；独处不是自我封闭，而是一种面对自我的思索。……学会独处的人，心智才能够成熟；学会独处的人，心胸才能够豁达；学会独处的人，才能领悟到生活的深邃。……当你学会独处并喜欢独处的时候，你会发觉自己正在长大，正在走向成熟。”可说是道出了独处的精妙。

学会独处，学会忍耐，学会有所不为，方能成就自我，这已被无数事实所证明。因此，我们要下决心克服躁动不安的毛病，以有所不为来确保有所为，只要没有非办不可的事，就要读书、学习，静下心来认真思索，沉到学习和研究中去，发展自己的爱好与特长，真正培养出自己经得起风浪考验的看家本领和立身之道。

附　录

张国华：基层教改倒逼顶层设计

“与其坐等红头文件，不如认准了先干起来再说，说不定就干成红头文件了！”说这话的，是山东省潍坊市教育局局长张国华。

对于张国华来说，这不是豪言壮语。改革 11 年来，以基层实践倒逼顶层设计，他带领的潍坊教育改革经验被写进多份教育系统指导性文件之中。

山东曾是“填鸭式”教育的重灾区。铺天盖地的教辅材料、披星戴月的讲习补课、目的性极强的应试训练，换来了山东考生高考的高分神话。

潍坊市并不例外。

张国华十几年前去安丘县某中学调研期间，看到校长憔悴不堪，看到学生的课表从天不亮到夜里十一二点，排得满满的，全年无休。在每周一早晨 20 分钟的升旗仪式上，不少孩子站不住晕了过去。学生累，老师也累，工作量过大甚至导致了学校女老师集体不孕。在当时，这种情形被认为是教育的代价，是为了学生成才无法避免的牺牲。教育是遭罪，对孩子、家长、老师都是，但在水涨船高的恶性竞争中，想停却停不住。

“知屋漏者在宇下。”在教育系统工作近 30 年，张国华见过太多这样的教育怪象，他不甘于“适应”这些不合情理的事情，一谈起来就忍不住提高了嗓门：“这些是干教育的耻辱啊！‘分’实在是最可恶的东西！”

可是，万千学生要考大学，要考上好大学，最后还得凭“分”。久而久之，面对问题，抱怨多了，思考少了；逃避现实多了，迎难而上少了。大家都知道，躺在问题上指责制度容易，开路难。

张国华却不甘于这种无奈，潍坊教改就走了条难路。

事实证明，减少学生在校时间并不等于减负，旧式教学只是在用“量大”来弥补“质低”的不足，要真的解放孩子，必须从课程改革入手，提高教学质量。2002 年，潍坊着手推进课程改革。从“一块黑板一支笔，一人从头讲到底”的课堂改起，改应试教育方式，改教育体系中制约改革的每一环，一改就是 11 年。

张国华的前任、现北京十一学校校长李希贵是潍坊教改的破冰者，最初的改革方向和框架就是由他提出的。2006 年调离教育局前，李希贵向组织推荐了当时排名最末的副局长张国华接任自己的职位。两人并无私交，至今张国华都不知道李希贵点名要他接过接力棒的原因。但他能强烈感觉到的是，他与李希贵在教育改革上有着高度一致的价值观。

“碰到什么问题就解决什么问题。”张国华说他的改革思路就这么简单。“逢山开路，遇水搭桥。”这样的改革与大破大立型改革相比，要求改革者必须更敏锐地发现问题，更灵活地处理关系，更有耐心地等待结果。

2009 年和 2012 年，教育部课程教材中心对潍坊市 590 所学校的 4.7 万名中小学生进行了大样本抽测，其中“睡眠时间”“学生自信心”“鼓励学生独立思考”等指标处于全国被监测地区的最高水平，“作业水平”“学习压力”处于全国最低水平。

同时，潍坊市高考成绩 12 年蝉联全省第一。

轻负担、高质量的“潍坊模式”在教育界一下叫响了。这一模式被总结为“评价引领、专家办学、社会参与、督导保障”，是对“素质教育与应试制度是否难以兼得”的问题给出的积极答案。

全国都在抓课改，有早有晚，有快有慢，在有些发达地区的明星学校中，素质教育已经可以比肩国际先进水平。可为什么只有潍坊市做到了整个地区内素质教育的百花齐放?

简政放权是潍坊教改的核心。张国华说，“潍坊模式”不是教育局管出来的，是放出来的。

2004 年，潍坊在全国率先实行校长职级制，取消中小学校长行政级别，近千名校长从由组织、人事部门管理，转由教育部门管理。这是潍坊教育去行政化的第一步。它挡住了那些为了“乌纱帽”打校园主意的行政官员，同时解放了身陷官场活动的校长们。

第二步，教育局把选聘校长的权力交给了由教育专家和学校教师代表组成的“校长选聘委员会”。刚要到手的人事权转脸儿就拱手让出了，有人说潍坊教育局真是豁出去了。但这为真正的教育专家提供了公平透明的选拔机制，在最大程度上避免了聘用“人情校长”“听话校长”现象的发生。

正聊着时，张国华扭头冲身旁的教育局党委副书记徐友礼笑起来:“前些日子聘任了俩新校长，有些日子了，我都还没见过呢!”徐友礼摇头笑说:“我也没见过。”更多懂教育但不唯上的人当上校长，是改革带来的变化，是深层权力格局调整的最直接体现。

新权力不要了，接着旧权力也放了。一贯由教育局进行的督学和评优也委托给了社会第三方，师资培训也外包了……

简政放权不是彻底甩手，是为了让专业人士在适合的位置上发挥最大的作用。政府从教育管理的微观层面退出，让出的不仅是权力，更是整个行业专业化发展的空间。

这些，恰与十八届三中全会关于教育改革的方向相一致。外界将张国华称为“素质教育的拓荒者”。他想了想说，如果说拓荒，我拓的荒就是我们自己。“教育要改革，最该改的是我们教育部门。”张国华坦诚得令人惊讶，“政府不能舍不得权力”。

放权的做法并不是毫无阻力。在校长职级制改革方案公布前，政府某部门背着张国华在其中加入了关于校长任命、考核等问题仍须由政府有关部门审批、备案等内容。

张国华闻讯跑去找市领导说，这和改革宗旨背道而驰。在张国华的坚持下，那一次校长职级制改革没有出现倒退。他还给潍坊各级教育局局长每人送了一本书——《把学校交出来》。

“为了让每一个孩子都睡足觉、能过上正常人的生活，我们付出了十多年的不懈努力。我们最大的成就感，不是学生们的高考成绩连续第一，而是看到遍布城乡的孩子们轻轻松松地走在上学的路上。”“干教育一辈子就算只做到了这一件事，也够了。”他说。

“教改先要革教育部门自己的命”

全面实施素质教育的呼声雷声大雨点小，学生减负越减越重，补习班、占位班越限制越红火……面对“家家有学生”“人人有意见”的教改“老大难”，山东省潍坊市却很有些“一马当先”之势。身为“功臣”的教育局局长张国华说，教育改革不是没有希望，但首先要做到自我革命。

记者：潍坊的教育改革，不仅在山东，甚至在全国都有一定的影响力。能否概括一下您所领导的潍坊教育改革的主要特点？

张国华：有两个主要特点，一个是深入性，另一个是综合性。潍坊的教育改革都是从具体问题入手，最终深入到制度层面的。例如，针对群众担心、社会高度关注的校园安全、师德等可能损害学生基本权益的问题，我们研究确定了每所学校都必须建立的“育人为本 12 项基本制度”，以及与之相适应的针对学校及相关责任人失职、渎职的问责制度。

潍坊的改革不是某一领域的单兵突进，而是综合性、系统性的改革。教育的问题盘根错节，单一领域的改革很难取得根本性成果。我们这些年搞中考改革、推行校长职级制、创新教育督导制度、建立教育工作满意度调查制度等，都已涉足了教育改革发展的深水区。

记者：您刚才讲到，潍坊教育改革的特点之一是制度改革，其实其他不少地方也开展过类似的改革举措，但结果难以令人满意，还有的不了了之。您是怎样把潍坊的改革引向深入的？

张国华：我们的制度建设不是确立之后就一阵风似的过去了，还要根据实际需要不断完善、发展，并要向社会公布，由社会来监督。

我们的改革，是从发现问题、解决问题开始的，也就是说，每一项改革举措，都是为了解决当时面临的突出问题。先有了问题先导，再按照对教育规律的把握，基于我们的价值追求来研究解决问题的思路。这和由上至下安排或者从别的地方学来的经验不一样。只有对自身问题感受得深，才会有持久的改革动力，才会有遇到困难不放松的劲头。

记者：您刚才还提到，潍坊教育改革是一个复杂的系统性变革，涉及方方面面，那么，潍坊教育改革的主线是什么？换句话说，潍坊的教育改革是围绕着什么展开的？

张国华：一个贯穿始终的主线是教育部门自身的改革，就是革教育部门自己的命，通过自身的改革来引领学校的改革。教育上难以解决的问题，表面上是学校的问题，而根源大部分在教育部门。潍坊教育改革之所以能得到大力推动，就是因为我们是从转变部门职能做起的。我们当时总结了四句话：简政放权，民意汇聚，网格化督学，项目化破解。要以社会需求为导向，构建服务型的部门，从行政化管理转变为专业化服务。

记者：自从您2006年上任潍坊市教育局局长以来，在教育改革的道路上已经坚持了7个年头，潍坊的教育改革也取得了一定的成就。围绕着教育改革，您下一步关注的重点在哪里?

张国华：职业教育。我们基础教育改革的基本框架和制度已经定型，大的体制机制完全能支撑起素质教育的实施。但孩子们还是无法很坦然地放下心来干自己喜欢的事，原因就在于他们最终都要过高考这座独木桥。所以，我最近关注的重点落在了职业教育上，我认为职业教育是制约整个教育发展的核心问题。我们的目标是搭建一座立交桥，让职业教育和普通学历教育互通互联，让孩子们能彻底进入一个自由发展、全面发展、个性发展的状态。从潍坊教育改革的逻辑来看，这是一脉相承的，改革的脚步已经走到这里了。

记者：您从事教改多年，最深刻的体会是什么?

张国华：教育改革不是死胡同，大有可为，大有希望。我觉得不要一提教育改革就垂头丧气，好像根本看不到希望。事实上，通过我们这十多年来的改革实践，我觉得教育改革不是没有出路，只要把握好教育规律，踏石留印、抓铁有痕地干下去，就一定能够办好人民满意的教育。

娄辰、郝方甲

《新华每日电讯》2013年12月13日

制度好，教育就好，世界就好
——张国华访谈录

党政领导对教育规律的极大尊重，是形成“潍坊教育现象”的基石

李振村： 张局长，非常高兴能够跟您探讨“潍坊教育现象”。

我所说的“潍坊教育现象”是这么个意思：中国教育从来就不缺少在某个时间段内风生水起、红红火火的改革典型。但是，这种红极一时的典型通常不会持续太久的时间，随着领导的更迭，人去政息，改革转向，典型也随之成为明日黄花，烟消云散，令人扼腕叹息。

让人感到非常惊奇的是，潍坊教育改革历时十年，历经李希贵和您两任教育局局长，却始终保持着健康、稳定、快速发展的势头，各项改革和创新举措领先全国，创造了一个又一个教育奇迹。按照潍坊市委主要领导的说法，教育已经成为潍坊市这个 900 多万人口的地级市的三大亮点之一（另外两个是农业产业化和城市建设）。我认为，潍坊教育的这一特点，可以概括为“潍坊教育现象”。

我想向您请教的是：成就这种“现象”的根本原因是什么？是什么力量推动着潍坊教育持续十年快速而稳定地发展呢？

张国华： 很多人都问过我这个问题，这也的确是个值得思考的问题。

“潍坊教育现象”得以形成，首先取决于市委、市政府在用人方面不拘一格的气度和魄力，我这绝对不是说官话。潍坊教育走过十年，现在回过头来看，如果当初不是市委、市政府破格起用了李希贵，潍坊教育不会有今天的格局。李希贵原是潍坊市下辖高密市的教委主任，市委、市政府把他从县

级市教委主任直接提拔为地级市教育局局长的一把手，这是了不起的举措。

李振村：李局长干满五年一个任期，调到北京以后，市委、市政府又把您从排名靠后的副局长位子上提拔为局长，这两次选拔任用都是超越常规的。

张国华：是的，这种超越常规的选拔任用，说明潍坊党政领导对教育的支持和理解，是基于对教育规律的极大尊重的——这比给钱给物更重要。尊重教育规律，就是让内行来领导教育，让教育专家来办教育。李希贵来潍坊之前，已经是誉满全国的教育改革家。起用他，体现了市委、市政府对教育规律的尊重。这种尊重在一些细节上都有很充分的体现，比如，当年市委书记公开讲，一些会议李希贵可以不参加，让他集中精力考虑教育问题；李希贵出国学习要大力支持，他多到发达国家取取经，是潍坊教育的福。

李希贵耕耘了五年，我又干了五年，这十年里，市委、市政府领导对我们日常工作的支持，依然体现在对教育规律的极大尊重上。十年来我们进行的很多改革和创新，都是具有破冰意义的，都是在全国没有先例可循的，都牵扯到诸多权力部门的利益。比如，校长去行政化和中小学职称评定改革，组织部门和人事部门都毫不犹豫地放弃了很多权力。这种勇于放权的行动，同样体现了对教育规律的最大尊重，体现了支持教育的宏大情怀，给潍坊的教育发展创造了巨大空间，每每想来，我都感动不已。最近市委、市政府出台文件，我们的组织部长亲自推敲琢磨，一条条研究，对校长职级制进行了完善，也为教育局长确定了明晰的任职资格要求。

李振村：很多人都讲，李希贵调离之后，市委、市政府任用您做局长，对延续、完善和拓展李希贵开启的教育改革至关重要。

张国华：这样说也有道理。教育是个慢活儿，教育改革不是两三年就能看出效果来的，正像您所说的，为什么很多地方换一届领导很可能就把前一届的事变了？就是因为教育改革短期内看不出效果，后任领导又不了解前任所做事情的来龙去脉，便很容易去掉前任的做法，另起炉灶。

我从一开始就参与了潍坊教育改革的整个过程，不但十分了解前因后果，也深知改革需要时间来发酵，需要持续跟进、逐渐完善。所以，我一直努力升华、完善和推进潍坊的教育改革，尽量避免内耗和折腾。

李振村：你们两个人的性格和气质好像也有差异，这对于你们的完美交接有没有关系？

张国华：有关系。李希贵性格更刚一些，这样他才能突破禁区，“撕开”口子；我性格更柔一些，我可以在他撕开口子之后做完善、升华的工作。

但我们之间相同的东西更多。首先，我们都有共同的信念和价值追求，那就是一定要尽自己最大努力，为孩子创造一个最佳的成长环境。十年来，我们坚持走下来的力量就来自这种共同的信念。其次，我们两个都致力于营造一个干事业的良好氛围，我们都崇尚简单，拒绝庸俗。这十年里，教育局的整体氛围应该说是很好的，人际关系单纯，大家一心一意地做事情。再次，就是我们都追求卓越，追求创新，用希贵的话说，就是“既不重复自己，也不重复别人”。

李振村：你们二位真的是和而不同！

张国华：不过，我要跟您强调非常重要的一点：十年改革，绝对不是只靠我们两个人的力量完成的，它是教育局这个团队整体精诚合作的结果。教育局的副局长们和各个科室的干部，都在努力进行创造性的工作，大家有激情，有干劲，有共同的目标，心很齐。您可以设想一下，如果只有我们两个人在忙活，潍坊教育怎么可能有今天啊！

正确理解和把握“三个关系”，是形成“潍坊教育现象”的根源

李振村：“潍坊教育现象”的形成，除了市委市政府对教育规律的尊重这个核心因素，还有没有其他因素？

张国华：还有一个重要因素，就是我们一直坚持通过教育主管部门的自身变革，来引领基层教育的发展。

我一直坚持一个观点：现在中国的教育问题，其实主要是教育主管部门的问题。为什么我们好多事情吆喝了很多年还是转变不了？就是因为主管部门没有转变，管教育的人没有转变。潍坊这些年的改革都是通过教育主管部门的改革来拉动的——教育局变了，校长才能变；校长变了，老师才能变、课程才能变、学校文化才能变，最终学生才能变。

比如，潍坊的“亲子共成长”工程，几年来有数百位知名家教专家深入农村给家长上了几百节课，举办了两千多场培训会，百万家长进学堂，做得多红火啊！为什么能搞得这么好？就是我们主管部门做了改变：我们认为像家庭教育这样的事情，单单靠教育局来做，花多少钱也不一定能办好，于是我们换思路，自己做不好的事情果断放出去，引入社会资源，引入家教公司，结果我们没花一分钱，就激活了家教这盘大棋。

比如中考这件事情，教育局决定怎么考、怎么招，下面的学校就会怎么做。我们可以完全按照分数来招，学校就会拼命追求分数，学生和家长就会分分必争，这个时候你再怎么抓减负都是没有用的。我们也可以把综合素质评价纳入中考，作为高中招生的重要依据，还可以把体育成绩和物理、化学成绩等级对待，这样一来，下面学校就会把学生的综合素质培养、把体育课看得十分重要，素质教育自然而然就推行开了。

李振村：您讲的这些让我很受触动，我一直在思考潍坊十年教育改革最重要的突破口是什么，是中考改革？是校长去行政化？您这番话让我豁然开朗。假如把潍坊教育比作一棵大树，中考啊、校长去行政化啊等，都是“枝叶”的问题，而您讲的教育局自身的变革才是“根”的问题。只有制定政策的人变了、制定政策的部门变了，“枝叶”才能改变。所以说，革命首先要向自己开刀。

张国华：我这里要特别强调一点，教育局自身变革最重要的是要解决立场、观念问题——教育局究竟站在什么样的立场上看问题，这一点决定了你的策略和方法。

教育部门有三种关系是要认真把握和处理好的。

一是要处理好学校、老师和家长、社会的关系。

当他们之间发生矛盾和冲突的时候，作为管学校的教育部门，应该站在什么立场来看问题？通常我们都是站在学校一边，因为管办不分，教育部门和学校是一家人，教育部门自然就千方百计替学校遮丑。结果就是矛盾不断累积，群众越来越不满，最后可能导致大的爆发。我们必须从思想深处就有这样的意识：教育系统的所有人员，包括教师、校长、教育局领导，都是公共服务人员，我们的工作就是要提供公共教育服务，保护群众的教育权益不受侵犯。因此，我们必须站在百姓的立场上看问题、办事情。

有了这样的观念和立场，我们的方法和策略就会发生根本性的变化。比如，对于规范学校办学行为等问题，过去都是我们教育部门自己在管，费了很大力气也管不好。观念和立场变了，方法也变了：让办学的利益相关者——学生和家长参与到办学的监管和评价中。过去，学校只对上级负责，只对领导负责，家长和学生在学校管理链条上是弱势环节，他们没有办法发表意见，没有影响力。现在，我们每学期都会组织家长和小学高年级以上的学生，对学校的办学情况进行满意度测评，把测评结果作为教育部门考核校长业绩的重要指标。所有学校每学期也会组织一次师德考核，并把师德考核结果前置，实行一票否决：凡师德考核达不到优秀者，取消年度所有评选资格，包括评职称、评先进、评教学能手。当学生和家长的意见能够直接影响到校长和教师的去留进退时，很多问题解决起来就容易了。

再比如，要想真正为群众提供优质教育服务，就不能关起门来办教育，就必须满足群众对教育的知情权、表达权、参与权、监督权，所以我们创办了全国独一无二的教育惠民服务中心，所有的教育问题都可以在这里得到解决或者答复。对于这些举措，潍坊的广大家长给予了高度评价，连续四年，在省委、省政府进行的满意度测评中，潍坊教育都位列潍坊市各行业之首，这就是观点和立场转变之后带来的效应。

二是要处理好教育主管部门和学校的关系。

当学校利益和教育主管部门的利益发生冲突的时候，我们怎么办？一般说来，主管部门都是维护自己利益的，都是从方便自己的立场来设计制度的。但这样做是很危险的，主管部门大权在握，你说怎么办就怎么办，学校特色办学、自主发展从何谈起？所以，当部门利益和学校利益发生冲突时，我们必须站在学校的立场上看问题、办事情。教育主管部门存在的价值不是把学校管死，不是独裁，而是为学校的自主办学撑腰鼓劲、遮风挡雨。

比如，过去职称评定由人事部门和教育部门进行。权力在我们手里，用起来多方便啊。但是假如站在学校的立场上来看这件事，就会发现上级部门代替学校评职称不利于调动教师的积极性。怎么办？下放权力啊！现在，潍坊已经果断地把职称评定的权力下放到了学校。教育局只负责制定规则、程序和标准，评聘方案必须由 85% 教职工投票通过方能施行；评聘结果必须由学校公示无异议后方可上报确认。

三是要处理好的关系，就是当教育行业利益和其他部门利益发生冲突时，我们要坚定地站在教育的立场上看问题、办事情。

比如，建新学校必须先通过教育部门的审核，这个审核机制我们也利用社会舆论，让人大代表、政协委员和周边群众全部参与进来，都来论证这个学校应不应该建、如何建的问题，然后报给规划局履行签批手续。教育主管部门的最大职责就是落实教育优先发展，保障教育的利益。如果我们不为教育说话的话，还要我们干什么？即使面临压力和困难，我们也要这样做。

李振村：讲得太好了！立场和观念问题不解决，所有的策略都只能是"头疼医头、脚疼医脚"。

把立场和观念转化为制度设计，是形成"潍坊教育现象"的关键

张国华：解决立场和观念问题，绝对不能简单化，不是口头上说说、道理上明白就行了，还要把这种立场和观念转化为制度设计，这样才能避免人治，才能避免走回头路，才能让先进的思想理念转化为实实在在的现实力量。立场和观念是一种觉悟，推动工作仅靠觉悟不行，必须有制度支撑。

李振村：是的，潍坊教育这几年取得的所有重大突破，都是从制度层面上实现的。

张国华：对的。您看，为解决学生过重的课业负担问题，我们从考试制度的重新设计入手，利用新中考解放了义务教育阶段的百万学子；为解决校长职业化发展、专家办学问题，我们通过校长职级制改革，在国内率先摘掉

了校长的“官帽”，从制度上保障了教育家办学；为解决规范办学行为的问题，我们通过立体督导系统、满意度测评、师德考核这一系列制度设计，把不规范的办学行为基本上“赶尽杀绝”；为解决教育局职能转变问题，我们利用购买专业服务、项目工作制、构建教育惠民服务中心这一系列制度设计，成功扩展了教育局的服务职能，大大提升了教育公共服务的品质……

这些创新性的制度设计，可以概括为三个体系：教育服务体系、教育保障体系、教育优先发展的长效体系。

李振村：三大体系，相辅相成，构建了潍坊教育发展的坚强后盾。据我所知，你们最近又大张旗鼓地制定了“育人为本十二项基本制度”，你们已经有了这么多创新性的重大制度变革，为什么还要出这么一个“基本制度”？

张国华：潍坊这十年来的制度设计，基本上都是围绕教育创新展开的，也就是说，这些制度改革，旨在把潍坊教育推向高端、推向前沿，这个目标我们已经基本实现。

时代在飞速地变化，现在社会发展到了矛盾多发期，提高群众满意度和幸福感、保障每一个人的合法权利不被侵害，已成为执政的第一位要求，这不仅仅是一项工作，更是一项战略性的重大政治任务。

具体到教育，已经从“一好遮百丑”转变为“一丑遮百好”。比如，过去是高考好一切都好，现在是出现任何一个侵害学生的恶性事件，都有可能把我们的所有工作否定掉。我们现在面临的是公民权利时代、群众满意度时代，衡量任何成绩，都要以全体学生作为分母。从潍坊来讲，就是以百万学生作为分母来衡量我们的成绩，百万学生当中的任何一个出了事，都可能让我们的教育抬不起头来。

从这个视角来研究教育工作，会发现很多问题。

比如，现在学校安全事故仍然层出不穷，在这种情况下，创新性成果再多都没有了意义，因此必须建立一种制度，确保“安全优先”的底线。

比如，现在很多老师依然把关注的目光放到那些好学生身上，大批学生被边缘化、被漠视，这已经与时代的要求格格不入了，因此必须有一种制度来确保每一个孩子都能得到公平对待。

比如，过去我们只关注文化课，忽视德育、体育、美育和心理健康教育，现在不行了，我们必须坚持学生全面发展、个性发展，要创造适合每一个孩子的教育。

比如，过去教育基本没有公共服务意识，现在不行了，必须通过制度保障公共服务到位，坚持学生和家长的利益高于一切，严格规范办学行为。

安全优先、教育公平、育人为本、强化服务这四个问题，已经成为新形势下教育发展的底线，如果底线不保，其他都是零！

正是基于对当下教育发展态势的这种判断，我们围绕上述四个方面，推出了“育人为本十二项基本制度”，目的就是从制度层面确保底线坚固，这就好比建摩天大楼，先把地基夯实，才能令大厦永固。

李振村：您的这番话让我肃然起敬！如果我们各个行业都像你们这样着眼大局考虑问题，都像你们这样不断根据形势变化调整工作思路，都像你们这样始终站在百姓一边来处理问题，整个社会的风气就会是另外一个状态！

其实，你们所说的教育底线，岂止是底线，如果十二项制度能够切实落地，那么这个底线就会变成教育发展的坚实大地，可以承载整个教育大厦拔地而起、巍然耸立。

引入舆论和公众监督，是形成“潍坊教育现象”的助推器

李振村：我现在深深地认同您的一个观点：只有教育主管部门自身发生了深刻的变革，学校才能变，老师才能变，学生才能变。而教育主管部门自身的变革，必须是基于制度的变革。无论是指向未来发展的新中考、校长去行政化，还是确保教育发展根基的“育人为本十二项基本制度”，你们的各项改革全部都是从制度层面、从创新的角度，进行系统设计、综合规划、整体推进的，所以潍坊教育才有了持续十年的稳定发展。潍坊教育发展的经验可以用一句话来概括：只要制度好，教育就好，世界就好！

张国华：也不是这么简单，不是说有了好的制度就万事大吉了。不管有多么好的制度，如果不能保证它健康运行，那也没用。潍坊搞了这么多的制度创新，如何保证它们正常运行，发挥应有的作用？我们动了很多脑子。我们的策略是：充分借助舆论的力量！

李振村：这很新鲜，现在很多部门和领导都惧怕舆论，“防火、防盗、防记者”，你们不但不防，还把舆论为我所用，这是一个新思路。

张国华：这样一个开放的时代，你想躲舆论、防记者怎么可能呢？网络让每个人都成了业余记者，随时都可以把你不好的行为曝光到网上去，防不胜防、躲不胜躲。怎么办？我们的策略是：因势利导，把舆论转化为推动教育发展的积极力量。

我们做得最成功的就是向全社会公布督导结果。我们选在每年市“两会”期间，通过《潍坊日报》，将各个县市区在教育投入、教师队伍建设等方面的近百项指标，全部晒到全市百姓面前。如此一来，我们就将教育工作由党政内部的考核，变成了谁都无法回避的社会监督。如果不公开的话，谁都可以说自

己多么重视教育，做得多么好，但是有了舆论监督，就只能实实在在抓落实了。

李振村：据我所知，全国各地来潍坊学习督导经验的很多，好像是什么都学去了，就是这一点学不来。学不来这一点，只学几个督导的招数，没有多大用处。除了督导，你们还有什么工作是靠公开化的舆论监督来实施的?

张国华：可以这么说，潍坊教育的所有重大决策、所有创新制度的实施，都是通过舆论力量公开监督来推动的。

比如，潍坊市委、市政府每年会为群众办十件实事，每年的十件实事里都有一两件是教育上的大事、难事。为了把这些大事、难事落到实处，我们不但在媒体上公布结果，还公布推进的过程。例如校舍安全工程是 2010 年的十件实事之一，我们就在《潍坊日报》上先后公布了各个区县推进的四次进程。2011 年我们要新建五百处普惠性标准化幼儿园，也是通过媒体公开接受社会监督。

再比如，现在很多地方政府财政压力都很大，不愿新进教师，而我们潍坊市却在五年时间里引进了一万名新教师，居山东各地市之首。在推进这项工作时，我们也是充分利用了舆论的力量 —— 媒体把各个区县新进教师的数字及时公布，如果做得不好，多难看啊！ 2009 年我们搞的“农村小学每校新进一名英语教师计划”，全程上报，636 名新进英语教师叫什么名字，从哪个学校毕业的，分到哪个村、哪个学校，报纸上登得一清二楚。

利用舆论的力量来推动工作，说穿了就是让工作透明、公开，将其置于公众监督之下。理解了这一点，有时候不用媒体直接介入，只要让公众知情、参与，就可以收到和舆论监督一样的效果。

比如，城市住宅开发配套建设中小学的问题，是需要教育局签字盖章的。过去的做法是我们写上意见、盖个章直接转给规划局，但规划局不拿你的章当回事儿，不尊重你的意见，你也毫无办法。现在，我们将这个过程交给公众来监督，让建校的利益相关者——相关中小学校长和教师代表、社区内的人大代表和政协委员一块儿来参与论证，这里到底该不该建小学，该建多大规模的学校，讨论清楚了，这些人都要签字，然后交给规划部门。如此一来，规划局就不敢怠慢了，有这么多社会名流、群众代表参与了，它就必须尊重这个意见，否则不好交代。

我们还做了其他一些配套工作，比如，潍坊市教育局常年在《潍坊晚报》、潍坊广播电视台刊登和播报教育服务热线电话的广告，现在公众对教育热线的知晓率已经达到了60%多，我们的目标是争取教育热线像114、110一样家喻户晓，老百姓有什么问题，随时可以拨打热线，保证会得到迅速的反馈，这也是我们利用媒体推动教育工作的一个策略。

构建新型公共教育服务制度，是潍坊教育未来发展的方向

李振村：您今天非常清晰地为我们梳理出了潍坊教育持续十年快速发展这一特殊现象的脉络和根源，我相信，这对于其他地区教育的发展有着重要的借鉴意义。最后想请您对潍坊教育的未来做一个勾画和展望。

张国华：对于未来，我想，潍坊教育不可能有什么特殊走向，它的发展路径应该是和我们国家教育整体的发展路径相吻合的，是和《国家教育事业发展第十二个五年规划》的要求相吻合的。

如果要让我具体说的话，我们的思路就是：潍坊市教育局应该进一步转变职能，进一步强化服务意识，进一步推动制度创新，最终完成新型公共教育服务制度的构建。这个新型的教育体系，我想应该有这样几个特点。

第一，开放。未来的公共教育服务制度，一定是面向全社会和所有百姓提供优质教育服务的，而不是只为学校服务，只为升学服务。这一点在潍坊已经有了雏形——对此我们教育惠民服务中心正在展开有益的探索。

第二，高效能。人浮于事、推诿扯皮这些时下流行的机关病，不应该在未来的新型教育管理体制里出现。这一点也已经有了雏形——我们的“项目工作制”就是一种很好的尝试。

第三，简政放权。未来的教育主管部门只负责宏观管理，例如制定规则、制定办学标准，甚至连评价权也要交出去，交由独立的社会评价机构来负责，目的是给学校充分的办学自主权，这一点我们也在系统地开展尝试——市教育局的购买督导服务、坊子区的管办评分离改革等，都取得了实际的效益。

李振村： 我感觉目前的潍坊市教育行政部门已经初步形成了一种大教育服务格局，建立起了初步的公共教育服务体系。我这样讲的依据是，你们对一些看上去是分外的事情，也积极参与和协调，比如高等教育……

张国华： 如果从提供大教育服务角度来说，就没有分内和分外之说。

潍坊共有 15 所高校，但分属不同主管部门，导致它们很少与办学地政府发生关系。即便办学过程中遇到学校改扩建、基础设施建设等棘手问题，往往也缺乏与当地政府部门沟通的管道。在这种部门分割的管理体制下，市属之外的高校实际上成了一个个相对独立的“信息孤岛”。

按照传统的管理理念，这的确不属于我们管辖的事情，但我们没有袖手旁观。2008 年年初，我们以市政府的名义，确立了驻潍高校联席会议制度，帮助高校解决实际问题，目前，已帮助这些高校解决了 50 多个发展中的问题，并与全国 78 所知名高校签订了合作协议，促成高校与潍坊 800 多家企业合作和产学研结合。

再比如，按传统的教育管理体制，学校只负责学生在校期间的学习。至于学生离校后的去向，学校一般不再过问。但从建立大教育服务体系的角度出发，我们同样不能置之不问。2008 年高考后，我们教育局组织人员，在高职院校录取前，汇总全市 6700 多名本科录取线以下考生的信息，并逐个写信，动员他们选读职校，接受技能培训，使他们都能掌握一门生存本领。

随后，我们又动员全市的高中学校，分别建立各自的校友资源库，将在本地高校毕业但尚未就业的学生召集起来，动员他们去中职学校回炉，寻找第二条就业通道；对于潍坊籍在外地高校就读的学生，教育局发动各高中学校，利用寒暑假，组织他们前往当地企业调查，既解除学生社会实践无处可去的苦恼，又加强了企业与大学生间的了解，为大学生回乡就业创造条件。

我们做的这一切，不仅仅扩大了服务范围，还是在探索一种新型的公共教育服务体制。当然，这一切还仅仅是个开始。

（李振村，《当代教育家》杂志总编。）

《潍坊九问——破解潍坊教育密码》教育科学出版社 2015 年版